W

Angelika Wilke

Allein zwischen Fjorden

Mit Fahrrad und Zelt unterwegs in Norwegen

Wiesenburg Verlag

Bibliographische Information der Deutschen Nationalbibliothek:
Die Deutsche Nationalbibliothek verzeichnet diese Publikation
in der Deutschen Nationalbibliographie;
detaillierte bibliographische Daten sind im Internet
über http://dnb.d-nb.de abrufbar.

3. Auflage 2015
Wiesenburg Verlag
Postfach 4410 · 97412 Schweinfurt
www.wiesenburgverlag.de

Alle Rechte beim Verlag

Fotos: Angelika Wilke
www.angelika-wilke.de

© Wiesenburg Verlag

ISBN 978-3-943528-13-8

*In Erinnerung an
Anneliese Wendt*

*Sie riet mir, wichtige Reisen nicht auf
die lange Bank zu schieben.*

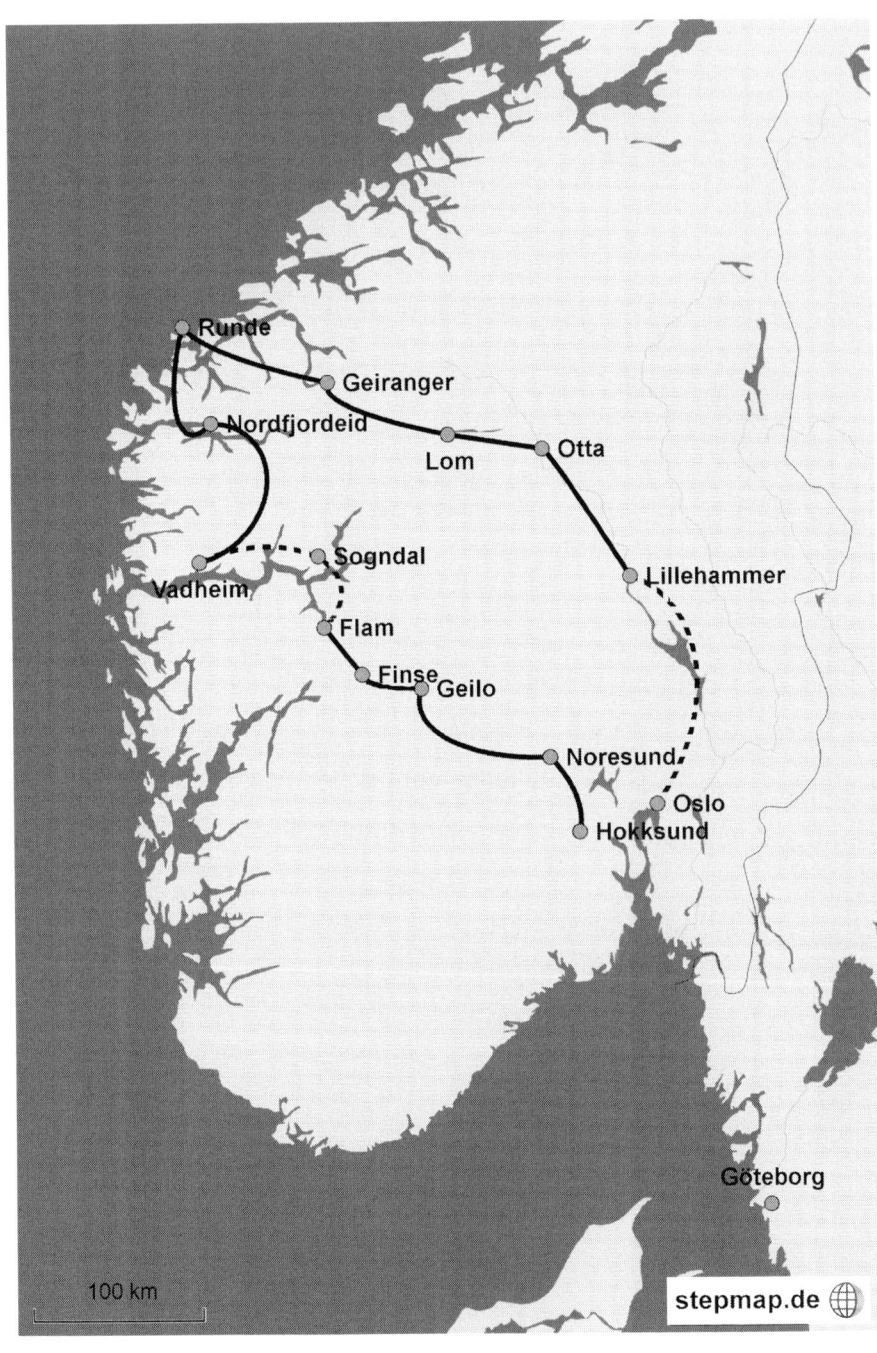

Inhalt

Vorwort 9

1. Ein Zelt ist (leider) keine Burg - 13
   Von Hokksund an den Krødersee

2. „Are You Strong enough?" - 27
   Durch das Rukkedal nach Geilo

3. Wo sommers Eisschollen treiben - 42
   Auf dem Rallarveg durch die Hardangervidda

4. Philosophieren mit Kari und eine Busfahrt - 69
   Von Flåm an den Jølstravatn

5. Rush Hour der Ziegen - 82
   Über das Utvikfjell an den Hornindalsvatn

6. Wer verdient einen Elch? - 102
   Weiterreise an den Nordatlantik

7. Insel-Hopping nach Runde 112

8. „Wie schön, dich zu sehen!" - 120
   Im Reich der Vögel

9. „Tusen takk, Kristian!" - 136
   In die Sunnmørsalpen und nach Geiranger

10. Das Wetter wird schlechter – 156
    Über den Pass ins Ottadal

11. Neidisch auf Mülltonnen – 171
    Über alte Wege nach Lillehammer

12. Unter den Fittichen der Kunst – 184
    Heimreise über Oslo und Göteborg

    Epilog   190

    Packliste   191

Vorwort

„So lange?", brummt mein Mann, „und wer geht nachmittags mit dem Hund spazieren?" Statt vier Wochen in Norwegen Rad zu fahren, soll ich für eine Labradorhündin im Flegelalter Babysitter spielen? - Was er damit sagen will: Es wirft die gewohnte Routine durcheinander, wenn ich auf Reisen gehe. Wer sorgt dann fürs Mittagessen? An wem bleibt der Haushalt wohl hängen? Da schwant ihm nichts Gutes.
„Fahr ruhig, Mama", bestärken mich die Kinder. Die beiden Söhne sind 16 und 13 Jahre alt, unsere Tochter ist zehn. „Das klappt schon alles, wir helfen Papa."
Nicht zum ersten Mal starte ich allein mit Rad und Zelt. So lang wie dieses Mal dauerten meine Touren aber bisher nie. Viele Stunden brüte ich über der Karte, fahre von der Hauptstadt Oslo aus Routen nach Norden, erst mit dem Finger, dann mit dem Bleistift. Hier Rad fahren? Wie soll ich dieses alpine Ungetüm, diese Masse von wulstigen Bergketten bewältigen? Braucht es dafür nicht einen jungen, durchtrainierten Outdoor-Experten statt einer unsportlichen Mutter, die meint, sie muss neben Familie, Haushalt und Teilzeitjob noch etwas anderes erleben? Ich radiere alles wieder aus und frage stattdessen unseren Mittleren seine französischen Vokabeln ab.

Zusammen mit den Kindern haben wir schon seit einer Reihe von Jahren den skandinavischen Winter erlebt: Unter ihrer weißen Haube glitzernde Zauberwälder, durch die wir auf Skiern geglitten sind. Das Sirren und Knacken des Eises auf einem See – unheimlich, wenn man gerade darauf spazieren geht. Zum Kaffeetrinken Kerzen anzünden, wenn vor den Fenstern der Hütte pechschwarze Dunkelheit einfällt. Die Kinder haben von filigranen Mustern durchzogene Eisblöcke bewundert, auf einem buckelig aus dem See herausragenden Inselchen ein Königreich geschaffen und Iglus im Tiefschnee gebaut. Bessere Winterurlaube gibt es für uns nicht.
Aber wie sieht das hier im Sommer aus, habe ich mich oft gefragt. Wenn noch abends um zehn Mücken in der Sonne tanzen, die Seen

blau und grün zwischen den Bergen liegen, Blumen ihre bunten Köpfe aus dem *fjell* strecken, und man von den Norwegern vielleicht ein bisschen mehr zu sehen bekommt als vorbeiziehende Skiläufer in der Loipe.
Fange ich erst einmal an, von solchen Bildern zu träumen, fallen mir bald genügend Gründe ein, alle Bedenken hintanzustellen. So sage ich mir, dass meine Gleichgewichtsstörung, die ich seit zehn Jahren habe, sich beim Radfahren bisher nur geringfügig als Handicap erwiesen hat. Gehen fällt mir hingegen schwerer, trotzdem wandere ich jedes Jahr mehrere Tage mit einer Freundin. Wenn sie auf mich warten muss, studiert sie schon mal die Karte und sucht die richtige Abzweigung. Da also sogar Touren zu Fuß möglich sind - warum sollte ich nicht versuchen, allein in Norwegen zu radeln, wenn ich das Land und seine Natur unbedingt hautnah kennen lernen möchte?
Mindestens genauso wie die Neugier verlockt mich, vier Wochen lang völlig unabhängig zu sein. Du bist nie wirklich frei, heißt es – ich schon, freue ich mich. Gleichzeitig habe ich ein bisschen Angst vor dieser ganz großen Freiheit. Dass sie in eine ganz große Leere umschlagen könnte. Denn niemand wird meine Begeisterung teilen, keiner mich bei schlechter Stimmung aufpäppeln, jede Entscheidung, jedes Risiko muss ich selbst abwägen. - Und ganz umsonst ist diese Freiheit natürlich nicht: In meinem Job werde ich wegen meiner langen Abwesenheit in einen anderen Bereich versetzt werden. Entweder nehme ich das in Kauf oder bleibe zuhause.

Ein Sprachkurs in der Volkshochschule bereitet mich darauf vor, dass Norwegisch zu sprechen nicht einfach ist, es zu verstehen, hingegen fast unmöglich.
Die Schiffspassage bekomme ich von meinem Mann zu Weihnachten geschenkt. Ich werde von Kiel aus über Göteborg und von dort aus per Zug nach Oslo reisen, denn dies ist die weitaus günstigere Variante für eine einzelne Radlerin. In Oslo will ich eine Vorortbahn nach Hokksund, einem kleinen Ort südwestlich der Landeshauptstadt, nehmen. Direkt in Oslo zu starten, soll recht umständlich sein, habe ich gelesen.
Was ist mein Ziel? So möglich, nach Norden radeln – eine konkrete Route habe ich bei meiner Abreise immer noch nicht ausgearbeitet.

Zu groß der Respekt vor den Höhenunterschieden, das muss ich mir erst mal in natura ansehen. (Die Erfahrungen auf unseren winterlichen Autofahrten lassen sich schlecht fürs Radfahren umsetzen.)

Als ich am Ende meiner Tour angekommen bin, fragt mich Ulrike, eine Backpackerin, mit der ich mein einziges Zimmer auf dieser Reise teile:
„Bist du etwa die Frau, die in Norwegen mit dem Rad unterwegs ist und zuhause nach Büroschluss täglich 500 Höhenmeter als Training zurückgelegt hat?"
Da muss ich passen. Mangels Büro, denn ich betreue Senioren mit Demenz in einem Pflegeheim. Mangels Zeit, denn nach der Arbeit wartet der Haushalt. Und schließlich zuletzt mangels Berg, denn die höchste Erhebung in der Nähe unseres Hauses ist der Ostseedeich.
Außerdem brächte mich keine noch so verlockende Radtour dazu, eine solche Trainingsdisziplin aufrecht zu erhalten.
Monatelang geistern Norwegens Berge durch meine Gedanken.
„Ja, das habe ich oft gesehen, wie sie schwitzend die Straßen bergauf gekrochen sind, die armen Radfahrer", lacht eine Teilnehmerin meines Literaturkreises, die mit dem Auto in Skandinavien gereist ist.
Von meinem Traum, eine gewaltige Natur zu erleben und morgens an einem einsamen See aufzuwachen, erzähle ich da lieber nichts. Sie wechselt ohnehin das Thema, denn eine Reise dieser Art klingt nach Flausen, Leichtsinn und versponnenen Träumen. Nichts für Mütter? Wenn ich mich vorsichtig umhöre in unserer familienreichen Gemeinde, merke ich: Mein Vorhaben liegt kein bisschen im Trend. Fahrrad, Zelten und das Ganze noch auf eigene Faust ergeben eine Kombination, bei der seltsamerweise keine Frau außer mir glänzende Augen bekommt. Dabei ist es doch so schön, aufzubrechen, alles eine Zeitlang hinter sich zu lassen, um nach eigener Lust und Laune nur für sich selbst verantwortlich zu sein! Passt eigentlich gerade für im Morast der täglichen Kleinigkeiten versinkende Mütter ganz genau!

Wenn, dann habe ich Zweifel, ob ich mir das richtige Land ausgesucht habe. „Jeder Norwegenradler sollte Reparaturen am Rad beherrschen, die über das Flicken eines Platten hinausgehen. Darüber

hinaus ist es wegen der teilweise sehr einsamen Gegenden – weit ab von jedem Fahrradladen – notwendig, einige entscheidende Ersatzteile mitzuführen", schreibt der erfahrene Radreiseautor Frank Pathe. Schluck. Was war ich stolz, als der neulich von mir geflickte Fahrradschlauch auf Anhieb die Luft gehalten hat! Ich versuche, das Problem mit „unplattbaren" Reifenmänteln sowie damit zu lösen, dass ich das Rad unserem Fahrradhändler zum Durchchecken ans Herz lege – er rät mir übrigens davon ab, Werkzeug oder Ersatzteile mitzunehmen, deren Namen ich eben erst gelernt habe. Für alle Fälle übe ich, die Mäntel korrekt aufzuziehen. Der Rest bleibt Kismet!
Trotz der Technik radle ich einfach gern. Zu spüren, wie ich von der Nähe in die Ferne gelange, fasziniert mich stets aufs Neue. Jeden Weg finde ich wichtig und etwas Besonderes, weil ich ihn ausgewählt und meine Kraft an ihn gesetzt habe. Die bunte Vielfalt verschiedener Gegenden erleben, ihre Gerüche, Gesprächsfetzen sowie die Schreie am Himmel kreisender Vögel - in diesen Tagen oder Wochen des Umherziehens fühle ich mich wie sie. Manchmal zwar erschöpft oder hungrig, aber immer zufrieden mit mir und der Welt, in dem Bewusstsein, auf einem guten Weg zu sein.

1. Ein Zelt ist (leider) keine Burg - Von Hokksund an den Krødersee
73 km

Sollte ich diese Nacht überleben, werde ich morgen zum ersten Mal an einem Fjord entlang radeln. Nervös schaue ich mich um. Ist das hier ein guter und vor allem sicherer Platz zum Zelten? Von der Landstraße führt ein schmaler Schotterweg in den Kiefernwald, der nach wenigen Metern steil zu einem See abfällt. Nur von Vogelgezwitscher und manchmal einem Auto unterbrochener Abendfrieden ruht über dem spiegelglatten Wasser. Ich könnte das Zelt so ausrichten, dass ich aus dem Eingang einen prima Ausblick über den See hätte. Allmählich wird es spät, trotzdem sind noch bestimmt 25°C von der Tageshitze übrig geblieben, die Luft steht quasi still. - Kann ich mir lauschigere Bedingungen für mein erstes Wildcampen wünschen?

Im Norden Europas ist das Übernachten in der freien Natur üblich – unter anderem deshalb bin ich hergekommen. Unsere drei Kinder und ihr Vater mögen sich nicht recht für solche Eskapaden erwärmen, aber bevor ich vielleicht zu alt dafür werde, will ich noch erleben, wie es ist, das wahre Nomadendasein. Ungebunden, frei sein - draußen zuhause. Von solchen tollen Gefühlen merke ich bloß leider nichts. Mir läuft stattdessen eher ein ungemütlicher Schauer über den Rücken.

Unschlüssig lehne ich das mit vier Taschen, einem länglichen Campingsack sowie einer Lenkertasche bepackte und somit rund 45 Kilogramm schwere Fahrrad an eine Kiefer. Auspacken? Zelt aufstellen? Isomatte ausrollen?

Bei der Planung meiner Norwegen-Radtour habe ich mir vorgenommen, du suchst dir einen netten Platz und machst das einfach. Jetzt werde ich mir der Blöße bewusst, die ich mir damit gebe: Was auch immer in dieser Nacht passieren wird – und da fällt mir genug ein, vom neugierigen Bauernlüstling aus einem der etwas entfernt liegenden Häuser bis hin zum Gelegenheitsmörder – ich werde mitsamt

meinem Hab und Gut auf diesen Ort festgenagelt sein. Zögernd schnalle ich den Sack ab, fummle mit den Stangen herum und ignoriere das Gruseln in meinem Rücken, bis ich mit Hauruck das Außen- über das Innenzelt geschwungen habe. Das Zelt steht, mit schnellem Sich-aus-dem-Staub-machen ist es nun vorbei. Ich fühle mich fremd und ausgeliefert. Besser, sage ich mir schlau, hätte ich es beim Lesen von Abenteuergeschichten belassen, anstatt selbst eine auszuprobieren.
Mit der Zahnbürste in der Hand klettere ich schließlich zum See hinunter. Oder zum Fluss? Denn der Drammenselv mündet laut Landkarte in den Oslofjord. Strömt und fließt er verborgen unter dem stoischen Wasserspiegel? Gibt es das überhaupt? Ich wage lieber nicht, es mit einem Bad zu testen; mich treiben genug Sorgen um. Vielleicht sitzt jemand mit dem Fernglas am Fenster und schaut zu, wie ich über Felsgrate balanciere, um an Wasser für die Zahnpasta zu kommen. Ja, ich habe zuhause ein Badezimmer, ein Bett und sogar einen lustigen Hund. Trotzdem bin ich hier und zwinge mich, wenigstens einmal ausgiebig über den mystisch in der Dämmerung verschwimmenden Fluss zu blicken. Mit den Augen genießen ist anders.
Ein Schuss knallt durch die nächtliche Stille, aus dem Baumwipfel über mir rieseln Hölzchen und Nadeln durchs Geäst in meinen Nacken. Ich hetze zum Zelt. Eine läppische Fluchtburg, zugegeben. Wohin nehme ich Reißaus, sollten sie hier Warnschüsse auf Wildcamper abgeben, weil die letzten den Platz nicht sauber hinterlassen haben? Ich hoffe, es war ein Vogel gemeint.
Alles bleibt ruhig, nur ich nicht. Eigentlich wähnte ich mich, als ich Fahrrad und Gepäck in Hokksund aus dem Vorortzug wuchtete, noch fast im Dunstkreis der Hauptstadt Oslo. Und nun Wilder Westen auf Norwegisch, raue Sitten im Königreich. Ich mache mich klein im Schlafsack, am liebsten wäre ich gar nicht da.
Aber - das lässt sich schlecht ändern - die Gedanken, die ich in dieser Nacht hochtourig durchs Hirn wälze, sind groß. Die Ohren auch. Sie lauschen auf jedes sachte Rascheln, jedes dürre Ästchen, das meint, knacken zu müssen. Ich ratsche den Reißverschluss (huh, sooo laut!) gerade weit genug auf, um den Kopf hindurch zu stecken, wie bei einer Guillotine. Wenn jetzt einer mit einem großen Messer über mir

steht – nein, das geht zu weit! So darf man nicht wild zelten. Wenigstens ein bisschen Vertrauen in die Mitmenschen gehört dazu. Draußen ist es immer noch etwas hell, und die kurze Dunkelheit einer südnorwegischen Sommernacht verschlafe ich gnädigerweise.

Um 5.30 Uhr hilft jedoch nichts außer Aufstehen. Macht nichts, denn der Morgen ist wunderbar. Alle meine Wunschträume spiegeln sich gemeinsam mit zarten rosa Wölkchen im Drammenselv. Seit Jahren spukten mir waghalsige bunte Bilder durch den Kopf, während ich zum Beispiel das Haus saugte oder Unkraut jätete. Ja, eines Tages, wenn sie mich zuhause weniger nötig brauchten, würde ich an paradiesischen Fjorden entlang radeln, nahm ich mir fest vor. Plopp, landeten drei weitere Kartoffeln geschält im Kochtopf, bis ich am Ende meines Traumfjordes angelangt war und das Zelt zu Füßen hoher Berge aufgestellt hatte.

Nun ist es soweit. Aus den Hirngespinsten soll Wirklichkeit werden. Die erste Nacht habe ich zwar durchgestanden, aber überzeugend war das kaum. Ich schlüpfe in die kurze Radlerhose und das Top – ein Pullover erübrigt sich. Unten am Ufer schwappt Kaffeewasser mit microwinzigen, braunen Wuseltierchen in meine Aluminiumschüssel. Nach dem Abkochen kleben sie am Rand. Keine Sorgen darüber, sie könnten jemandem Bauchschmerzen verursachen – ich trage nur die Verantwortung für mich alleine. Sie wiegt leicht.

Zum Frühstück gibt's drei Schokoriegel, dazu die letzte olle Brezel. So feiere ich, dass ich nicht umgebracht worden bin. Vögel ziehen unbehelligt über den See. Der Jäger schläft noch, und ich ziehe siegreich meiner Wege.

Blau glitzert der Tyrifjord in der Sonne. In Wahrheit ist er gar kein Fjord, sondern der fünftgrößte Binnensee Norwegens. Meinetwegen. Er sieht trotzdem wunderbar aus. Die Probleme beginnen, als ich auf eine Straße abbiege, die in weiten Schwüngen bergauf, bergab durch das Bauernland führt. Oh Gott, so anstrengend habe ich mir das nicht vorgestellt! Parallel zur Landstraße soll eine Radroute auf alten Wegen durch die Wälder verlaufen. Gestern bin ich ein Stückchen auf ihr gefahren: Das Weniger an Verkehr hält sich mit dem Mehr an Steigung die Waage. Ich schaue auf die bewaldeten Berge, wo es bestimmt viel schöner ist und ziehe trotzdem die Straße vor. Schnell

vergeudet das Suchen nach dem idealen Weg Zeit und Kraft. - Ich habe noch vier Wochen vor mir, in denen ich eine Menge sehen will. Zu viel Gepäck mitgeschleppt, grummle ich mit mir selber. Den Stauraum der einen Vorderradtasche habe ich zu drei Vierteln mit einem Paar robuster Stiefel und warmen Socken für Minustemperaturen verbraten. „Kinder, nehmt warme Jacken mit, es kann kalt werden!" Beim Packen für Norwegen wurde dieser uralte Mutterspruch natürlich auch von mir beherzigt. Jetzt klingt er schlichtweg absurd, denn Sonne und der nächste Anstieg tun gerade ihr Bestes, mir den Schweiß in Bächen den Rücken herunter rinnen zu lassen. (Wie nötig ich die warmen Sachen noch brauchen werde, kann ich mir heute wirklich nicht vorstellen.)
Autos und Laster überholen mich in rasendem Tempo. In den Intervallen dazwischen höre ich Kuhglocken bimmeln, und ein Duft von Nadelholz und Beize weht vorbei – mit Holz, dem norwegischen Exportschlager auf Platz drei (nach Erdöl bzw. Gas und Fisch), verdienen in dieser Gegend viele Landwirte ihr Geld. Fast ein Viertel Norwegens ist mit Wald bedeckt, habe ich gelesen. Leider muss ich trotzdem auf schattenspendende Bäume am Straßenrand verzichten.
Autos mit angehängten Wohnwagen sowie Wohnmobile ziehen ebenfalls an mir vorbei; Touristen reisen hier nur durch, und das versuche ich auch. Ehrlich gesagt, liegt es nicht nur am Rad, das sich schwer macht wie ein Bollerwagen mit fünf Kindern drin. Oder an der Hitze. Für die norwegischen Berge, das spüre ich bei diesem Vorgeschmack, sind meine Waden zu schlabbrig und meine Lunge ein paar Nummern zu klein.

Es rächt sich nun, dass ich seit Langem weitestgehend vermeide, mich körperlich zu verausgaben. Das ist meine Art, mit dem Gleichgewichtsproblem umzugehen, das mich, wenn ich schlapp oder ohne entsprechende Spannung gehe, leicht schlingern lässt. Es gibt trotz zahlreicher Untersuchungen keine Diagnose dafür - also auch keine Therapie. Dafür aber jede Menge Warnungen, das Ganze bloß nicht zu verharmlosen. Warum ich mein weiteres Leben einer angeblichen Krankheit widmen soll, mit der ich mich im Alltag längst arrangiert habe, beantwortet hingegen niemand.
Anfangs sollte ich mich mit einem Wärmekissen aufs Sofa setzen.

Das hörte sich gut an, war jedoch mit drei Kindern schlecht praktikabel. Außerdem bekam ich schlechte Laune davon. Mit der Zeit keimte sowieso der Verdacht in mir auf, mich unter der medizinischen Obhut allmählich vom Patienten in ein begehrtes Forschungsobjekt zu verwandeln. Vielleicht hätten sie ihr Ergebnis ja nach mir benannt, aber ich zog es trotzdem vor, mich dort zu verabschieden und plante mein eigenes Programm: Ich startete mit kurzen Spaziergängen, die allmählich länger wurden, achtete jedoch darauf, bewusst langsam zu laufen. Das tat mir gut, ich gewöhnte mich im Lauf der Jahre so daran, dass ich oft völlig vergaß, warum ich das eigentlich machte. Entgegen der ärztlichen Aufforderung, eine Hilfskraft einzustellen, versah ich meinen Haushalt selber und arbeitete sogar zeitweise – alles, soweit möglich, schön langsam.

Leistungssport fiel natürlich weg. Insofern hapert es nun mit der Kondition, die sich fitte Norwegen-Fans für eine solche Tour extra antrainieren. Bei mir heißt die Devise: Gemütliches Tempo, bloß nichts forcieren.

Nun, als ich drastisch darauf gestoßen werde, wie begrenzt meine Fähigkeiten sind, erinnere ich mich wieder an diesen Vorsatz. Während ich keuchend am Straßenrand stehe und Trucks pfeifend vorbeiröhren, fange ich schon mal an, kleinere Brötchen zu backen: 50 Tageskilometer statt der 70, wie ich sie zuhause mit dem Finger übers graugrüne Landkartenpapier gefahren bin. Zeit nehmen zum Schieben und Rasten. Ich muss mir einfach Pausen gönnen. Es langsam angehen, schließlich bin ich allein und halte niemanden auf. Andernfalls werde ich nicht einmal die grünen Berge erreichen, die weit, weit im Norden zwischen den Fichten hervorlugen, ganz zu schweigen von der Hardangervidda oder sonst einem der vielgepriesenen Gebirge in meiner Vorbereitungsliteratur.

In diesem Sinne lege ich mich auf der Picknickwiese in Krøderen am Ufer des gleichnamigen Sees auf eine Bank, einen halben Liter Blaubeerjoghurt im Bauch. Das macht die Packtaschen gleich ein bisschen leichter. Leise plätschern die Wellen ans Ufer, Trauerbirken fächeln sich kaum wahrnehmbaren Wind zu.

Schläfrig ordne ich meine Pläne, wie von selbst wachsen alle Ideen, die mich zu dieser Tour inspiriert haben, wieder in den blauen Himmel. Halb dösend klappt das hervorragend, da lange geübt. In meiner Kindheit habe ich Bücher von ein Leben lang umherstreifenden Indianern verschlungen. Sehnlichst wünschte ich mir, eines Tages selbst wie eine Nomadin durch raue Gegenden zu reisen und mein Zelt an einsamen Seen aufzustellen. Diese Hoffnung hat mich bis ins Erwachsenenleben begleitet. Wenn ich sie mir jetzt nicht erfülle, wann dann?

Im Dorf herrscht Mittagsruhe, als ich hindurch radle. Ein Jugendlicher mit Sonnenbrille und Hawaii-Badehose strebt zu zwei Bistrostühlen auf einer Terrasse, um dort Siesta zu halten. - Faulenzen in der Hitze mit Blick auf postkartenblaues Wasser? Moment, ich reise in Skandinavien, nicht auf Mallorca.

Hinter der weißen Holzkirche von Glesne schlängelt sich ein Sträßchen ruhig sowie netterweise flach nach Norden, vorbei an Bauernhöfen, unter deren Obstbäumen ich sitzen und frischen Butterkuchen essen möchte. – Woran liegt es, dass ich trotzdem komplett ausgepumpt auf Truls´ Himbeerhof lande? An den rund 30°C Hitze natürlich. Schwer und satt drückt die Luft auf Felder und Wiesen. Ich versuche, den Schweiß wegzuwischen, bevor er mir in die Augen läuft.

Der Hof liefert mir den Anlass zum Halten: Tintenfarben aalt sich der Krøderen zu Füßen des Anwesens, neben dem es sich unzählige Reihen von Himbeersträuchern gut gehen lassen. Sie wachsen unter der warmen Junisonne wie Weinstöcke an der Mosel. Bisher hatte ich das Wetter für einen nationalen Ausnahmezustand gehalten. Damit, so ahne ich beim Anblick dieser Prachtplantage, befinde ich mich auf dem Holzweg.

Getreu meinem Vorsatz, möglichst viel über Land und Leute zu erfahren, schiebe ich mutig auf den Hof. Eine alles andere als spontane Aktion, denn vorher habe ich mindestens fünf Minuten grübelnd auf den Vorplatz hinunter gestarrt. - Was fällt mir ein, ohne Ankündigung bei fremden Menschen einzurücken? Gegenüber der Jugend drückt man da vielleicht ein Auge zu, aber in meinem Alter? Andrerseits, ich gärtnere selber, die Sache mit den Himbeeren interessiert mich wirklich. Im umgekehrten Fall würde ich schließlich Besuchern ebenfalls Fragen beantworten, ohne ihnen den Kopf abzureißen. Beneidenswert, wie kühl sie es hier haben. Gleich einer Grande

Dame der Kolonialzeit sitzt die Großmutter des Hauses unter dicht belaubten Bäumen in einem Korbsessel und liest; ein Stück unter ihr plätschert friedlich der See. Ich möchte auf der Stelle mit ihr tauschen. Nett, dass sie bereitwillig ihr Buch zur Seite legt, als ich mich nähere. Sie winkt ihren Sohn Truls, der den Hof leitet, heran. Er geht ins Haus und zieht sich mir zu Ehren ein weißes T-Shirt über. Vielleicht hat ihm das seine Mutter rasch zugeraunt, während ich mein Fahrrad abgestellt habe. *Bringebær* ist nun auf Truls' Brust zu lesen, so heißt die Himbeere auf Norwegisch.
Einen genervten Eindruck wegen meines Auftauchens machen weder Mutter noch Sohn. Immerhin, erfahre ich, kultiviert Truls zwölf verschiedene Sorten, darunter alte norwegische Arten wie *Veten* und *Asker*. Himbeeren, behauptet er, wurden hierzulande nämlich seit jeher gerne gegessen - meist direkt von der Hand in den Mund. Truls grinst. Was soll ich davon halten? Es gibt ja Menschen, denen stellt man eine Frage über ihre Arbeit, daraufhin spulen sie einen alles umfassenden Vortrag ab. In der Hinsicht brauche ich mir bei Truls allerdings keine Sorgen zu machen, er gehört nicht zu dieser Gattung. Ich vermute, sogar in seiner Muttersprache gäbe er keinen großen Schwätzer ab.
Für ein paar Tipps vom Fachmann wäre ich jedoch dankbar, denn bei uns an der Ostseeküste ist es ebenfalls oft kalt und windig. Truls' Grinsen kommt mir spöttisch vor. Findet er es so witzig, mir etwas über seine Arbeit zu erzählen, oder so überflüssig, weil sich die Himbeerjahre gleichen wie eine Himbeere der anderen? Was soll ich schon groß erzählen, denkt er vermutlich.
„Wird es im Winter nicht zu kalt für die Sträucher? Immerhin kann es hier doch ganz schön Frost geben, oder?", frage ich.
Wahrscheinlich hätte sich auch Marco Polo, der ja mit vielen klugen Erkenntnissen von seinen Reisen zurückkehrte, an Truls die Zähne ausgebissen. Die Südwestnorweger wussten zu Zeiten Marco Polos bestimmt selbst noch nicht, dass der milde Einfluss des Golfstroms sie vor sibirischer Kälte beschützt (so lese ich abends im Reiseführer nach). Gedankenlos haben sie ihre Himbeeren in sich hinein gemampft.
Truls hingegen wird es selbstverständlich wissen. Entweder ist sein Englisch zu holprig, oder ihm fällt dieser Punkt gerade vor lauter

Grinsen nicht ein. Stattdessen öffnet er ein Tetra Pak und schenkt mir einen Plastikbecher voll mit selbst gekeltertem Himbeersaft ein.
„Probier´mal!"
Mmh, lecker. Angenehm erfrischend bei den Temperaturen sowie eindeutig himbeerig. Ich bin versöhnt. Mutter und Sohn lächeln beifällig, als es mir schmeckt.
„Ja, der Saft ist mein Hobby", bekennt Truls, ohne zu zögern, „damit experimentiere ich. Aber auf jeden Fall enthält er keine Konservierungsstoffe."
Sein jüngstes Produkt scheint ihm am Herzen zu liegen. Er verkauft den Saft sowie die frischen Früchte an etlichen Orten zwischen Oslo und Nesbyen. Angespornt, weil das Gespräch in Gang gekommen ist, erkundige ich mich nochmal nach dem Winter. Pause.
„Im Winter? - Da fahre ich Ski", antwortet Truls in selbstgefälligem Tonfall, der besagt, was soll ein Norweger wohl sonst im Winter tun. Dabei denkt er sicher an sein Hausgebirge, das fast 1500 Meter hohe Norefjell ein Stückchen weiter nördlich. Aber ich sehe ihn vor meinem geistigen Auge, über seine eingeschneiten Himbeersträucher stiebend, zum vereisten See hinunter brettern.
Ein wenig verdächtige ich Truls, dass er sich nur seiner Mutter zuliebe mit mir unterhält und ansonsten vielleicht lieber wieder Traktor fahren würde. Lapidar genug hört sich der Grund dafür an, warum er gerade auf Himbeeren verfallen ist:
„Mein bester Freund zog eine Erdbeerplantage auf, da musste mir wohl oder übel etwas anderes einfallen."
Offensichtlich rede ich mit einem Mann, der darauf verzichten kann, sich mit irgendwelchen spitzfindigen Aussagen zu profilieren, weder zu Erfolgen noch zu Krisen noch als Reklame. Er ist hier zwischen dem Krødersee und den Bäumen am Hang aufgewachsen, und seine Geschäftsidee funktioniert seit 25 Jahren prächtig, wie der gut in Schuss gehaltene Hof zeigt. Was will er mehr? Typische Klagen eines Landwirtes über schlechtes Wetter oder zu niedrige Preise werde ich von ihm kaum hören, das macht ihn mir sympathisch. In einer sachten Brise rollen die geleerten Becher über den Rattantisch, und ich verabschiede mich.

In Noresund, wo die meisten der rund 2300 Menschen im Krødertal

leben, rücken die Seeufer dicht zusammen. Ich radle über eine Brücke und reihe mich auf dem Ostufer in den Verkehr auf dem Riksvei 7, einer der Reichsstraßen, ein. Der R 7 stellt die schnellste Verbindung zwischen Oslo und Bergen dar – entsprechend dicht aufeinander folgend durchqueren Autos das Tal. Nach dem Engpass hat sich der Krødersee traumhaft weit ausgebreitet. Milliarden kleiner Wellen kräuseln sich aufblitzend, im Norden kann ich zwischen steil abfallenden Bergen kein Ufer erkennen. Auf einer Länge von insgesamt 41 Kilometern breitet sich der See im Tal aus. Obwohl Wald und Wasser kaum Platz lassen, wird die Region von Alters her bäuerlich bewirtschaftet. Das beladene Rad exakt am rechten Fahrbahnrand zu halten, kostet sowohl Kraft als auch Konzentration. Als kurz darauf *landhandleri* in großen Lettern von einem trutzig über dem *riksvei* thronenden Gehöft prangt, reicht dieser Hinweis, um mich von den an mir vorbei jagenden Autos zu erlösen.
„It´s the best coffee in the world!", begrüßt mich ein bärtiger Mittfünfziger seinen Becher schwenkend, nachdem ich das Rad mit dem letzten Fetzen Energie die Auffahrt hochgeschoben habe. Womöglich schwang ein Seufzer in meiner Frage nach Kaffee mit. Sich vom Kalt- zum Heißgetränk weiter zu hangeln, zeugt von geringem Sportsgeist. Egal. Zufrieden sinke ich mit meinem Pott Kaffee auf einen wackeligen Sitz vor dem Laden.
Von der Energie, die ich nun mühsam auftanke, besitzt Hanne, die Tochter des Eigentümers von Hof und *landhandleri*, überreichlich. Blond, drall sowie mit einem so fröhlichen Gesicht, als könne sie nichts so schnell erschüttern, posierte sie, als ich bestellte, für ein Foto hinter dem Tresen. In ihrem mit schmucken Kannen, Flaschen, Tütchen und Nippes vollgestopften Lädchen verkauft sie alles, vom Elchfell bis hin zum leckeren Schokomuffin.
„Bei mir ist alles bio", erklärt sie stolz. „Alles" beinhaltet auch 800 Hühner. Die liebt Hanne ganz besonders, das ist im Bezirk Krødsherad bekannt und hat ihr den Spitznamen *Hønemor* - Hühnermutter – eingetragen. Rohe Eier kann ich natürlich schlecht mitnehmen, obwohl ich mir gerne eins zum Frühstück gekocht hätte. Wenn ich Hanne so zuhöre, glaube ich, sie müssten besonders gut schmecken. „Dann biete ich Weinproben für Gruppen an. Die Weine dafür beziehe ich übrigens aus Deutschland - aus Rheinhessen." Hanne führt

mich einen Gang entlang, bis in einen dunklen Raum mit grobem Holz und langen Bänken. - Ich sehe sie förmlich vor mir, die Generationen abgearbeiteter Bauernfamilien, die in dieser Stube im Herzen des Hofes an langen, dunklen Winterabenden zusammen saßen. Wein stand da wohl kaum auf dem Tisch, das hat Hanne neu eingeführt. Es ist nur eine ihrer vielen Ideen. Seit sieben Jahren wirbelt sie durch das alte Gebälk, motzt das Anwesen zum Kulturtreff auf, bietet gleichzeitig Jagden an sowie Produkte aus der Region. Für den mächtigen Hof quasi ein Wimpernschlag – er zählt hundertmal so viele Jahre. Wäre er nicht ein Riesenklotz aus rot gestrichenem Holz, ruhend auf einem starken Stein-Fundament, könnte man meinen, er schaue gutmütig-wohlwollend auf Hannes quirliges Treiben.
„Hier ist immer etwas los. Touristen trudeln vorbei, Einheimische gucken herein und kaufen eins der selbstgebackenen Brote. Das Fernsehen war auch schon da und hat für einen Beitrag gedreht. Der ist dann in einem Magazin gesendet worden."
Truls mag es an Esprit und spontanem Redefluss, wenn gerade mal jemand mit neugierigen Fragen vorbeischneit, mangeln – bei der *Hønemor* ist diese Art von Business auf jeden Fall ausgiebig vorhanden. „An diesem fantastischen Platz kann man so vieles tun!", fasst sie ihr Hofprogramm enthusiastisch zusammen.
Der Mittfünfziger, ein Norweger auf der Durchreise, war mit seiner Vespa vor Hannes Ladentür gestrandet. Hilfe ist antelefoniert, nun heißt es warten. Buddhistisch abgeklärt hat der Mann Schuhe und Strümpfe ausgezogen. Als der Pannendienst erscheint, springt die Vespa knatternd wieder an. Alle lachen herzlich, bezahlt werden muss trotzdem. Optimistisch schwingt sich der Reisende in den Sattel, und ich frage mich: Liegt es an Hannes Kaffee oder war das eben ein Lehrstück an norwegischer Gelassenheit?

Autoschlangen holen mich schubweise ein, für Momente herrscht Ruhe, dann der nächste Ansturm.
Plötzlich entdecke ich ein kugeliges Zelt unten am See auf einer kleinen Uferwiese. In meinem Neid, dass da welche so ein nettes Plätzchen ergattert haben, funkt die Idee, dort könne eigentlich sehr gut ein zweites Zelt Platz finden.
„Wir haben den Eigentümer gefragt", antwortet das Pärchen auf mei-

ne vorsichtige Anfrage, ihnen auf die Pelle zu rücken.
Oben, auf der gegenüberliegenden Straßenseite, steht eine kleine Ansammlung von Holzhäusern. Ob Eigentümer oder nicht, der Jüngling, der dort mit einem wuscheligen Welpen spielt, fühlt sich in Ermangelung anderer Personen befugt, mir die erforderliche Erlaubnis zu erteilen.
In angemessenem Abstand von den Campern entfernt - Schweden übrigens - aber nah genug, um sie notfalls zur Hilfe rufen zu können, fange ich an, das Zelt aufzubauen. Wovor fürchte ich mich denn nun schon wieder? Diese Nacht werde ich wie ein Murmeltier schlafen!
Kinder baden im Krøderen, ich komme mit ihrer großen Schwester Airin, die am Ufer aufpasst, ins Gespräch. Airin war gerade eine Woche in Paris, ganz toll war das. Den Rest der langen Sommerferien verbringt sie voraussichtlich zuhause. Ich merke, das Englischreden macht ihr Spaß.
„Englisch lerne ich seit der ersten Klasse. Vor zwei Jahren habe ich auf der weiterführenden Schule Spanisch dazu bekommen, das gefällt mir."
„Wo gehst du zur Schule?"
„In Hønefoss. Eine Stunde dauert die Busfahrt dorthin. Man gewöhnt sich daran."
„Hättest du denn Lust, später nach Spanien zu reisen – vielleicht bist du nach Paris auf den Geschmack gekommen?"
„Ich würde schon gerne dorthin fahren", meint Airin nachdenklich, „aber ob etwas daraus wird? Reisen sind teuer."
Airin wohnt mit ihrer Familie in einem gelben Haus weiter oben am Hang. Sie macht mir Mut für die weitere Tour und wiederholt für mich, was der „weatherman" im Fernsehen angekündigt hat. An ihrem Lächeln merke ich, sie weiß genauso gut wie ich, dass der Metereologe in korrektem Englisch selbstverständlich anders genannt wird - aber Hauptsache, unsere kleine Wortschöpfung erfüllt ihren Zweck und vor allem: Der gute Mann hat für die nächsten zwei, drei Wochen Sonne und Trockenheit vorausgesagt. Das klingt vielversprechend.
Als die Kinder sich endlich von dem kühlen Nass trennen und mit Airin nach Hause gehen, stelle ich das Zelt fertig auf. Prima. Gleich gehe ich schwimmen, mit Blick auf die Vorberge des Norefjells und

in dem Bewusstsein, mich für den ersten Tag ganz tapfer geschlagen zu haben. Das „Pensum" ist geschafft, der Verkehr überlebt, erste Kontakte mit Einheimischen geknüpft. Ich liebe das Leben.
Die beiden Schweden sitzen aneinander gekuschelt hinter einem wuchtigen Holztisch, auf dem sie Gaskocher und Blechkanne aufgebaut haben. Neben ihrem Zelt parkt ein Motorrad. Immerhin haben die beiden diese Uferwiese zuerst entdeckt. Insofern habe ich bestimmt nicht vor, ihre traute Zweisamkeit zu stören, falls es mir an Gesellschaft fehlen sollte. Folglich halte ich respektvolle Distanz – ich kann auch sehr gut ohne Tisch und Bank.
Schief gewickelt. Die zwei pflegen ebenfalls so etwas wie einen Kodex unter Campern.
„Willst du einen Kaffee?", brüllt der Mann auf Englisch über die Wiese.
Abgesehen davon, dass seine Badehose nicht blau-weiß gestreift ist, könnte er die schwedische Version von Obelix, dem Gallier, sein - mit blondem Haar, offen getragen, anstatt in roten Zöpfchen. Obwohl die Wirkung von Hannes „best coffee in the world" noch nicht verflogen ist, nehme ich die Einladung meiner One-night-Nachbarn natürlich an.
„Bring your cup!", schallt es herüber. Also tauche ich nochmal ins Zelt und krame meinen Stahlpott heraus, in den Obelix pechschwarzen glühheißen Kaffee füllt.
Die beiden sind von Karlstad mit dem Motorrad hierher gekommen, morgen wollen sie weiter nach Norden bis Gol und dann nach Bergen. Ich nenne die Hardangervidda als mein Ziel, allerdings mit dem Vorbehalt, dass ich womöglich vorher schlapp mache. Meine geheime Hoffnung, noch viel weiter nach Norden zu radeln, am liebsten bis zur Vogelinsel Runde im Nordatlantik, kommt mir eh ziemlich angeberisch vor. Davon schweige ich lieber. Zumindest Uwe, wie Obelix in Wahrheit heißt, findet sowieso die Vorstellung, als Familienmutter vier Wochen lang allein per Rad durch Norwegen zu kurven, ein wenig abgedreht. Das will nicht so richtig in seinen dicken Schädel.
„Bald werden wir es in der Zeitung lesen -", tönt er, „Schlagzeile: Angelika düst auf der Flucht vor ihrem Mann durch Norwegen!"
Ha, ha, ha. Aber als ich in das gutmütige Gesicht mir gegenüber

schaue, kann ich es ihm nicht übelnehmen. - Ist wohl schwedischer Motorradfahrer-Humor auf ganz gemütlichem Urlaubsniveau. Obwohl ich von jemandem aus dem sozial fortschrittlichen Schweden einen etwas gemäßigteren Kommentar erwartet hätte. Immerhin, es ist auf jeden Fall meilenweit besser als die befremdeten Blicke und Aussprüche, die ich auf Touren in Polen und Frankreich geerntet habe.
Uwes Gefährtin Marian hingegen wirkt müde; vielleicht hat sie viel gearbeitet, bevor es in den Urlaub ging oder sie verträgt das Motorradfahren schlecht. Ich will mal ausschließen, dass Uwe ein so anstrengender Zeitgenosse ist. - Um Gesprächsstoff müssen wir Frauen uns jedenfalls nicht kümmern, Uwe hat genug auf Lager. Unser jeweiliges Woher und Wohin wird zügig abgehakt, wie Würfel wirft er neue Themen auf den rissigen Tisch. Rasch rutschen wir in eine abwechslungsreiche Unterhaltung über die RAF-Terroristengruppe Bader-Meinhof, George Bush und seine Kriege bis hin zu Michael Jackson; der ist gerade an einer Herzattacke gestorben, erfahre ich. Der Popstar hat mich sein Leben lang nicht interessiert. Eigenartig, jetzt mit zwei mir bis eben unbekannten Schweden an einem norwegischen See über den Tod dieses Idols zu sprechen, während wir hinter unseren dampfenden Metalltassen sitzen.
„Da kommt dein boyfriend gefahren, der ist für dich bestellt", kann Uwe das Frotzeln nicht lassen, als ein Mann sein Auto zu einer etwas entfernt liegenden Hütte steuert. Er holt nur etwas aus der Holzkate heraus und verschwindet gleich wieder. Aber immerhin ist er der Einzige, der sich an diesem Abend auf der Wiese blicken lässt – letzte Gelegenheit für Uwe, einen Spruch loszuwerden.
Ich gehe bald schwimmen. Verheißungsvoll funkelt die riesige Wasserfläche des Krøderen im aufkommenden Abendwind. Nach dem Bad bin ich frisch und neu. Außerdem freue ich mich aufs Schlafen. Nicht etwa weil ich müde wäre (das macht der schwedische Kaffee unmöglich), sondern weil ich mich einigermaßen sicher fühle. Werden mich Uwe und Marian retten, wenn mich jemand überfällt? Oder sind sie selbst schlimme Gangster?

Ich werde es nie erfahren, denn ich habe super geschlafen. Morgens schwelt in dem hohen Gras am Ufer immer noch das Feuer, das mir gestern Abend schon aufgefallen war. Haben Uwe und Marian es angezündet? Ich glaube es eigentlich nicht. Bereits gestern umschloss ein breiter Aschering den sachte rauchenden Rest. Oben am Hang trinkt ein Kälbchen bei seiner Mutter, die derweil ungeduldig ihre Glocke schüttelt. Der See liegt still wie eine samtene Decke, alles ist dicker, satter Frieden. Die Bergkette gegenüber spiegelt sich im Wasser, und ich tauche die Schüssel bedächtig ein, bevor ich zum Zelt zurückkehre, um den Spirituskocher in Gang zu setzen. Die Schweden baden nackt, Morgenwäsche. Ich beneide sie darum, aber zu zweit sieht die Sache eben anders aus, rede ich mir ein. In meinem Fall hätte Marian sicherlich ebenfalls Hemmungen. Aber sie hat ja ihren großen starken Obelix-Freund dabei. - Andrerseits, fürchte ich im Ernst, dass Verbrecher hinter den Büschen Schlange stehen, um mich aus dem Wasser zu zerren? Unsinn, da spielt mir meine von Zivilisation geprägte Erziehung einen Streich. Denn mit an Sicherheit grenzender Wahrscheinlichkeit sind, während ich Zähne putze, eine Wasserschnecke sowie ein Winzlingsfisch die einzigen Lebewesen auf Morgenpirsch. Dicht neben einem Stein steigen Blasen auf. Wer da wohl drunter sitzt?

2. „Are You Strong enough?" – Durch das Rukkedal nach Geilo
128 km

Es ist Samstagmorgen, und ich habe den R 7 fast für mich allein. Ausgeruht, wie ich bin, zweifle ich nicht an meiner Weiterreise. Hinter Gulsvik verengt sich der See endgültig zum Hallingdalselv; die Straße krümmt sich nun meistens am Fluss entlang. Bei Flå liegt das Naturschutzgebiet Vassfaret, in dem bis 1972 Bären lebten. Heute sind sie – zusammen mit Elchen - im Vassfaret Bjørnepark zu bewundern. Die Zufahrt dorthin führt 800 Meter bergauf, da fällt mir die Entscheidung, ob ich wirklich ohne Kinder einen Zoo besuchen möchte, leicht. Stattdessen plane ich, mich in Flå für das Wochenende zu versorgen. Wer weiß, wann in Norwegen auf dem Land samstags die Geschäfte schließen.
Die Rechnung geht auf. Zufrieden betrete ich den örtlichen Spar-Supermarkt, wo es angenehm kühl ist. Arglos schiebe ich den Einkaufswagen über spiegelblanke Fliesen. Ganz wie zuhause. Der Vergleich endet bei den ersten Preisschildern. Als Hausfrau aus einem Land, das Lebensmittel im Verhältnis zum restlichen Europa extrem billig anbietet, bin ich schockiert! Und in diesem Geschäft muss ich sogar mehr als eine Tagesration einkaufen! Meine deutsche Kleinkrämerseele blutet ... aber hungern kommt nicht in Betracht, das schafft schlechte Laune. Dafür setze ich Spar-Läden auf die No-go-Liste. Ernüchtert suche ich nach Produkten, die der Hitze hoffentlich bis Montag standhalten. Wenigstens, tröste ich mich, summieren sich die Preisunterschiede nicht gleich ins Fünffache, wie es mit der ganzen Familie der Fall wäre. Zudem steht der Wechselkurs in diesem Sommer mit etwa eins zu zehn relativ günstig.
Halbwegs relaxed kehre ich zu dem im Schatten abgestellten Fahrrad zurück und verstaue meine Schätze in den Packtaschen. Es kostet Überwindung, wieder in die Sonne zu fahren. Lustlos trete ich die nächsten Kilometer vor mich hin.
Wie im Krødertal prägen auch im Hallingdal Berge und Wasser den

Charakter der Landschaft. Bauern wirtschaften hier zwar seit Jahrhunderten, aber die Nutzflächen sind knapp bemessen.
Um 1350 lebten dennoch 4350 Menschen im Tal. Das Land sicherte ihnen ein Auskommen, Unheil drohte von ganz woanders her: Überall in Europa fürchtete man im Mittelalter die Pest – auch in Norwegen holte sie sich zahllose Opfer. Und das, obwohl man meinen könnte, die von mühsam zu überquerenden Bergen umschlossenen Täler hätten den Bewohnern einen gewissen Schutz bieten müssen. Die abgeschiedene Lage vieler Bauernhöfe erschwerte es schließlich, Handel zu treiben – hätte sich das nicht für die Menschen dort zum Vorteil wenden können, indem der spärliche Kontakt zur Außenwelt sie vor Ansteckung bewahrte?
Fakt ist, dass durch die Pest drei Viertel der großen Höfe Norwegens verödeten - und das Hallingdal zu den Tälern gehörte, in denen der „Schwarze Tod" ganz besonders brutal wütete. 1530 gab es hier nur noch 666 Einwohner.
So wurde der Mangel an landwirtschaftlichen Flächen im Tal erst viel später ernsthaft zum Problem – die Lösung hieß Auswanderung nach Amerika. 12 000 Personen suchten in den Jahren zwischen 1839 und 1910 ihr Glück – und mehr Platz – in Amerika oder Kanada. Für die Daheimgebliebenen rückte durch die neu gebaute Bergenbahn der Rest der Welt ein Stückchen näher. Die Bahnlinie, die unter anderem durch das Hallingdal führt, verbindet Norwegens Hauptstadt Oslo mit der Metropole des Fjordlandes, Bergen. Auf der insgesamt 470 Kilometer langen Strecke fahren die Züge über das „Dach Norwegens", die Hardangervidda, und halten dort auf rund 1200 Metern über dem Meeresspiegel in Finse, dem höchst gelegenen Bahnhof des Königreichs. Danach geht es wieder hinunter, bis an den Nordatlantik. Das habe ich schön brav im Reiseführer gelesen – aber werde ich mit eigenen Augen einen Zug über das Hochgebirgsplateau brausen sehen? Schön wär´s, aber da sogar Bromma, der nächste minimal größere Ort endlos auf sich warten lässt, zweifle ich stark daran.
Richtig froh werde ich beim Radeln nicht. Die Hitze malträtiert mich gemeinschaftlich mit dem Verkehr. Endlich erspähe ich Bromma - eine überdimensionale Tankstellenanlage gähnt mir entgegen. Schnurgerade durchschneidet der *riksvei* die Häuseransammlung.

Enttäuscht trete ich weiter, bis ich neben der Straße ausgebreitete Felle entdecke. Endlich ein Anlass abzubremsen. Kuriose Wesen dösen hier unter der Sonnenglut Norwegens: Platt und langhalsig wie die kleinen Kunstfell-Buchlesezeichen, die es bei uns zu kaufen gibt. Ihre kleinen Bäuche sind die höchste Erhebung im spärlichen Gras. Verdammt, denke ich, denen ist genauso heiß wie mir! Es sind ursprünglich aus den südamerikanischen Anden stammende Alpaka-Lämmchen. Lamas werden in Norwegen zunehmend gern gezüchtet. Wie sie da mit ausgestreckten Hälsen flach wie Briefmarken liegen, drücken sie genau aus, was ich fühle – verdammt, ist das heiß!
Ein Segen, dass der Hallingdalselv immer wieder kühle Seen bildet. Zum Beispiel bei Liodden, wo ich nach wenigen Kilometern weiteren Leidens anlange. Gegenüber liegt der Campingplatz; nach zwei Nächten Wildzelten habe ich ihn mir samt einer Dusche verdient. Auf der Brücke lasse ich mir genüsslich den frischen Wind vom See ins Gesicht wehen. Das Campingareal umsäumt eine historische Hofstelle. Die Rezeption ist jetzt am Nachmittag geschlossen, aber ein Schild an der Hütte schlägt vor, sich doch ruhig schon mal aufzustellen, wo es einem gefällt ...ganz norwegisch-unkompliziert.
Der See reizt mich eindeutig mehr als die Duschkabinen. Deshalb wasche ich nur meine verschwitzte Kleidung in einem Riesenbecken, das problemlos die Wäsche meiner gesamten Familie aufnehmen könnte. Aber ich vermisse sie nicht, die Familie. Im Gegenteil, als ich nach einem erfrischenden Bad, einen Becher Kaffee neben mir, vorm Zelt auf der Wiese liege, nur Berge im Blick, bunte Blumen, dazwischen ein Fetzen blauen Sees, über mir unendlich viel Himmel – da ist aller Strampelkrampf vergessen. Vier Wochen lang ausschließlich meiner eigenen Nase folgen – gibt es Größeres? Auf mich wartet eine Kette von unbeschriebenen Tagen, Blankoschecks sozusagen. Nein, ich vermisse meine Familie nicht, aber ich sende ihnen liebevolle Gedanken nach Süden ... denn sie haben mich ziehen lassen.
Abends gibt Campingplatzbesitzer Leif meine Daten in den Computer ein – und stutzt. Ein halbes Jahrhundert ist es her, da kam schon einmal Besuch aus Deutschland mit meinem Vornamen nach Liodden – ein kleines Mädchen. Im zerstörten Nachkriegsdeutschland war das Essen knapp, deshalb wurden Kinder zum Aufpäppeln nach

Norwegen verschickt. An etwaige Auswirkungen auf die kindliche Psyche wurde damals weniger gedacht – an erster Stelle stand das gesunde Überleben. Wie die kleine Angelika sich gefühlt haben mag, als sie in Liodden auf der Türschwelle stand, fremde Leute und eine fremde Sprache um sich – man kann es sich nur annähernd vorstellen.

„Eine Zeitlang gehörte sie zur Familie", erinnert sich Leif, der damals selbst noch ein Junge war. „Später haben wir oft von ihr gesprochen. Der Kontakt ist aber leider abgerissen. Trotzdem, wer weiß -", lächelt der heute 58-Jährige, „vielleicht steht sie eines Tages plötzlich vor mir und sagt 'Da bin ich!'"

Wir kommen auf meine weitere Tour zu sprechen. Inzwischen habe ich mich genügend erholt, um erneut als nächstes Ziel mutig die Hardangervidda zu nennen. Theoretisch plane ich, dort auf dem Rallarveg, einer Radtrasse, zwei Tage durch das Hochgebirge zu fahren und dann hinunter ins Flåmsdal; dieses Tal endet am Aurlandsfjord, einem Seitenarm des großen Sognefjords. Seit Wochen habe ich mir zuhause am Computer die Aufnahmen der Webcam in Finse angesehen: Wieviel Schnee liegt dort? Kann man den Rallarveg schon befahren? Offizielle Saisoneröffnung für den Radweg ist nämlich Mitte Juli. Ich bin rund zwei Wochen zu früh dran – und bei meiner Abreise aus Deutschland zeigte die Webcam immer noch Schnee.

Leif zieht die Augenbrauen hoch und mustert mich. Vielleicht hat er meinen leichten Gehfehler beobachtet. Bestimmt jedoch sieht er das träumerische Leuchten in meinem Blick – eine Spur überkandidelt für ihr Alter, diese Frau, geht es dem Hallingdaler vielleicht gerade insgeheim durch den Kopf.

„Na, das ist noch ein ganzes Stück hinauf. Are you strong enough - bist du stark genug?"

Meine Hoffnung stürzt wie ein Turm Bauklötzchen in sich zusammen. Stark genug – das hört sich ja furchtbar an. Ich bin nicht stark, schon gar nicht genug, nur neugierig – sehnsüchtig nach unbekannten Terrains.

„Ja", antworte ich fest und sehe Leif in die Augen.

Das beschauliche Städtchen Nesbyen, ein Katzensprung nördlich von Liodden, gilt als der wärmste Ort Norwegens. 35,6 °C wurden hier,

170 Kilometer nördlich von Oslo, im Juni 1970 gemessen. Am nächsten Morgen fühlt sich das Wetter an, als könne der Spitzenwert bis mittags getoppt werden. Trotzdem glaube ich, man hat damals versäumt, in Flå aufs Thermometer zu gucken. Das Hallingdal öffnet sich weiter als bisher, so hat der Ort Platz, hier auf 168 Metern über dem Meeresspiegel. Mehr habe ich noch nicht geschafft an Höhe. Nesbyen wirkt ein bisschen wie die kleine schwedische Stadt, die sich Astrid Lindgren für ihre Kinderbuchfigur Pippi Langstrumpf ausgedacht hat. Bieder, brav, ordentlich. Heute ist Sonntag, niemand ist zu sehen, niemand bewegt sich, der nicht unbedingt muss.

Leicht apathisch schleppe ich mich über das Gelände des 1899 gegründeten Freilichtmuseums von Nesbyen. Zwischen den Holzhäusern, die zu Siedlungen zusammengestellt wurden, thront ein klobiger *staveloft*. Der Speicher, das weitaus mächtigste Gebäude von allen, wurde um 1330 errichtet. Also nutzten ihn die Bauern bereits während der schlimmen Zeit der Pest. Ich stelle mir vor, wie ein verzweifelter Mensch, der Geschwüre an seinem Körper entdeckt hatte, in Panik irgendeine Zuflucht suchte und sich zwischen Heu und Getreidesäcken im *staveloft* verkroch, auf dessen beschützende Aura hoffend.

Ein Pfad am Hang müsste mich eigentlich warnen, aber keine Alarmglocke schrillt. Ich bin bloß erleichtert, endlich vom *Riksvei* 7 wegzukommen und nach Westen abbiegen zu dürfen ... es kann doch nur besser werden!

Was das Sträßchen angeht, das sich gleich hinter dem Museum in den Wald kringelt, stimmt das. Kaum ein Auto überholt mich, ab und zu rückt der Wald sogar so dicht heran, dass er einen mageren Schatten auf den Asphalt wirft. Vor mir verbirgt sich das Rukkedal. Dieses Tal wird mir noch lange in Erinnerung bleiben, denn es konfrontiert mich zum ersten Mal mit der rauen Wirklichkeit, auf die ich mich in den heimischen vier Wänden mit dem Motto vorbereitet hatte: Dann schiebe ich eben, schließlich habe ich alle Zeit der Welt!

Was das Rukkedal anging, fühlte ich mich sowieso auf der sicheren Seite, denn auf der Karte verläuft die Straße artig über grünes Papier am gleichnamigen Bach entlang. Und fließen Bäche etwa aufwärts? Ich war davon ausgegangen, der Rukkebach zweige vom Hallingdalsfluss ab, durchschneide ein tiefes Tal, das die Berge rechts und links liegen ließe, um schließlich in den Buvatn-See und später in den Tunhovdfjord zu münden.

Böse Täuschung: Der Rukkebach sprudelt und rauscht mir entgegen. Das Rukkedal heißt zwar Tal, führt aber wacker in die Höhe. Es geht bergauf, bergauf. Langsam schiebe ich von einem Schattenfleck zum nächsten. Selbst das ist furchtbar anstrengend, das Rad, beschwert mit rund 30 Kilogramm Gepäck lässt sich immer zäher vorwärts bringen. Ich nütze jede Ausrede, um stehen zu bleiben und zu trinken – noch nie habe ich so gerne aus der Plastikflasche getrunken. Dass mir die verschiedenen Interpretationsmöglichkeiten der Karte entgangen sind, verbessert die Laune auch nicht gerade. Weit und breit steht kein Verantwortlicher, auf den ich die Schuld abwälzen könnte, zur Verfügung – ein unangenehmer Aspekt des Allein- und Freiseins. Ich höre förmlich alle Trekking-Profis mit den Hühnern lachen.

Auf jeden Fall schiebt es sich nicht im Geringsten einfacher, weil ich „alle Zeit der Welt" habe!!! Wie konnte ich auf diesen Unfug kommen! Schieben ist scheißanstrengend.

Die Schweißtropfen verdunsten, meine ich, bevor sie zu Boden gefallen sind. Zumindest höre ich kein Zischen, und ich bin zu kaputt, um nachzuprüfen, was aus ihnen wird. Eine Kurve reiht sich an die andere, bisweilen unterbrochen von langen, geraden Zwischenstücken. Dann irrt mein Blick ans Ende der Biegung und versucht einzuschätzen, ob es eventuell danach aussieht, als kippe die Straße ganz am Ende, im letzten Winkel wenigstens einen Hauch abwärts. Obwohl ich jedes Mal diese Möglichkeit zu erkennen glaube, werde ich am Ende der Gerade eines Besseren belehrt. Die Straße steigt an, immer.

14 Kilometer muss ich durchhalten, fast zu viel für mich. Kurze Pausen wie die, mit denen ich mich am ersten Tag hinter dem Tyrifjord getröstet hatte, helfen irgendwann nicht mehr. Wüsste ich eine Alternative, würde ich aufgeben. Was mich hergebracht hat, war kein Ehrgeiz, Berge mit einem bepackten Tourenrad zu bezwingen. Ich will schlichtweg das Land kennen lernen und finde (oder fand) das Fahrrad ein geeignetes Verkehrsmittel dafür. Ich sehe mehr und halte leichter an als mit dem Auto, bin aber doch schneller als zu Fuß.

Zwei-, dreimal waren ein paar Häuser aufgetaucht, aber nichts, was

man ansteuern könnte. Bei uns in Deutschland, oder auch in einer Menge anderer Länder, läge jetzt ein nettes Café am Weg. Norweger, so habe ich gehört, nehmen sich stattdessen eine Thermoskanne voll Kaffee mit. So sind sie unabhängig in der schönen einsamen Natur, von der ich daheim geträumt habe. Oft kriegt man eben genau, was man wollte – haha. Nicht sehr witzig, wenn sich die eigenen Grenzen so schnell auftun.
Es reicht. An der nächsten möglichen Stelle wühle ich den Kocher aus einer Tasche und steige ein Stück hinunter zu dem vermaledeiten Bach. Frech plätschert er munter über die Steine. Plätschere du nur, denke ich und hänge die Füße ins Wasser. Auf dem zwischen Uferkieseln deponierten Kocher wird derweil das Wasser für den Nachmittagskaffee heiß. Ja, so soll es sein. Das ist die richtige Idee ... alles passt wieder zusammen. Sogar dieser dumme Satz: „Schließlich habe ich alle Zeit der Welt."
Ständig nur ans Weiterkommen zu denken, an Tagesziele, Kilometerzahlen, die man eigentlich schaffen müsste, um dann wieder etwas anderes zu erreichen – zumindest für mich die falsche Strategie. Zufrieden, die Theorie erfolgreich in ein romantisches Praxisstündchen umgesetzt zu haben, krümme ich die Zehen wohlig im kühlen Wasser.- Allenfalls auf diese Weise werde ich bis zur Vogelinsel Runde reisen. Mit kleinen Besonderheiten am Weg, die nicht im Internet zu finden sind. Mit Muße und Geduld mir selbst gegenüber.
Den Becher in der Hand, bin ich wieder obenauf, vorbei das Gefühl, das Rukkedal hätte mich fertig gemacht. 670 Höhenmeter habe ich bewältigt – weitaus wichtiger scheint mir aber: Meine Stimmung ist gut. Ich versuche, über die Steine springendes Wasser zu fotografieren, die silbern-durchsichtigen Perlen. Einen Wimpernschlag später zerstieben sie bereits und werden eins mit der Flut ... bis zu den nächsten Steinen. Ich bleibe sitzen und höre dem Wasser zu. Aber bald mahnt mich der innere Unruhegeist, weiterzuziehen. Ich breche auf.
Der Wald geht in eine *fjell*-Landschaft über, mit langem grünen Gras, Moosen, vereinzelten Felsbrocken, krüppeligen Kiefern oder Birken. Und immer wieder Wasser, in unterschiedlichster Gestalt – Tümpel zwischen strohartigen Halmen, ein rieselnder Lauf, sichtbar neben der Straße oder weiter weg verborgen unter wuchernden Grassoden.

Auf der Karte sind zwei größere Seen verzeichnet. Als ich den ersten zwischen Blättern glänzen sehe, beginne ich, nach bezogenen Hütten Ausschau zu halten. Locker gestreut stehen Holzhäuser an der Landstraße oder – teilweise mit einer geschotterten Zufahrt – tiefer im *fjell*. Manche sind für skandinavische Urlaubsansprüche relativ luxuriös, mit stattlichen Terrassen, zu denen Holzstufen hinauf führen. Andere gleichen Holzwürfeln mit einem Dach, so wie kleine Kinder Häuser zeichnen. Eines haben die meisten von ihnen jedoch gemeinsam: Niemand wohnt darin, denn die richtige Saison für *hytteferie* beginnt erst demnächst.

Mit ein bisschen Hüttenleben in nicht allzu weiter Entfernung fühle ich mich sicherer. Erst jetzt, wo es darauf ankommt, wird mir bewusst: Einsam in der Natur mein Lager aufzuschlagen, das wünsche ich mir zwar schon lange. Aber so ganz ohne Menschen zu sein, bin ich nicht gewohnt, dagegen sperrt sich ein Schutzbedürfnis in mir. Das Familienleben, erst als Kind, dann als Mutter, hat mich geprägt. Im Umkreis von einem halben Kilometer möchte ich am liebsten andere von meiner Spezies wissen. Vielleicht braucht es mehr solcher Touren, um die Einsamkeit besser zu verkraften. Denn logisch erklären lässt sich mein Bedürfnis kaum. Paradoxerweise habe ich nämlich keine Angst vorm bösen Wolf, sondern gerade vor einem kriminellen Exemplar meiner eigenen Gattung.

Trotzdem, Mutproben wie bei der ersten Übernachtung will ich mir nicht erneut abringen. Am Abend beabsichtige ich, mich auszuruhen, runterzukommen von den Erlebnissen des Tages, die Umgebung auf mich wirken zu lassen. Ich habe mir vorgenommen, aufmerksam zu sein gegenüber allem, was um meinen Lagerplatz herum passiert und mich gleichzeitig wohl zu fühlen. Zwei Dinge, die ich erst lernen muss, miteinander zu verbinden. Außerdem: Auf Schlaf darf ich keinesfalls verzichten. Bloß nicht die ganze Nacht auf huschende Mäuse lauschen, die mit mir „Krieg der Welten" spielen wollen.

Mindestens 150 Meter Abstand zu Privatgrundstücken fordert das *allemannsretten*: Dieses „Jedermannsrecht" kommt Reisenden von Alters her entgegen. Die raue, oft gefährliche Bergwelt zu durchqueren, war zu Fuß oder mit Pferd und Wagen früher genauso beschwerlich wie für mich jetzt mit dem Fahrrad. Deshalb war und ist es gestattet, für eine Nacht das Lager im Freien aufzuschlagen, natür-

lich nicht in einem Kornfeld oder auf einer Schafweide.
Das a*llemannsretten*, so reime ich mir zusammen, hat sich wohl nur dank der norwegischen Neigung zur Individualität bis ins Zeitalter von Autos und Handys gehalten. Man geht Wandern, Fischen oder Jagen – aber in jedem Fall wollen Norweger ihre Ruhe haben draußen im *fjell*, an einem See oder einsamen Strand. Kein Wunder, dass in ländlichen Gebieten vielerorts Hütten gebaut werden. Es handelt sich schlicht um das komfortabel weiter entwickelte Bedürfnis nach einer ganz persönlichen Auszeit.
Aus dieser Perspektive hat sich das *allemannsretten* für die meisten Norweger erledigt. Sie denken sogar darüber nach, ob es überhaupt noch zeitgemäß ist und nicht besser abgeschafft werden sollte. Denn der Ärger über Wildcamper, die ihren Müll liegen lassen oder sich gleich für mehrere Tage ungebührlich ausbreiten, ist groß. Verständlicherweise. Ich nehme mir also vor, mein Bestes zu tun, um den guten Ton zu wahren. Dazu gehört, den Besitzer, den *eier*, von Grund und Boden um Erlaubnis zu fragen. Oder wenigstens sonst jemanden, der sich autorisiert fühlt. Uwe und Marian hatten mich mit dieser Sitte ja bereits vertraut gemacht. Jemanden suchen gehen, um höflich wegen etwas anzufragen, was nach Gewohnheitsrecht sowieso erlaubt wird ... ob ich da von alleine drauf gekommen wäre? Dieser Verhaltenskodex gefällt mir jedoch, denn so ist klar, dass man Kontakt aufnehmen muss – für mich als Alleinreisende immer nett.

Um die Hütten herum herrscht Stille, nur ein älterer Mann pusselt an der Verkleidung unterhalb eines Fensters herum. „*Heihei* – hallo", rufe ich forsch. Bereitwillig kommt er mir über die Auffahrt entgegen. Auf meine Anfrage hin weist er in eine Richtung und meint, da ließe es sich *fint*, also prima, übernachten. Offensichtlich erstaunt es ihn keineswegs, dass ich als Frau alleine zelten will. Sehr angenehm. Frohgemut ziehe ich ein Stück weiter in die angegebene Richtung – das hat ja wie am Schnürchen geklappt. Marian und Uwe hätten es nicht besser gekonnt. Auf einer Spur, die vor langem ein Pfad gewesen sein mag, gelange ich, indem ich das Rad vom Gepäck befreie und zuerst durch das widerspenstige *fjell* zerre, an den See. Bald steht das Zelt auf einer Miniaturhügellandschaft aus Preiselbeergewächsen, federnden Moospolstern und Fels. Dank der Unterlegplane,

die ich in einem Baumarkt gekauft hatte, wird es bestimmt von unten trocken bleiben.
Es ist hier so still wie vorhin bei den leeren Hütten. Nur die Mücken summen, ein Vogel krächzt, das Wasser des Buvatn schlägt leicht an die Ufersteine. Höchstens alle halbe Stunde fährt auf der Landstraße ein Auto vorbei. Durch die Kiefern bin ich blickdicht abgeschirmt; außerdem ist das Zelt olivgrün.
Von Zuhause habe ich ein Päckchen Couscous mitgebracht. Ich mische ihn mit heißem Wasser und würze mit Tütensuppenpulver. Zufrieden sitze ich auf den Steinen, werde von Mücken gestochen, schlage Mücken tot und gucke über den See.
Es wird spät, die Zeit ist schnell vergangen. Im Zelt gibt es keine ebene Fläche. Ich schlafe zwischen zwei Moos-Fels-Buckeln, näher am Busen der Natur geht es nicht.

Nach einem blöden Traum pelle ich mich um halbsechs aus dem Schlafsack. Es lohnt sich. Die Sonne versucht gerade, ihre Strahlen durch eine Matte kleiner grauer Wolken zu schicken. Zarte Nebel treiben über den See. Ein Gänsesäger, der direkt vorm Zelt am Ufer entlang schwimmt, erschreckt sich furchtbar, als ich den Reißverschluss des Eingangs aufziehe. - Dieses Ritschratsch ist ein Sakrileg im Morgenfrieden! Selbst Vogelrufe sowie das Blöken durchs *fjell* ziehender Schafe klingen um diese Tageszeit vorlaut.
Von Tunhovd, einem Bergdorf, könnte man über paradiesisch bunte Blumenwiesen zum Fjord hinunter laufen. Nur zum Schauen finde ich es ebenfalls sehr schön. Nachdem ich zu meinem am Straßenrand abgestellten Fahrrad zurückgekehrt bin, beuge ich mich überrascht über das Hinterrad – neben dem Ritzel wuchert ein ganzer Blumengarten. Wilde Stiefmütterchen, Hahnenfuß, die beuteligen, weiß bekränzten Blütenkelche des Leimkrauts, Storchschnabel, Weidenröschen, Klee - erstaunlich, was alles so in einen Straßengraben hineingeht und sich da hemmungslos entfaltet während des kurzen norwegischen Sommers.
Aus dem Fjord ragen steinerne Kuppen mit jeweils fünf, sechs Fichten. Er wirkt einsam, die Fichtenwälder endlos. Der Höhenzug hinter dem gegenüberliegenden Ufer blieb bisher für mich verborgen. Ich werte es als Erfolg, dass mir nun ein „richtig norwegisches Panora-

ma" ins Blickfeld geraten ist. Gestern noch im wärmsten Städtchen des Landes und heute Felsen mit Schneeflecken! Statt grün und malerisch herüber zu grüßen wie ihre Kollegen im Hallingdal, tragen die kargen Kuppen ernste Düsternis zur Schau. Keine Frage, Respekt ist geboten. Sie signalisieren Härten, Anstrengungen. Zwar brauche ich nicht genau diese Berge zu überqueren, aber dafür andere vom gleichen Kaliber. - Are you strong enough?
Der Pålsbufjord ist streckenweise richtiggehend ausgetrocknet; ganze Steinfelder bedecken die Uferzone. Die Straße führt meistens bergab - schön, aber eigentlich schlecht. Es rächt sich ja doch irgendwann. Dann schiebe ich mürrisch bergauf; immerhin keine 14 Kilometer. Der Straßenbelag weist häufig Rillen auf. An einer Stelle ist die Asphaltdecke geplatzt, durch ein Loch sehe ich in ungeahnte Tiefen. Schuld daran ist der Winterfrost. Im Herbst dringt Wasser in jeden feinen Riss ein, gefriert und reißt in der Folge den Asphalt auf. Schaudernd verzichte ich darauf, mir genauer auszumalen, was hätte passieren können, falls ich aus Versehen mit dem Vorderreifen in diese Spalte gesackt wäre. Ein paar Schafe zockeln einen Pfad zwischen den Fichten hinunter zur Straße. Wir halten allesamt Auge in Auge, aber als ich sie fotografiere, geben sie Fersengeld. Das Leitschaf hat 's wohl so befohlen.
In Grevskardokken, einer Ansammlung großzügig im Wald verteilter Hütten, stoppe ich zur Mittagspause. Im Dorfladen von Tunhovd gab es keine Brötchen. Deshalb habe ich *lomper* gekauft, pappdünne abgepackte Pfannkuchen aus Kartoffelteig. Mit etwas Ziegenfrischkäse und Tomatenscheiben erreichen sie die Kategorie „ausreichend geschmackvoll".Während ich auf den Stufen zu einer kleinen Hütte mit an der Tür angeschlagenen Zetteln sitze und mich darauf konzentriere, einen *lompe* aufzurollen, ohne die (teure) Tomate zu verlieren oder das Abschmettern der Mücken zu unterbrechen, röhrt ein Riesenmülllaster den Berg hinunter. Ein junger Mann steigt aus und sagt etwas; für mich hört es sich wie „Rolarola" an. Was antwortet man in so einem Fall auf Norwegisch? Freundlich winken passt immer. Der Mann klettert wieder auf den Fahrersitz – und der Laster rollt rückwärts auf mich zu. Er wird bald halten, denke ich noch, springe dann aber doch lieber mit meinem Picknick zur Seite. Das Rad kann ich sowieso nicht mehr retten.

Er hält beängstigend nah, steigt wieder aus, schließt das Hüttchen auf. Darin wohnen die Mülltonnen von Grevskardokken, die er nun eine nach der anderen leert.

„Ach, ich dachte, Sie zerquetschen mein Rad zu Müll!", rufe ich auf Englisch, zu jeder Albernheit bereit, aus lauter Glück und Erleichterung, dass mein tapferes Fahrrad die Begegnung mit Goliath unbeschadet überlebt hat.

Der junge Kraftfahrer versteht mich genauso wenig wie ich ihn. Statt zu winken lacht er „Rolarola!" - und düst, eine Müllwolke hinter sich lassend, weiter zu Tal.

Ernüchtert sitze ich auf dem Campingplatz an der Brücke, die nach Geilo hineinführt, vor dem Zelt. Um mich herum sind Karten, Reisetagebuch und Proviant so verteilt, dass ich alles erreiche, ohne aufstehen zu müssen. Für den Kocher habe ich nach einigem Ausprobieren ein windstilles Plätzchen gefunden; sonst kann ich lange warten, bis der Kaffee fertig wird, und den brauche ich mal wieder nötig. Ob Airins „weatherman" mit seiner Prognose richtig liegt? Die Sonne scheint milchig, dunkle Wolken segeln langsam heran. Trotzdem, eigentlich gibt es keinen Grund, deprimiert zu sein. Geilo liegt schließlich nahe an der Hardangervidda. Entgegen allen Vorbehalten habe ich also mein erstes Ziel fast geschafft. So wie es aussieht, werde ich morgen auf dem Rallarveg unterwegs sein. Halleluja! Wer hätte das gedacht!

„Oh yes, I was strong enough!", werde ich morgen ausrufen. Leider wird der skeptische Leif in Liodden meinen Jubelruf nicht hören. Bloß im Augenblick verspüre ich gar keine rechte Lust zum Jubeln. Wie kommt das, es läuft doch alles ausgezeichnet? Liegt es an der Erschöpfung? Während ich den Kaffee schlürfe, versuche ich grübelnd, in Kopf und Bauch klar Schiff zu machen. Ich glaube, zumindest teilweise hat meine Flaute mit diesem Ort zu tun. Mit seinen 800 Höhenmetern ist Geilo die oberste der alten Bauernsiedlungen im Hallingdal – allerdings merkt man nichts mehr davon. Nach der Eröffnung der Bergenbahn 1909 kamen zunehmend Touristen ins Tal, und das ehemalige Dorf wurde Zug um Zug komplett für ihre Bedürfnisse umgekrempelt.

Besonders als Wintersportort hat sich Geilo einen Namen gemacht:

Während der rund 20-minütigen Abfahrt ins Tal fiel ich aus allen Wolken: Die Natur, die ich bis eben noch genossen hatte, war hier plötzlich in eine trostlose Bulldozer-Landschaft verwandelt worden. Verwundete Hänge mit langen, wie abgeschabten Striemen überall – wie Haut war Vegetation und mehr abgerissen. Ausfahrten, deutlich gemacht durch Werbeschilder, führten zu planierten Flächen mit Hütten, die in diesem zernarbten Gebiet an Mondstationen erinnerten. Ich war geschockt - wer will denn in dieser Wüste Urlaub machen, da kriegt man doch Depressionen!
Aber dann fiel mir ein, dass der Schnee ja alles gnädig zudeckt. Im Winter glitzern die weißen Flächen in der Sonne verlockend und lassen die Herzen der Skifahrer höher schlagen, wenn sie in ihrem dick wattierten Outfit zu einem der 18 Lifte stapfen – Wartezeit nur fünf bis zehn Minuten, das können die Alpen meistens nicht bieten! In dieser Kleidung, die einem Astronautenanzug ähnelt, würden Urlauber eigentlich jetzt im Sommer mindestens genauso gut hierher passen. „Galaktische Invasion" wäre zum Beispiel ein Filmthema, das sich mit solchen Statisten problemlos drehen ließe.
Es blieb wenig Zeit, meinem Mitleid mit den zerstörten Hängen zu frönen – ich musste mich sehr auf die Straße konzentrieren. Kurvig und steil führte sie ins Tal, Kies am Rand konnte mich leicht ins Rutschen bringen, und im Nacken saß mir eine Schlange von Autos.
Bei unseren Familien-Winterurlauben in einer abseits von solchen Skisportzentren gelegenen Hütte haben wir nie so etwas wie ein größeres Verkehrsaufkommen erlebt. Im Gegenteil, oft trafen wir nur vereinzelt auf andere Fahrzeuge. Deshalb überrascht es mich, dass sich in diesem Land mit einer Bevölkerungsdichte von knapp 15 Einwohnern pro Quadratkilometer so viele Menschen beieinander tummeln. Die zahlreichen ausländischen Urlauber tragen wohl ihren Teil dazu bei. (Zum Vergleich: In Deutschland bewohnen durchschnittlich 230 Menschen einen Quadratkilometer.)
Ja, es ist traurig, ein Dorf derartig hässlich gemacht vorzufinden. Fällt das dem jungen Pärchen, das mit Rucksäcken anmarschiert kommt, ebenfalls auf? Der junge Mann entrollt ein, in Anbetracht des beschränkten Volumens von Rucksäcken, recht großes Zelt und baut es routiniert auf. Seine Freundin sitzt derweil, hübsch anzusehen, auf dem Boden und fummelt in irgendwelchem Kleinkram herum. Sogar

auf dem Zeltplatz wirkt die traditionelle Arbeitsteilung aus Jäger- und Sammlerzeiten nach. Im Verlauf des Abends bin ich aber doch erstaunt und – ehrlich gesagt – zudem ein wenig neidisch, was sie alles an komfortablen Ausrüstungsgegenständen aus ihren Rucksäcken zu Tage fördern. Allerdings, und das tröstet mich wieder, kann ich nicht beurteilen, was ihnen in anderen Situationen vielleicht nötig fehlen wird ...

Vermutlich, korrigiere ich mich, sind die zwei mit der Bergenbahn gekommen – wer im Urlaub auf das Auto verzichtet, sucht sich zum Beispiel die Bahnstation Geilo als Basislager für Wanderungen aus und macht bei der Rückkehr zum Zelt die Augen zu.

Außerdem gibt es im Ort mehrere Supermärkte. Das ist auch für mich wichtig, denn hier ist die letzte Gelegenheit vor Flåm, für Proviant zu sorgen. Auf den über 80 Kilometern durchs Gebirge und hinunter bis zum Fjord gibt es kein Lebensmittelgeschäft. Die ganze Unternehmung ist so und so aufregend genug, da will ich keinesfalls obendrein hungrig in den Schlafsack kriechen müssen.

Die Aussicht auf die morgige Etappe beschwert mir den Magen wie ein Stein. Warum diese Zweifel? Es missfällt mir, dieses ständige Rumoren meiner Gedanken. Verdammt, bisher hat alles wunderbar geklappt, was soll also diese Selbst-Gängelei, diese Miesmacherei?

Ich hole das Tagebuch hervor. Allein zu reisen und nichts aufzuschreiben – da würde mir etwas Entscheidendes fehlen. Wenn schon keinen Gesprächspartner, so brauche ich doch eine andere Stelle, um mich zu ermutigen, aber natürlich genauso, um Probleme abzuladen. Auf dem Papier verlieren sie das Aufgebauschte, verkleinern sich, lassen sich ins rechte Licht rücken. Je länger ich reise, desto intensiver begleitet mich diese Korrespondenz wie eine zweite Stimme – mit dem kaum von der Hand zu weisenden Vorteil, dass keine weitere Person mir mit neuen Bedenken zur Last fällt. Ganz schön egoistisch, aber als Alleinreisende darf ich das ohne Skrupel sein. Bereits während ich meine desolate Gemütslage im Einzelnen dokumentiere, fühle ich mich sortierter. Also schreibe ich – vom Sognefjell, das zu hoch und somit leider gestrichen ist, vom Rallarveg, der einzigen Etappe, die jetzt wirklich zählt. Morgen werde ich ihn fahren! Langsam setzt sich diese Gewissheit durch. Und damit auch die Freude, die ich bislang vermisst habe.

In den vergangenen Tagen habe ich schließlich Glück gehabt und viel Schönes gesehen – Seen, den zuerst so ungeliebten Rukkeelv, einen Sonnenaufgang, als sei ich allein auf der Welt und den Tunhovdfjord, der irgendwie in sich gekehrt wirkte, aber trotzdem eindrucksvoll. Weite stille Ausblicke, die von der Geschichte des Landes erzählen.
In Nesbyen hatte ich eine Ausstellung mit Fotos von Orten, wie sie früher aussahen und sich inzwischen entwickelt haben, besucht. Atemberaubend, wie rasant und tiefgreifend sich Norwegen innerhalb weniger Jahrzehnte verändert hat.
Das Land ist mir schon ein wenig vertrauter geworden. Ich weiß, ich werde weiterfahren, bis ich im Hier und Jetzt angekommen bin. Bis ich einfach lieben kann, was am Wegesrand liegt – ohne zu denken, was da vielleicht liegen müsste. Wen habe ich zu überzeugen? Niemanden, außer mir selbst. Und das ist bekanntlich das Schwerste.

3. Wo sommers Eisschollen treiben – Auf dem Rallarveg durch die Hardangervidda
71 km

„Eigentlich dürfte ich Ihnen das gar nicht sagen", meint die hilfsbereite Frau am Schalter im Bahnhof von Geilo, „aber der Bus ist eindeutig billiger als der Zug. Da würden Sie allein für die Mitnahme Ihres Fahrrades schon 175 NOK (ca. 18 €) bezahlen."
Nachdem ich lange, jedoch ohne nennenswertes Ergebnis über meinen Karten sowie schriftlich im Reisetagebuch gegrübelt habe, wie es nach dem Rallarveg weitergehen soll, bin ich auf Erkundungstour in den Ort gegangen. Ich bedanke mich mit „*Tusen takk!*" für die freimütige Auskunft der Bahnangestellten und wechsle hinüber zur Bushaltestelle. Prima, mitten am Vormittag fährt ein Bus hinauf nach Haugastøl, der ist ohne Stress zu schaffen. Der Bus wird für mich nicht nur die ersten 185 Höhenmeter erledigen, sondern auch 20 Kilometer auf dem *Riksvei* 7, von dem ich für alle Zeiten die Nase voll habe. In Haugastøl beginnt der richtige – autofreie – Rallarveg. Und er soll, so habe ich gehört, weitestgehend schneefrei sein! Hardangervidda, ich komme!

Voller Neugier und Elan lehne ich also am nächsten Morgen das Rad an eine Hauswand gegenüber der Touristeninformation von Geilo. Die Radtaschen sind prall gefüllt mit Lebensmitteln. Ich fahre schließlich über eine als „Kältesteppe" bezeichnete Hochgebirgsebene. Darüber hinaus bin ich entschlossen, in die letzten Lücken im Gepäck alles Erdenkliche zu stopfen, was mir auf dem spektakulären Rallarveg möglicherweise irgendwie weiterhilft.
Dazu gehören auch aktuelle Auskünfte. Mindestens drei eifrige Mitarbeiterinnen der Touristinformation stehen den Urlaubern Rede und Antwort. Ich löchere Solveig, eine junge blonde Frau, mit Fragen zum Rallarveg:
„Wie sieht es aus mit Schnee?" Die vage Auskunft, der Weg sei befahrbar, hatte mich zwar innerlich jubeln lassen, aber vielleicht

weiß Solveig Genaueres.

„Ja, dieses Jahr ist der Weg schon Ende Juni bis auf ein paar Schneefelder frei. Das ist nicht immer so, manchmal dauert es noch zwei Wochen länger. Nur zwischen Finse und Hallingskeid, das sind rund 20 Kilometer, liegt noch zu viel Schnee zum Biken. Für diesen Abschnitt empfiehlt es sich wirklich, den Zug zu nehmen."
„Wie oft fährt der?"
„Mehrmals am Tag", beruhigt mich die Touristikerin.
„Wie sieht es ab Myrdal aus? Teilt sich dort der Weg? Ich möchte nicht weiter Richtung Voss, sondern nach Flåm hinunter fahren – oder ist das zu steil?" Was ich darüber gelesen hatte, klang widersprüchlich.
„Überhaupt nicht. Es ist eine wunderschöne Strecke nach Flåm. Bloß direkt bei Myrdal ist es sicherer zu schieben – das sind maximal zweieinhalb Kilometer, die vielleicht riskant zu fahren sind."
Stimmt mich irgendwie skeptisch. „Kommt man da auch runter, wenn man 30 Kilo geladen hat? - Ich bin nämlich vier Wochen unterwegs." Solveig soll nicht denken, ich sei eine turtelige Ausländerin mit Schminkkoffer, fünf T-Shirts und Stöckelschühchen im Gepäck.
„Aber natürlich." Sie träufelt weitere Beruhigungstropfen in meine Ohren. „Manche Leute nehmen sogar ihre Kleinen im Kindersitz mit. Ob das eine so gute Idee ist, bezweifle ich ja, denn die Kinder werden auf den Schotterwegen doch arg durchgeschüttelt." Solveig setzt eine sorgenvolle Miene auf.
Aber ich bin beruhigt. Die Zeiten, in denen wir uns Gedanken über die schief hängenden Köpfchen unserer von groben Wegen in den Schlaf geschuckelten Kinder gemacht haben, sind lange passé.
Eine genaue Karte sei auf dem Radweg durchs Gebirge nicht nötig, denn man könne sich dort garantiert nicht verfahren. Wo dies eventuell doch möglich sei, würden Schilder den richtigen Weg weisen. – Ihr Wort in Gottes Ohr. Also verlasse ich die Touristinformation mit einer groben Übersichtskarte sowie einem Info-Blatt zum Weg.
Draußen treffe ich auf einen mit Schlamm bespritzten Tourenbiker. Da Radler mit Gepäck in Norwegen eine übersichtliche Klientel bilden, sprechen wir einander gleich an. Der Brite hat vor dem R 7 nicht wie ich gekniffen, sondern ist direkt via Haugastøl hier eingerollt – den Rallarveg hat er also ganz frisch hinter sich.

„Eine fantastische Bikerroute", versichert er mir euphorisch und zieht bereitwillig seine säuberlich in Klarsichthüllen mit Reißverschluss verpackten Karten aus der Radtasche. Im Kontrast zu seiner verdreckten Gesamterscheinung glänzen sie geradezu klinisch rein. „Ich bin am Nordkapp gestartet und runter zu den Lofoten gefahren. Dort gibt es auch eine Strecke für Radler. Jetzt geht's weiter nach Oslo, ich muss meinen Flug nach Schottland kriegen."
Es hört sich fast an, als sei er das alles in einem Rutsch gedüst – und danach sieht er auch aus, einschließlich seiner Stahlwaden, auf die ich heimlich einen Blick werfe. Tatsächlich hat er fünf Monate für seine Tour, die in Irland enden soll, eingeplant - inklusive eines Zwischenstopps bei seiner Tochter in England, um auf ihrer Hochzeit den Brautvater zu geben. Es klingt, als sei Letzteres der nebensächlichste Termin. Immerhin, er wird dort sein. Was für ein Glück für die Tochter, denn eigentlich lebt ihr Papa in Taiwan, und ich vermute stark, er ist von ihrer Mutter längst geschieden.
„Dein Rad ist so sauber", lacht er wie einer, der nicht unbedingt jeden Tag solche Witze reißt. Aber jetzt steht Freude, Elan – Glücklichsein in seinen Augen. Fehlt nur noch, dass er die Arme hochreißt und „I did it!" brüllt. Klarer Fall, der Mann ist „high" - berauscht vom Rallarveg, der Hardangervidda. Nun werde ich aber richtig neugierig, Stahlwaden hin oder her.

Mit väterlicher Geste hängt der Busfahrer mein Rad an die dafür vorgesehene Halterung des Minibusses; das Gepäck darf ich auf die Sitze verteilen. Die beiden anderen Fahrgäste, zwei Einheimische, fahren gar nicht bis Haugastøl, sondern steigen ziemlich bald hinter Geilo aus. Es nieselt, die Wolken von gestern entleeren sich ohne Hast. Ich bin froh, noch im warmen Bus zu sitzen.
„Aus der Nähe von Kiel kommst du? Ich war erst vorigen Sonntag in Kiel, mit der Color-Line-Fähre von Oslo aus." Das ist zwei Tage her und wie ein Gruß von Zuhause. Aber mein Bauch schlägt nur einen kleinen Purzelbaum, für echtes Heimweh bin ich viel zu gespannt auf das, was vor mir liegt.
„Tja, da war ein großer Markt in Kiel, den habe ich mir angeschaut." Markt? Ich überlege, was er damit meinen könnte. Richtig, gerade findet ja die Kieler Woche statt – wie auch schon, als ich abfuhr.

Mein Bauch, so erinnere ich mich flüchtig, fühlte sich vor Aufregung ganz leer an, als ich allein vor dem Aufzug zum Panoramadeck stand. Bei unseren Winterurlauben waren die Jungen immer voraus gerannt und hatten fünf Plätze beieinander an einem Aussichtsfenster gesichert. Für mich allein würde ich problemlos einen Sitz ergattern. Solche Dinge waren unwichtig geworden, es ging nur noch um mich. Das schien fragwürdig, unpassend. Ich kam mir vor wie aus dem Nest geworfen. Vom Schiffsdeck blickte ich auf einen Wald von bunt beflaggten Masten - unübersehbar viele Boote, alte mit Holztakelung und ganz moderne, ankerten am Fördekai. Und es war Kaiserwetter!
Haugastøl hingegen schwimmt im Grau - der Himmel, der benachbarte See, das Gebäude aus massiven Steinquadern, vor dem mich der Fahrer auf die nasse Straße setzt. Er weist auf ein Schild, es leuchtet blau in der tristen Umgebung.
„28 Kilometer bis Finse", grinst er bedeutungsvoll. Keine Ahnung, was die Anspielung bedeuten soll. Manchmal fragt man besser nicht.
Mit mir gehen zwei Tagesbiker, erkennbar an ihrem Auto auf dem Parkplatz und den kleinen Rucksäcken, „an den Start". Jacken an, aufsitzen und schon sind sie um die erste Kurve verschwunden. Bei mir dauert es länger, bis alles Gepäck angehängt und festgeschnallt ist. Behutsam radle ich los. Der Rallarveg, aus dem die Steine wie verlorene Spikes auf einer Rennstrecke aufragen sollen, gibt sich erst mal ganz gemütlich als gut festgefahrener Schotterweg. Zu Tausenden sollen hier an den Wochenenden im Hochsommer Freizeitradler unterwegs sein. In Norwegen sind viele Menschen sportlich, für sie wurden beispielsweise die schweißtreibenden Nebenrouten im Krøder- und Hallingdal eingerichtet. Aber die Massen richten sich wohl nach dem offiziellen Saisonstart, jetzt rumpelt höchstens ein Auto im Anliegerverkehr zwischen den Hütten über den Weg. Die meisten kleinen Holzhäuser stehen jedoch auch hier noch leer.
Dann bin ich auf einmal in rund 1000 Metern Höhe alleine mit urzeitlich anmutenden Felsrücken, von denen Schneelachen züngeln. Aber das Gefühl, am falschen Ort zu sein, wie ich es bei der Abreise in Kiel empfand, habe ich überwunden. Sogar mehr als das. Ich bin glücklich, mein erstes Wunschziel erreicht zu haben und möchte nirgendwo anders sein. Eine Kette klarer Bergseen liegt vor mir, überhaupt findet kreuz und quer Wasser jeglicher Größenordnung unge-

stüm seinen Weg neben meinem. Mögen andere die Etappe nach Finse in gut zwei Stunden heizen... ich muss dauernd anhalten. Als wäre ich durch einen Vorhang geschlüpft, finde ich mich mitten in eine wilde düstere Bergwelt eingetaucht wieder. Hätte ich angesichts der fernen Kuppen gestern ahnen können, wo ich heute lande? Wohl kaum. Ich bin voll Staunen, eigentlich sogar voller Ehrfurcht. Auf den ersten Blick scheint mir, durch die Szenerie um mich herum sei noch nie ein Sommer geweht. Aber das täuscht. Durch Wiesen und Moosteppiche schlängeln sich Rinnsale, dazwischen gedeiht überall alpine Blütenpracht: Glockenblumen, gelbe Spargelerbsen, Frauenmantel, Wollgras, Lichtnelken. Lieblich wirkt die Landschaft deshalb noch lange nicht.

Zwei bunte Punkte bewegen sich langsam auf mich zu, werden größer und entpuppen sich als ein Schweizer Ehepaar.

„Haben Sie nicht genug Berge in der Schweiz?", rutscht es mir heraus.

Vrenli und Peter lachen, sie nehmen es mir nicht krumm.

„Klar, in der Schweiz haben wir ebenfalls sehr schöne und interessante Ecken. Aber Norwegen ist dagegen weiträumig, eine Landschaft folgt der anderen. Wir sind per Bahn unterwegs und total begeistert von allem, was wir bisher gesehen haben", schwärmt Vrenli. „Spontan haben wir uns erst beim Gucken aus dem Zugfenster entschlossen, hier für einen längeren Spaziergang auszusteigen."

„Ich bin auch völlig überrascht – allein die vielen verschiedenen Blumen in dieser andererseits so kargen Gegend", stimme ich zu. Wir strahlen uns an.

Mich als Flachländerin fasziniert diese Herr-der-Ringe-Kulisse um mich herum – was kaum verwundert. Dass ich aber hier mit zwei Schweizern stehe, und wir gemeinsam eine Lobpreisung auf die Hardangervidda singen, ist schon kurios. - Da ist es wieder, dieses Rallarveg-Fieber. Statt sich wegen der eigenen Euphorie zu genieren, teilt man sie mit Fremden. Denn der Weg macht eine Spur abgedreht, als ob wir ein Füllhorn voll Freude in die Arme gedrückt bekommen hätten. Ich bitte dich, es ist doch nur ein Weg, werden ernsthaftere Gemüter sagen. Aber ich habe es in den Augen des Briten gesehen, dieses allem Bodenständigen entrückte Leuchten, und bei Vrenli und Peter ist es genauso.

„Wir hoffen, kurzfristig Plätze auf einem Schiff der Hurtigroute zu bekommen, denn wir möchten noch weiter nach Norden reisen, am liebsten bis zu den Lofoten", erzählt Peter. Offensichtlich sind hier zwei Norwegen-Freaks geboren.

Drei einzelne Menschen auf Europas größtem Hochgebirgsplateau – schon vor Urzeiten haben sich die Wege von Hirten, Jägern oder Händlern auf der Vidda gekreuzt. Sie sind bestimmt wie wir eben für einen kurzen Plausch stehen geblieben – weil man einander so selten trifft. Bevor aber meine Fantasie dem Fahrrad vier Beine statt der zwei Räder sowie ein Rentiergeweih als Lenkerersatz verpasst, holt mich das Sirren der Stromleitungen in die Gegenwart zurück.

Ich schiebe einen kurzen steilen Anstieg hinauf und blicke in die karstige Wanne eines riesigen Hochtals. Zweifellos, auch hier regiert im Großen wie im Kleinen das Wasser, immer schon: Eiszeitliche Gletscher schliffen auf einer Fläche von 10000 Quadratkilometern Bergköpfe rund, hinterließen fruchtbare Ebenen und zahllose flache Seen. Rentierherden zogen auf die frei gewordenen Weidegründe. Ihnen folgte vor über 7000 Jahren der Mensch, wie Überreste historischer Wohnplätze beweisen.

Die Landschaft macht den Eindruck, als hätte sich das Eis erst unlängst zurückgezogen. Eine eigentümliche Zeitlosigkeit herrscht hier oben. Als sei es ziemlich unerheblich, ob wir das 21. oder irgendein anderes Jahrhundert schreiben. Und so soll es – zumindest teilweise – bleiben. Knapp ein Drittel des riesigen Areals ist als Nationalpark ausgewiesen – dort wird die Natur weitestgehend sich selbst überlassen.

Ein bisschen hatte ich vorab befürchtet, dass es nerven würde, auf dem Rallarveg ständig der Streckenführung der Bergenbahn folgen zu müssen. Aber die Landschaft ist eindeutig dominant – sie scheint die Schienen, Brücken und alten Bahnwärterhäuschen förmlich aufzusaugen. Um die vorletzte Jahrhundertwende rackerten sich Scharen von Arbeitern damit ab, das ehrgeizige Projekt einer Zugverbindung über die Hardangervidda umzusetzen. Die Bauleute – auf Schwedisch wurden sie „rallar" genannt - legten eine Trasse durch das *fjell* an, um auf ihr Material und Lebensmittel an die Bahnstrecke zu transportieren. Auf diesem über 100 Jahre alten Versorgungsweg, dessen Name noch heute an seine Erbauer erinnert, bin ich jetzt

unterwegs. Er wurde 1974 offiziell als Radroute eröffnet.
Dass die Überquerung des Hochgebirges auf Schienen gelungen ist, darauf sind die Norweger nach wie vor stolz. Das Land ist allgemein von so vielen Gipfelketten durchzogen, dass jeder Schritt zueinander als nationaler Erfolg gefeiert wird. Wie futuristische Spielzeuge rollen die Züge durch das weiträumige arktische Panorama – wenn sie nicht gerade in einem der 182 Tunnel, die sich auf 73 Kilometer Länge durch den Fels bohren, verschwunden sind. Der Bau der Bergenbahn war ein gemeinsamer Beschluss der schwedisch-norwegischen Doppelmonarchie, um die Handelsmetropolen Stockholm und Bergen zu verbinden. Noch während die Arbeiter in dem unwirtlichen Gelände schufteten, wurde Norwegen jedoch 1905 eigenständig. Damit war die Anbindung an Kristiania, die heutige Hauptstadt Oslo, wichtiger als der Verkehr mit dem Nachbarland.
Der Rallarveg unterquert den Schienenstrang mehrere Male – auch freilaufende Schafe nützen diese Schlupflöcher, weil Flechten und Gräser auf der anderen Seite bekanntlich immer besser schmecken. Der Himmel hängt tief, schräg oberhalb eines Geröllhanges stürzt ein Wasserfall unter einer dicken Schneewand hervor und über die Felsen hinab. Ich komme mir sehr winzig und unbedeutend vor, denn in dieser urzeitlichen Aura scheint der Mensch gerade so viel zu gelten wie eine Eintagsfliege – ein berauschendes, wie fremdartiges Gefühl.
Kurz stoppt ein junges holländisches Pärchen – wieder vor Glück leuchtende Mienen. Was verzaubert uns bloß auf dieser Hochebene? Warum spüren alle diese magische Anziehung? Der Blick der Frau aus großen Kulleraugen wirkt beseligt ... als hätte ihr Freund ihr gerade einen Heiratsantrag gemacht.
Fasziniert uns diese raue Fantasywelt vielleicht so stark, weil wir sie auf dem Rad durchqueren?
„Der Weg wird hinter Finse immer schlechter", strahlt mich der schmale hochgewachsene Mann an, „aber die Landschaft dafür ständig schöner. Es ist das mühsame Fahren allemal wert!"
Ich bin sicher, es wird mich genauso berühren wie die beiden. Dicht nebeneinander fliegen sie wie zwei Engel weiter durch den Nieselregen Richtung Haugastøl. Sie stehen vielleicht gerade am Anfang dessen, wo ich herkomme - vor einem Alltag mit Kindern, Haushalt, Garten, kleinen Jobs, die irgendwie dazwischen gequetscht werden.

Zwar ein vielseitiges Leben - andrerseits wirft es Zweifel auf, ob ich allem gerecht werde. Nun bin ich aus eigener Kraft auf der Hardangervidda gelandet, schaue den Wasserfällen und gischtenden Flüssen zu. Meine Alltagssorgen haben sie längst mitgenommen, werfen sie wie Treibgut von einer stürmischen Welle zur nächsten, weit fort von mir. Werte wie Liebe, ein gutes Gewissen oder Ordnung, mit denen ich zuhause versuche, alles zusammenzuhalten, zerstäuben in dieser Wildheit zu einem Nichts. Als ob ich von einem Ballast befreit würde, nur um neue Impulse aufgeladen zu bekommen. Die verschiedensten Empfindungen beschäftigen mich plötzlich, und sie betreffen ausschließlich mich selbst: Wie kam es, dass ich trotz aller Bedenken aufgebrochen bin? Mich von verschneiten Bildern auf der Webcam nicht habe abschrecken lassen, eine Route über „das Dach von Norwegen" zu wählen? Das war ich? Solche Eskapaden passen eigentlich überhaupt nicht zu mir.
Es ist wirklich Ernst daraus geworden. Ich durchquere allein die Hardangervidda. Umgeben von schweigenden Gipfelkuppen folge ich meinem Traumpfad. Obwohl mein Abenteuer eigentlich „Familie" heißt, habe ich eine Auszeit genommen. Es war eine gute Entscheidung, das spüre ich an diesem Ort mit allen Sinnen.
Erleichterung, ja eine tiefe Ausgeglichenheit durchströmt mich. Mein großmäuliger, verrückter Plan ist aufgegangen! Bis hierher ist der Weg geschafft, ich bin tatsächlich genau dort, wo ich sein will. Vielleicht schulde ich es nicht nur dem Rallarveg, sondern damit verflochten, gerade dieser Gewissheit, dass ich vollkommen zufrieden den Fuß wieder aufs Pedal setze.
Derartig widersprüchliche Gedanken treiben das Pärchen von eben wohl kaum um. Niemand käme auf die Idee, sie zu fragen: „Are you strong enough?"

Bisher genügten Sandalen, aber nun kommen endlich die Stiefel zum Einsatz. Vorbei die Ungewissheit, ob ich die schweren Dinger umsonst mitgeschleppt habe. Für eine Weile hatte der Regen aufgehört, nun laden die nächsten Wolken einen Schauer ab. Zwei Radler mit Ersatzreifen auf den blauen Radtaschen überholen mich, ohne zu stoppen. Sie halten bestimmt auch ihre Fotoshootings kurz. Ich denke jedoch, wer weiß, so fantastisch wird es nicht wieder. Aber es folgt immer der nächste See, braun, grün schillernd, von Zuflüssen gespeist, unter unnahbaren Bergwänden.

Allmählich werde ich müde von all dem Schauen, von der Strecke, die ständig auf und ab führt. Der Weg wird beschwerlicher: Ich konzentriere mich, um nicht an Steinen abzurutschen oder in den Sand- und Kiesmulden auf der Trasse zu straucheln. Auch wenn ich es vor lauter Spannung und Enthusiasmus nicht gemerkt habe – ein paar Höhenmeter liegen hinter mir: Die ersten Schneefelder versperren den Weg. Es ist trotz der schmalen Spur, die von meinen Vorradlern durch den Schnee gefräst wurde, nicht leicht, ans andere Ende des Feldes zu gelangen. Der Pappschnee klammert sich förmlich an die Reifen, hängt sich in den Speichen, den Bremsen fest. Logisch, die Spur ist bei den Plusgraden nach jeder Raddurchquerung wieder ein Quentchen in sich zusammengesackt. Das Schieben zehrt an den Kräften, deshalb zerre ich das Rad teilweise recht ruppig durch den schmutzig-weißen Sulz. Es sind die einzigen Momente, in denen ich die Heerscharen von Bikern herbeiwünsche, die sich im Juli und August hier tummeln sollen; sie hätten den Pfad durch den Schnee zu einer bequemen „Autobahn" verbreitert. Also, ich hätte nichts dagegen, wenn langsam Finse auftauchen würde!

Tatsächlich entdecke ich die 1222 Meter hoch gelegene Ansiedlung bald schemenhaft weit hinter einer Biegung des Hochtals. Nur deshalb rackere ich mich erfolgreich durch die letzten Schneefelder – die größten ärgern mich als „dickes Ende" kurz vorm Ziel. Und wo nun zelten? Es ist nach acht Uhr abends, der Himmel zieht sich zu einem weiteren Guss zu. Finse sieht trüb und wie von der Welt vergessen aus.

Egal. Ich habe von diesem Tag alles bekommen, was man nur haben kann. Fix baue ich im Regen das Zelt auf und behalte die gute Laune, weil es so routiniert klappt. Ritschratsch, den Eingang auf und sich mit Blick auf den Finsesee ins Trockene fallen lassen. Während mich zuhauf die Mücken, die neugierig aus dem nassen Moos und Gras aufsteigen, stechen, muss ich lachen. Super-Trekkerin, die ich bin, habe ich das Außenzelt seitenverkehrt übers Innenzelt geschwungen! Dessen Rückwand guckt mir nun entgegen. Folglich spule ich die Prozedur von vorn ab, nun wird doch alles nass!

Es ist aber keiner da, der sich darüber aufregen könnte – kein Kind,

das nach Zuhause quengelt, kein Ehemann, der besonnener gehandelt hätte, kein Freund, der sowieso schon skeptisch war. Ob ich mies drauf bin oder das Ganze humorvoll nehme – es bleibt allein meine Sache. Ich habe beschlossen, es ist witzig, also ist es witzig!
Als ich mich schließlich vor den Mücken ins sichere Innere verkrümelt und umgezogen habe, pladdert der Regen noch einmal heftig aufs Zelt, dann ist Ruhe. Trotzdem wird das Draußensein kein Spaß. Die Mücken, schwere fleischige Biester, folgen mir überall hin. In Ruhe zu pinkeln ist unmöglich! Das hatte ich nirgendwo über Finse gelesen; vielleicht ist es selbstverständlich.
Mit einer heißen Tüten-Hühnersuppe igele ich mich wieder ein. In der Nacht hole ich erstmalig meine schwarze dicke Fleecejacke heraus. Draußen ist es annähernd dunkel, ein grottenkalter Hauch atmet herein. Keine Lust zu testen, ob fette Mücken sich in kalten Nächten eine Pause gönnen. Ich schlafe wieder ein, gemütlich warm in langer Unterhose und Hose sowie mit dem wohligen Bewusstsein, dort zu sein, wo ich hoffte hinzugehören.

Die Hardangervidda ist berüchtigt für ihr extremes Klima und radikale Wetterumschwünge. Kein Wunder, dass der Schnee an vielen Stellen nicht schmilzt – er findet schlichtweg keine Zeit dazu. Heute Nacht war die Temperatur sicherlich unter Null gesunken. Morgens um sieben treibt mich Hitze aus dem Schlafsack. Die Sonne heizt das ganze Zelt durch. Der nördliche Teil des 78 Quadratkilometer großen Hardangerjøkulenmassivs trägt einen gegen den blauen Himmel glitzernden Schneemantel, auf dem Finsesee treiben Eisschollen. Bin ich schon einmal schöner geweckt worden?
Großzügig teile ich meine Euphorie mit den Mücken, die sich in Myriaden freudig aus dem quatschnassen *fjell* auf mich stürzen ... hurra, es gibt Frühstück! Alle mal herkommen! Aber der Blick auf die arktische Szenerie, den ich zu Kaffee, Brötchen und Banane genieße, entschädigt mich dafür, dass ich Finse als Streuselkuchen verlassen werde. Während meine Stiefeleinlagen im Nu auf einem Stein trocknen, ziehen sich mir die Zähne zusammen, als sie mit eisgekühltem Seewasser in Berührung kommen. Okay, Zähneputzen hat hier absolut nichts Romantisches!

Die beiden Radler mit den Ersatzreifen huckepack, die ich schon gestern gesehen hatte, streben von der Übernachtungshütte des DNT, wie der norwegische Wanderverein abgekürzt wird, Richtung Ort – will heißen, zum Bahnhof, denn Häuser gibt es nur eine Handvoll. Auf Autoverkehr brauchen die Radfahrer nicht zu achten, nach Finse führt keine Straße. Auf den ersten Blick ähnelt die Siedlung ohnehin mehr einer arktischen Forschungsstation, die gerade einen kurzen Sommer erlebt, als einer Siedlung. So überrascht es nicht, dass Polarforscher wie Fritjof Nansen und Roald Amundsen in dieser Umgebung für ihre Expeditionen trainierten. Und im März 1979 diente Finse als Kulisse für „Star Wars V – Das Imperium schlägt zurück".
Nur fünf Menschen leben das ganze Jahr über hier, sogar mit Ausländeranteil: Ein Schneeseminar an der Kunsthochschule in Bergen war für die deutsche Bildkünstlerin Sabine der Auslöser, nach Finse zu ziehen. Nach anstrengenden Projekten sei der Ort ein Refugium für sie, hatte sie mir während unseres kurzen Mail-Kontaktes geschrieben. In der Rauheit des Klimas, den markanten Wechseln der Jahreszeiten spüre sie sich selbst intensiv, könne sich in der Stille gut auf ihre Arbeit konzentrieren. Trotzdem, denke ich, muss die Fotografin ein ganz besonderes Gespür für Schnee haben, denn die meiste Zeit des Jahres hält er Finse fest im Griff.
„Es kann mir passieren," hatte Sabine gemailt, „dass ich in meiner Hütte ein paar Tage festsitze, weil die Sicht gleich null, der Schnee zu viel und der Wind zu stark ist. Zur Sicherheit gehe ich um die Jahreszeit nie ohne GPS."
Mindestens bis Ostern wird ein Schneepflug vor die Züge der Bergenbahn gespannt. Wenn ich an die Bilder vom dick verschneiten Finse auf meinem Computer zuhause denke, verstehe ich, warum Verkehrswege in Norwegen eine so wichtige Rolle spielen. Würden die Züge im Winter nicht durchkommen, könnten Sabine und die anderen nicht mit der Bahn zum Einkaufen nach Geilo fahren – der Standort Finse müsste früher oder später aufgegeben werden. Ohne Auto kann man sich schließlich nicht endlos bevorraten.
Merete, die andere Frau vor Ort, führt sogar ein Hotel. Umsonst beherbergt sie allerdings ihren Bruder Jan Tore sowie seinen Kumpel Sigurd. Die beiden treffe ich auf dem Bahnsteig, der übrigens gänzlich mückenfrei ist – eine Wohltat, und ich begreife, warum sich eine

Gruppe junger Urlauber gerade dort zu einem Kaffee niedergelassen hat. Der Bahnsteig ist offensichtlich Finses Marktplatz. Es gibt ein Museum mit Informationen zum Bau der Bergenbahn und dem Rallarveg, ab und zu braust ein Zug durch wie eine außerirdische Invasion.
Jan Tore und Sigurd sind fleißig dabei, fabrikneue Räder aus ihrer Pappverpackung zu befreien und fertig zu montieren. Die beiden 16-Jährigen haben schon eine Menge geschafft, wie ganze Reihen in der Sonne funkelnder Velos zeigen. Dieses Aufgebot vermittelt mir eine Ahnung davon, was hier in der offiziellen Saison los sein wird. Dann ist es sicher vorbei mit der Freude, auf dem Rallarveg Menschen zu begegnen.
Die beiden Jungen haben andere Interessen: „Eigentlich wohnen wir in der Nähe von Alesund", erzählt Jan Tore. „Zwölf Stunden hat die Fahrt mit dem Schiff und dann mit der Bergenbahn hierher gedauert. Wir bleiben zwei Wochen bei meiner Schwester und arbeiten für den Fahrradverleih – das lohnt sich!"
„Ein bisschen cash", wie Jan Tore es nennt, für den Rest des Jahres zu verdienen, ist in Norwegen nicht nur für Studenten, sondern auch für jugendliche Schüler durchaus üblich. In diesem Sommer gibt es mehr junge Arbeitswillige als Angebote für solche *sommarjobs*. Über diesen Mangel wird sogar in der Zeitung berichtet. Ich lese es später im Schaukasten einer Redaktion in Lillehammer.
Der Bahnangestellte mahnt, dass der nächste Zug in Kürze eintrifft. Leider lässt er sich nicht dazu überreden, mir die satten 175 NOK für die Fahrradkarte zu erlassen – schließlich braucht der Zug bis nach Hallingskeid nur 14 Minuten. Der englisch-taiwanesische Biker hatte sie nicht bezahlen müssen, aber ich bin wohl an einen weniger kulanten Bahnmenschen geraten. Dafür bekomme ich genaue Anweisungen: Ich soll mich ziemlich am Ende des Bahnsteigs aufstellen und das Gepäck schon mal vom Rad nehmen, denn der Zug wird nur kurz halten.
Die beiden anderen Radler – ein junges schwedisches Pärchen – haben sich bereits korrekt positioniert. So warten wir gemeinsam. Ich bin angespannt. Alle Taschen abzunehmen, bevor der Zug eintrifft, ist zwar sinnvoll. Falls der Gepäckwagen, in dem wir die Räder verstauen sollen, jedoch einige Meter früher oder später zum Stillstand

kommt, habe besonders ich als Einzelperson ein Problem. Sechs Gepäckstücke sowie ein Rad zehn Meter weiter zu bugsieren und einzuladen, dauert ein paar Minuten. Ganz locker scheinen mir die Schweden ebenfalls nicht. Zum Reden haben sie keine große Lust. Insofern kann ich schlecht einschätzen, ob von ihrer Seite gegebenenfalls Hilfe zu erwarten ist.

Allzu lange brauche ich mich nicht zu sorgen. Der Zug verlangsamt, quietschend hält der Gepäckwagen etwas versetzt. Es gibt einen Moment der Hast, ich weiß nicht mehr, wer welche Taschen getragen hat, nur noch, dass zwei Männer vom Zugpersonal alles entgegennehmen, was wir ihnen hinauf reichen. Ein kurzer Blick auf den Bahnsteig – keine Lenkertasche, kein Ersatzreifen liegt dort vergessen.

Finse, ich komme wieder, trotz der Mücken, denke ich noch, dann finde ich mich in einem Abteil mit lauter Japanern wieder. Erleichtert, die Blitzaktion gut gemeistert zu haben, falle ich auf einen Sitz. Vor den Zugfenstern tauchen Tunnelwände alles in pechschwarze Dunkelheit. - Unter Touristen findet sich kaum etwas Gesitteteres als japanische Reisegruppen, fällt mir mal wieder auf. Sie gucken sich nur das an, was man ihnen vorsetzt, lachen sittsam, kleiden sich angemessen – kurz, sie entsprechen in Allem stets artig ihrem Klischee. Brav sitzen sie auf ihren Plätzen und rufen im Chor „Ooh!", als der Zug aus dem Tunnel herausfährt und sich das in Schnee und Sonne erstrahlende Bühnenbild der Berge für einen Augenblick zeigt. Die Freude währt kurz, dann umhüllen unser Abteil erneut Schwärze und Fels.

Der 21 Kilometer lange Abschnitt des Rallarveg zwischen Finse und Hallingskeid entgeht mir also. Schade, aber es ist besser so. Neun Stunden, wurde mir erzählt, haben sich zwei Biker auf dieser Etappe am Vortag durch den Schnee gekämpft. Harte Männer bestimmt; da reise ich lieber ein Stückchen mit den Japanern.

In Hallingskeid wieder Hast mit Hilfe. Was war der Bahnsteig in Finse wunderbar breit! Hier finden wir uns auf einem Laufsteg aus Brettern wieder. Der Fahrtwind, den der Zug verursacht, als er aus dem verschlagartigen Tunnel rauscht, lässt uns zurückweichen. Erst mal abwarten, bis Stille einkehrt. Der Ausgang ist trotz sparsamer Beleuchtung rasch gefunden, denn die Station gleicht einem notdürf-

tigen Haltepunkt an einer Bergwand.
Draußen blendet uns gleißende Helligkeit von Schnee, Sonne und viel, viel Raum. Hallingskeid ähnelt einem Dorf noch weniger als Finse. Weitläufig über ein Tal verstreut, blinzeln die Dächer von etwa einem halben Dutzend Hütten herauf. Ihre rote Farbe sticht fremdartig hervor in der dominierenden Natur. Kein Mensch außer uns ist zu sehen. Die Schweden setzen ihre Helme auf und rollen los in Richtung der breiten Talsenke – der höchste Punkt des Rallarveg auf 1343 Metern Höhe liegt schon hinter uns.
Ich trinke noch etwas, creme mich ein, setze die Sonnenbrille auf – und rühre mich nicht vom Fleck. Warum die Eile? Ich kann diesen perfekten Postkartentag kaum fassen. Die Sicht auf die Bergketten ist einfach fantastisch, der Rallarveg scheint mir geradewegs ins Paradies zu führen – erst recht, weil ich den größten Luxus dieser Tour genieße: Mit Muße zu verweilen, schwelgen, ohne gedrängelt zu werden. Sich an einem wunderbaren Ort so viel Zeit nehmen zu dürfen, wie man möchte. Das ist Reichtum, das ist Leben. Erneut empfinde ich die Botschaft klar, wie in den blauen Himmel geschrieben: Es war richtig aufzubrechen. Mehr noch, ich wünsche allen, die eine ähnliche Unruhe verspüren wie ich, dass sie aus ihrem Alltag auszuscheren wagen, um auf Wolke sieben zu reiten. Was immer ihnen vorschwebt, es lohnt sich, dafür Hindernisse zu überwinden.
Sanft bergab, und das mit Panorama – fast schiebe ich nochmal hoch, um das zu wiederholen. Berge mit mehr Schnee als Grün, rauschende Bäche und tosende Wasserfälle. Ein großer, blau funkelnder See – bin ich in ein Märchen geraten? Wahrscheinlich aus diesem Gefühl heraus taufe ich den süddeutschen Wanderer, der mir entgegen marschiert, spontan Hans. Im Glück befindet auch er sich jedenfalls, wie wohl alle hier. Diejenigen, die es vielleicht nicht sind, setzen einfach ohne Stopp ihren Weg fort. Hans ist ein braungebrannter Mittdreißiger und trägt nur Wanderstiefel, Socken, kurze Lederhose und Rucksack. Da konnte er sich in einem See schnell abkühlen, als ihm zu heiß wurde.
„Seit ich heute Morgen in Myrdal losgelaufen bin, habe ich kaum eine Menschenseele getroffen. Ein prima Weg und im *fjell* jede Menge Platz zum Zelten", freut er sich.
Ich sage nichts von den Mücken.

Hans beäugt mich und beschließt, dass ich eine Adresse für gute Tipps bin. „Ich bin mit der Bahn gefahren und habe alle Strecken übers Internet gebucht. Mach das mal, es kommt dich viel billiger, als wenn du am Bahnhof eine Fahrkarte kaufst."
Ich verspreche, darauf zu achten. Die Tatsache, derart günstig gereist zu sein, beglückt Hans augenscheinlich noch mehr als der Weg, der vor ihm liegt. Er ist halt nicht nur Deutscher, sondern seiner Sprache nach zu urteilen, darüber hinaus ein echter Schwabe – doppelt belastet sozusagen, was systematische Gründlichkeit betrifft.
Hans´ Augen schweifen zu meinem Rad. „So eins hat meine Frau auch seit Kurzem. Fährt es sich gut damit?"
Ich bejahe freundlich. Immerhin hat er sich verkniffen zu sagen, Gott sei Dank bleibt sie damit zuhause, und wir fahren sonntagnachmittags ein Stückchen ins Grüne. Ich spüre, für Hans ist nicht nur aufgrund seiner regionalen Prägung die Welt rund und schön alias gut und günstig. Es geht ihm außerdem ähnlich wie Uwe Obelix – warum, Grundgütiger, eiert die Frau ohne männlichen Schutz durchs Gebirge?
Sein Blick klinkt sich jetzt an der Verstrebung des Gepäckträgers, beziehungsweise was davon unter Taschen und Zeltsack hervorlugt, fest: „Jaaa, was ist denn, wenn dir was reißt? Was machst du dann?"
Tja, was mache ich dann? Zumindest mag ich Hans ab diesem Moment nicht mehr ernst nehmen. Wer jemandem eine solche Frage stellt, ungezählte Kilometer entfernt von allem, was Fahrradladen oder Reparaturservice heißt, hat wirklich etwas von einem Elefanten im Porzellanladen. Das ist grob fahrlässig an einem derartig wunderbaren Tag. Ich blinzle ratlos seine athletische Brust unter den Rucksackriemen an anstatt zu kontern - in dem Fall müssen mir wohl starke Männer wie du beim Schleppen helfen. Aber wer weiß, womöglich hätte ihn das gefreut anstatt ihn in die Flucht zu schlagen.
Die Gelegenheit, schlagfertig und als toughe Trekkerin aufzutreten, ist verpasst. Hans instruiert mich bereits über eine bestimmte Sorte wahnsinnig praktischer Schellen:
„Mit denen flickst du alles wieder zusammen – hast du so etwas dabei?"
Habe ich nicht, aber es gibt sie garantiert an jeder Felsnase zu kaufen.

Besser bringe ich Distanz zwischen Hans und mich, bevor ich anfange, mir Sorgen zu machen. Das Abkühlen finde ich aber trotz allem eine gute Idee. - Brrr, ist das kalt! Gefühlt um acht Grad herum, würde ich sagen. Ich flüchte und setze mich lieber an den flachen, etwas erwärmten Rand eines langgezogenen Sees. Auf seinem Grund glänzen silbern wie Fischschuppen Milliarden winziger Steinplättchen. Bestimmt eine Stunde lang träume ich übers Wasser. Ein halbes Dutzend Radler passiert derweil oben den Weg. Keiner von ihnen stutzt, hält an, um zu „meinem" traumhaften Platz herunter zu poltern. Auch das ist Norwegen.

Bei einem Familien-Zelturlaub an der dalmatinischen Küste hatten wir für einen Tag ein Ruderboot mit Außenbordmotor gemietet. Die Kinder – und auch Dirk und ich – waren begeistert, eine der zahllosen unbewohnten Inselchen anzusteuern. Wir warfen zum ersten Mal in unserem Leben einen Anker aus und genossen es, nach einem aufregenden Landemanöver an dem einsamen Mini-Strand zu sitzen, wo wir uns wie Robinson Crusoe fühlten. Nicht lange - dann platzierte eine Gruppe braungebrannter Yuppies ihre Yacht direkt neben unserem Boot, der Zauber des Entdeckerspieles war gebrochen.

Vergleichbares passiert einem in Norwegen eher selten. Dass jemand seine Privatsphäre respektiert wissen möchte, gilt hier keineswegs als verschroben. Im Gegenteil gehört es zum höflichen Benehmen, Rücksicht darauf zu nehmen und sich einen anderen schönen Platz zu suchen. So fröne ich am Rallarveg ohne rüpelhafte Einmischung meinem Einsamkeitsspleen.

Hinter dem See mutiert der Weg mehr und mehr zum Wandertrail. Für viele mag das mit einem Mountainbike und ohne Gepäck eine spannende Piste sein. Meine dagegen eher schmalen Reifen schone ich lieber und schiebe deshalb auf einigen Abschnitten.

Trotzdem nähere ich mich bald der Klevagjel, einer Schlucht. Der Radweg folgt ihr, für Menschen begehbar in den Fels gehackt, in die Tiefe. Wasser, weiß vor Gischt oder hell smaragdfarben braust von den Hängen, tobt unter dem Bogen einer Eisenbahnbrücke hindurch. Noch ein Augenblick täuschender Sanftheit, ein grüner Fluss auf schwarzen Steinen, dann stürzt es in riesigem, ohrenbetäubendem Chaos durch eine Felsspalte hinunter. Ich starre auf diese entfesselte Wucht, die donnernd durch die Schlucht jagt.

Kurze Zeit später starre ich aus einem anderen Grund – ich bin entsetzt und glaube, meine Durchquerung der Hardangervidda sei zu Ende. Ein Schneefeld zieht sich elegant vor mir in die Tiefe, gegenüber an seinem anderen Ende guckt der Rallarveg wieder hervor. Auch wenn die Entfernung nur etwa 30 Meter beträgt - über den am Hang in den rutschigen Schnee getretenen Trampelpfad kann ich unmöglich mit dem Fahrrad gehen! Ein schiefer Schritt, dann segle ich holterdipolter den Abhang hinunter! „Was machst du, wenn dir etwas reißt?", hatte Hans geunkt. Besser hätte er gefragt, wer sammelt dich ein, wenn du samt Rad und Ausrüstung irgendwo runter semmelst und nach der Bewusstlosigkeit mit gebrochenem Knöchel aufwachst.

Haben norwegische Touristiker eigentlich gar kein Erbarmen? So fluche ich jetzt wütend angesichts der lächerlichen Wegsicherung weiter unten und der fragwürdigen Spur durch den Schnee. Von einem Schild mit Hinweisen für den Ernstfall ist nichts zu sehen. Wo wir Deutschen nach Sicherheitsmaßnahmen lechzen, sind die Norweger konsequent: Wenn schon wilde Natur, dann aber bitte ohne Notrufsäule. Auf dem Info-Blatt, das mir Solveig in Geilo ans Herz gelegt hat, steht zum Punkt „Fahrradreparatur" lapidar: „Nehmen Sie eigenes Flickzeug mit!" Der Reparatur von Menschen wird keine Zeile gewidmet.

Ich bin bitter enttäuscht, meinte ich doch schon, den Rallarveg und die Weiterreise nach Flåm in trockenen Tüchern zu wissen. Soll ich nun wirklich schmählich den Rückzug antreten? - Aber andere haben es offenbar geschafft, denn es liegt keiner unten. Nach mir wird heute niemand mehr an dieser Stelle vorbei radeln, also - worauf warte ich! Die Schweden sind sicher in einem Rutsch rüber, mache ich mir Mut. Wenn bloß wenigstens ein paar Menschen hier herumliefen, und ich nicht so verdammt alleine wäre! Aber ich bin eben die Letzte, und das Ganze nennt sich Abenteuer. Will ich etwa kneifen?

Also nehme ich sämtliches Gepäck ab und gelange mit den ersten beiden Taschen heil hinüber. Der Schnee ist tückisch, mal festgetreten und hart, so dass der Stiefel kaum Halt findet, mal matschig-glitschig. Das Hin-und Hergehen strengt an, mein eingeschränkter Gleichgewichtssinn lässt mich besonders vorsichtig einen Fuß vor den anderen setzen. Wie viel leichter fällt es mir doch, neben mei-

nem Drahtesel herzuwandern. Dabei kann ich mich bequem am Lenker abstützen. Als das Rad dran ist, haben wir jedoch beide kaum Platz, der Berg drückt uns fast hinunter. Ich konzentriere mich, schwitze gleichermaßen vor Angst und Anstrengung. Aber ich bringe uns wohlbehalten hinüber. Wie das so ist, passiert es natürlich auf der letzten Tour. Die Aufmerksamkeit lässt ein winziges bisschen nach, ich bin erschöpft und denke, das Schlimmste liegt hinter mir, jetzt schaffst du den Rest auch noch – und schon rutscht mir der rechte Stiefel weg. Ich lande mit Händen und Knien im Schnee. Auf der Trampelspur zum Glück, ich bin noch auf dem Weg, bin nicht mitsamt einer Ladung schweren nassen Schnees nach unten in den tobenden Fluss gerutscht. Ich bin noch oben! Bewegungslos verharre ich, weniger weil es zu gefährlich ist sich zu bewegen, sondern um Mut zu sammeln, damit ich die nächsten Schritte mit Vernunft antrete. Dann geht es langsam weiter, nun erst recht ganz langsam. Schließlich habe ich alle meine Siebensachen auf der anderen Seite.
Puh, das war knapp. Ich stehe da und bin einfach nur froh, nie wieder dieses Schneefeld betreten zu müssen. Gut, dass Hans vergessen hat, mir diese Stelle in den schlimmsten Farben auszumalen.
Als alles wieder aufgeladen ist, fühle ich mich trotz weicher Knie wie neu geboren. Ich betrachte meine Hände, sie sehen aus wie immer, trotz der Begegnung mit dem groben harschen Schnee - die Außenflächen braun gebrannt, innen unterhalb der Finger voller Schwielen vom Lenkerhalten. Dann muss ich lächeln. Bin ich nicht auch deshalb schweißgebadet im Schnee hocken geblieben, mit gesenktem Kopf, weil ich den Augenblick auskosten wollte? Das Leben derartig extrem nah zu spüren, war eine Überraschung. Panik, ja. Die hatte ich knapp unterdrückt. Ich spürte den Schnee unter den Händen, die Sonne brannte mir in den Nacken. Plötzlich fand ich es alles andere als selbstverständlich zu leben, sondern es war einfach nur toll. Intensiv. Sich selbst so nah am Puls der Erde zu fühlen, so lebendig – das war unglaublich. Einem Teil von mir, der keine Angst hatte und von dem ich bis dahin gar nichts wusste, gefiel doch tatsächlich dieses Hautnahe, Elementare.
Ob es das ist, was Leute antreibt, Unsummen auszugeben, um auf den Mont Everest zu kraxeln? Dann begreife ich jedoch nicht, wie sie ihren Müll oben liegen lassen können, das passt schlecht zum

Pur-Erlebnis. Hier liegt kein Abfall am Wegesrand, obwohl das während der Saison anders sein soll.
Meinem Abenteuerbedürfnis reicht der Rallarveg vollkommen, ich mag es, wenn irgendwann ein klein wenig Zivilisation auftaucht. Nicht wegen der heißen Dusche, die dort winkt, sondern weil ich einfach so geprägt bin. Zu spüren, dass ich in der norwegischen Wildnis nur als Krümel zähle, vollkommen unwichtig und machtlos, hat mich auf eine besondere, ursprüngliche Weise berührt. Aber Häuser, Menschen oder eine problemlos befahrbare Straße bedeuten Heimat. Immer die Krümel-Rolle zu spielen, ich glaube, das würde mir nicht gefallen.
Es geht jetzt mächtig bergab, leider oft über Sand und lose Steinbrocken. Also schiebe ich häufig, sonst könnte ich auch keinen Blick auf die imposante Szenerie riskieren. Der ganze Bergrücken gegenüber beugt sich quasi nach vorn, Wasserfälle stürzen über ihn. Gras, Flechten und kleine Büsche klammern sich an, schrundige Felsstücke haften wie Pocken am Berg, sind wohl mit ihm verbunden. Alles will nach unten schauen, neigt sich, und so ist es nicht erstaunlich, dass ich bald den Seltuft-Hof am gleichnamigen See unter mir liegen sehe. Ob die Schweden dort *hyggelig* bei Waffeln und Kaffee sitzen? Nein, die sind längst weg.
Sind sie auch.
„Das Café eröffnet erst mit der Saison", erklärt mir der Besitzer.
Schade. In meinem Stolz und Glück, die Schwierigkeiten des Rallarveg gemeistert zu haben, hätte ich mir sehr gern Waffeln zu norwegischen Preisen gegönnt. Mehrere Kinder spielen im Garten. Die Hofgebäude stehen nah am Ufer auf einer kleinen Wiese – viel darf der Wasserstand hier nicht zunehmen, fährt es mir durch den Kopf. Zuhause wohne ich in einer gefährdeten Küstenzone, in der wir auf sichere Deiche angewiesen sind. Beim Seltuftvatn verändert sich der Wasserstand vielleicht nur geringfügig; zwar wird er ständig vom Klevafluss gespeist, gibt aber wiederum Wasser an den Reinungasee weiter, von dem aus es dann in dem gigantischen Kjosfossen hinunter zum Flåmfluss stürzt. Das erinnert mich an ein Gedicht Conrad Ferdinand Meyers über einen römischen Brunnen:

Der Springquell plätschert und ergießt

Sich in der Marmorschale Grund,
Die, sich verschleiernd, überfließt
In einer zweiten Schale Rund;
Und diese gibt, sie wird zu reich,
Der dritten wallend ihre Flut,
Und jede nimmt und gibt zugleich,
Und alles strömt und alles ruht.

Auch der Seltuftvatn ruht im Frieden eines Spätnachmittags. Das bringt mich auf eine Idee.
„Ist es vielleicht möglich, in der Nähe des Hofes zu zelten?"
Der Familienvater guckt indigniert unter seinen braunen Locken hervor. „Hinter diesem See folgt ein zweiter See, da kann man zelten. Oder in Myrdal", winkt er mich weiter. Hauptsache, weit weg.
Zuerst finde ich das merkwürdig. Bei der Alleinlage seines Hofes muss ihm die Einsamkeit doch zu den Ohren herauswachsen. Warum steht er meiner Anfrage trotzdem ablehnend gegenüber? Es ist schließlich nur für eine Nacht. Dann fällt mir wieder ein, was ich über den Missbrauch des *allemannsretten*, gerade auch auf dem Rallarveg, gelesen habe. Wer weiß, was der Mann schon alles mit den zahllosen Gästen, die hier während der Saison vom Berg herunter hoppeln, erlebt hat. Verdammte 150-Meter-Grenze, das ist immer noch zu nah, denkt er vielleicht.

Etwa eine Stunde später sitze ich mit einem Becher Kaffee in der Hand vor dem Zelt und entspanne mich beim Blick über den Seltuftsee. Die flaumigen Köpfe des Wollgrases leuchten weiß aus einer Matte von Preiselbeersträuchern, Gräsern und Moosen, durch die ein erdiger Pfad zum See hinunter führt. Einige Birken haben sich durch das Geflecht hochgearbeitet, ihre Blätter winken sachte im weichen Abendlicht. Der Seltuft-Hof ist aus meinem Blickfeld geraten. Ein Wasserfall ist das einzige Geräusch, wenn nicht gerade hoch über mir ein Zug der Bergenbahn von einem Tunnel in den nächsten braust; das wird aber nur alle paar Stunden passieren. Berge, unter dem Himmel blaues Wasser und Sonne, die den Wald gegenüber in ein goldenes Licht taucht. Hätte Conrad Ferdinand Meyer hier an dieser Stelle gesessen anstatt im quirligen Rom ... ich kann mir nur vorstellen, dass ihm Bewegung und Ruhe, Geben und Übernehmen des Wassers hier ebenfalls aufgefallen wären und ihn zu einem mindestens genauso schönen Gedicht inspiriert hätten – mit etwas anderem Wortlaut, denn hier „strömt" das Wasser nicht. Es fällt gleich.

Ich bin über die Hardangervidda gefahren. Ich spreche diesen Gedanken laut aus und lasse ihn auf der Zunge schmelzen. Meine zum Schluss verkrampften Glieder lockern sich. Froh, mich der Stiefel entledigen zu können, drücke ich die nackten Füße ins Bodengestrüpp. Einfach nur sitzen, Kaffee trinken und schauen, über den See sowie hinauf zu dem trutzigen Felsmassiv, durch das ich heruntergekommen bin, wie eine Ameise auf ihrem Weg durchs Unterholz.

Auf die Entspannung folgt der Hunger, und ich genehmige mir ein üppiges Mahl mit den Vorräten aus Geilo. Diesmal versuche ich, Hüttenkäse auf den *lomper* zu platzieren. Leider rollt der körnige Quark schneller herunter, als ich ihn mit Gurkenscheiben zudecken kann. Also, der Hüttenkäse wird von der Einkaufsliste gestrichen – er ist obendrein aus seinem Behältnis ausgelaufen und hat eine ganze Tüte versifft. Das kommt mir nicht ins Zelt! Ich deponiere die Tüte anderthalb Meter entfernt zwischen Sträuchern. Schließlich will ich kein Ungeziefer anlocken. Die Mücken sind heute Abend, so scheint es, anderweitig verabredet.

Zwei Jungen radeln mit Angeln über den Schultern Richtung Seltuft-Hof; sie bemerken mich nicht, denn zwischen Zelt und Rallarveg wächst dichtes Gebüsch. Zwei, drei Hütten stehen am Nordufer, aber aus der Entfernung machen sie einen unbewohnten Eindruck. So wird mir niemand einen Besuch abstatten, mit neugierigen, gewalttätigen oder sonstigen Absichten, aus dem einfachen Grund: Niemand weiß, wo ich bin. Diese Erkenntnis versetzt mir zwar einen Stich, aber mein Kopf konstatiert ganz logisch – beschützter geht es doch gar nicht! Denn Bären sind ja in Norwegen ausgestorben. (Dass doch einige wenige durchs Land wandern, erfahre ich zum Glück erst später.) Draußen ist es zwar noch taghell, aber ich kuschele mich zufrieden und müde mit dem einen Roman, den ich dabei habe, in den Schlafsack ... übrigens, mein Fahrrad ist jetzt ebenfalls dreckig, allerdings nicht ganz so extrem wie das des taiwanesischen Briten.

Ein Geräusch schreckt mich auf. Das ist kein tapsendes Mäuschen, kein vorbei flatternder Vogel und beim besten Willen kein Zweig, der beim Abkühlen nach der Tageshitze knistert, falls Zweige das überhaupt tun. Ich darf dieses Rascheln keinesfalls ignorieren, was ich aber zu gerne täte. Erstaunlich, da ich doch all den eingebildeten Geräuschen stets auf den Grund gegangen bin. Mit einem Ruck reiße ich den Reißverschluss herunter – und da steht tatsächlich jemand! Ein Fuchs. Mit luxuriös lang und weich wirkendem Fell, plüschigen Zipfelohren und bernsteinfarbenen Augen, aus denen er jetzt zu mir aufschaut. Unwillig, denn es ist ihm gerade gelungen, die Verpackung des Hüttenkäses zu knacken. Nun verleibt er sich den Rest ein. Der Fuchs ist groß, aber ich bin selbstverständlich viel größer als er. Trotzdem verspüre ich Angst, denn das Tier macht keine Miene zu verschwinden. Der Hüttenkäse gilt ihm mehr, er wägt ab, ob er ihn verteidigen soll – womöglich bin ich nicht der erste Mensch, dem er Auge in Auge gegenübersteht. Für mich ist er jedoch absolut eine Premiere, wie er meinen Blick aushält. Er ist mir unheimlich – ein Wildtier, das nicht flüchtet. Als ich ein Kind war, grassierte in Deutschlands Wäldern die Tollwut. In der Schule wurden wir belehrt, Füchse, die nicht von sich aus das Weite suchten, zu meiden, da sie mit Sicherheit infiziert seien. Die Warnung blieb mangels Fuchs in Streichelposition Theorie. Nun ist die Situation da, meine profunden Kenntnisse helfen mir dennoch nicht weiter. Der vermutlich kerngesunde Bursche vor mir hat Appetit – was macht man da, Herr Lehrer?
Nach dem ersten Schrecken sorge ich mich nämlich, dass er in seiner Gier zusammen mit dem Hüttenkäse Splitter des zerbissenen Plastikbechers frisst. Und daran elend zugrunde geht. Das darf natürlich auf keinen Fall passieren. Ich bemühe mich also, ihn zu vertreiben, aber das ist leichter gesagt als getan. Schließlich drohe ich brüllend mit der Spiritusflasche und hüpfe barfuß durchs borstige Gestrüpp auf ihn zu. Bestimmt spürt er meine Angst, aber angesichts dieses seltsamen Menschen (Hat der Tollwut?) zieht er doch lieber Leine. Ohne Hast, würdevoll, souverän umkreist er in weitem Bogen das Areal. Nun sehe ich seine stattliche buschige Rute, er ist wirklich ein schönes Tier.
Aus Fehlern soll man klug werden: Unter Schwierigkeiten verstaue

ich die Reste, darunter zum Glück alle Scherben des Plastikbechers, in der Mülltüte, ohne sie zu berühren. Ich hänge den Sack an einer Schnur ein gutes Stück vom Zeltplatz entfernt, in einen Baum – so hatte ich es mal in einem Buch mit Outdoor-Tipps gelesen, aber damals für mein Leben als kaum relevant befunden. So kann man sich täuschen, und ich bin froh, mich daran erinnert zu haben. Bis ich einschlafe, dauert es allerdings lange Zeit.

Den Start am nächsten Morgen trüben klägliche Bemühungen, mittels der Mini-Tretpumpe, die ich als Gewichtsfetischist eingepackt habe, zusätzliche Luft in die Reifen zu pumpen. - Reicht das Ergebnis letztendlich aus, oder bin ich bloß zu groggy, um weiter zu pumpen? Ich finde mich tolpatschig, gehe noch einmal zum See hinunter, um meine schmutzig gewordenen Hände zu waschen, aber vor allem um mich zu verabschieden.

Kurze Zeit später betrete ich vorsichtig die erste der 21 Serpentinen, die zu überwinden sind, um ins Flåmsdal hinunter zu gelangen. Das klingt eher nach einer Treppe, aber dieser geröllige, von vergangenen Regenfluten aufgerissene Weg gebietet nicht bloß Vorsicht – er ist gefährlich! Seine zehn bis 20% Gefälle haben zur Folge, dass ich mich im Schneckentempo bewege, zu Fuß selbstverständlich und Intervallbremsen eingeschlossen. Wenn das Rad wegrutscht, kann ich es nicht mehr halten, und es fliegt aus der Kehre in den Wasserfall nebenan. Ich schicke Solveig aus der Touristinformation in Geilo ein paar ziemlich unfreundliche Gedanken – hatte sie mir doch suggeriert, mit dem Schieben des Rades sei man hier auf der sicheren Seite! Schönfärberei oder wusste sie es nicht besser?

Bei einer meiner zahlreichen Pausen komme ich mit zwei bayerischen Rentnern ins Gespräch.

„Wir stehen mit unserem Wohnmobil auf dem Campingplatz in Flåm und wollen heute mit den Rädern eine Tour nach Myrdal unternehmen", erzählt der Mann. „Aber diese Serpentinen sind wirklich zu steil – wir haben die Räder auf halber Höhe liegen lassen und gehen den Rest zu Fuß."

„Das ist bestimmt das Beste. Der Weg wird nicht besser."

„Ja, seien Sie bloß vorsichtig mit Ihrem ganzen Gepäck! Aber wenn Sie erst das Tal erreicht haben, lässt es sich super fahren. Sie werden

schon sehen!"
Mit wackeligen Knien taste ich mich weiter von Serpentine zu Serpentine vor. Endlich läuft der Weg eben aus. Ein Hinweisschild verkündet, der Rallarveg sei nun offiziell zu Ende. Auf den letzten hundert Metern war er auf einmal instand gesetzt: Allen nach mir kommenden Pedalrittern wünsche ich eine Fortsetzung dieses löblichen Anfangs.
Ab jetzt ist wieder mit motorisiertem Verkehr zu rechnen. Macht mir aber fast gar nichts – Hauptsache, ich bin heil im Tal angekommen! Die Strecke bis nach Flåm hinunter fährt sich in der Tat fantastisch. Wild schäumt der Flåmsfluss, das Wasser mehr grün als blau und derart stürmisch, als könne es nicht schnell genug hinunter gelangen zum Aurlandfjord. Majestätisch ragen schneebedeckte Gipfel wie der Trollanuten im Süden und der 1703 Meter hohe Tarven im Norden über den bewaldeten Hängen auf, die sich steil ins Flåmsdal hinunterziehen. Der Gegensatz zeigt sich so enorm, dass ich es kaum glauben kann, hier zu sein: Oben auf der Hardangervidda dieses Gefühl, in eine Urzeit zurückversetzt zu sein, mit Fels, Geröll und oft steppenartiger Weite. Umso lieblicher erscheint mir das Flåmsdal, es riecht frisch-würzig nach Schafen und saftigem Gras, die Wiesen sind mit Blumen bunt betupft. Wasserfälle, einer mächtiger als der andere, stürzen tosend zu Tal. Wanderer und Radler genießen diese Idylle. Sie fahren mit der Flåmsbahn von Flåm, das am Fjord, also auf Meereshöhe liegt, hoch nach Myrdal auf 865 Metern Höhe. Zurück geht es dann aus eigener Kraft.
„Die Straße ist schmal und kurvig, und hinter jeder Kurve kann ein Unglück lauern", mahnt ein Schild in mehreren Sprachen. Richtig, der Weg hat bis auf den Schotter wirklich fast Straßenqualität und verleitet dazu, es einfach rollen zu lassen – auf der sonnigen Seite des Lebens sozusagen. An einem Tag wie diesem fällt es nämlich schwer, sich etwas anderes als eine Bilderbuchszenerie vorzustellen. Hotels und andere Ferieneinrichtungen fehlen im Tal zum Glück. Stattdessen betreiben einige Bauern ihre Höfe nach wie vor im Nebenerwerb, züchten Schafe und Ziegen, um die Milch und den Käse zu verkaufen. Insofern nutzen Traktoren, Milchtransporter und Autos die Straße ebenfalls.
Extra für vorbeiwandernde Urlauber ist ein Faltblatt über die Dorf-

kirche von 1670 entworfen worden: Die naiv anmutenden Malereien an den Innenwänden zeigen, was im Tal schon immer zählte – da stehen Bäume mit riesigen Heuhaufen als Kronen übereinander wie an einem sehr steilen Abhang, und in biblischen Szenen dominieren Schafe und Lämmer. Der Maler war mit Sicherheit kein berühmter Künstler. Es wird vermutet, dass er aus Bergen stammt und in den ersten Jahren des 18. Jahrhunderts in Flåm auftauchte. Die schnörkeligen Muster mit Beeren und Blumen im Altarraum lassen vermuten, dass er den traditionellen Stil für solche Dekorationen bereits kennen gelernt hatte.

Damit war er seiner Zeit ein bisschen voraus, denn die berühmte Rosenmalerei wurde erst in der Mitte des Jahrhunderts richtig populär. Die Bewohner ließen, insofern sie Geld erübrigen konnten, Dörfer oder einzelne Höfe damit schmücken. Eine Fachausbildung brachten die Künstler zwar selten mit – dafür pinselten sie nach eigenem Gutdünken drauflos und entwickelten bekannte Ornamente auf kreative Art weiter. Speziell mit Rosen hatte die Rosenmalerei übrigens wenig zu tun: Der Name rührt vom Wort *rose* her, damit sind Blumen und Muster allgemein gemeint.

Eine originelle Vielfalt, wie ich sie nun hier in Flåm ziemlich erstaunt betrachte, entstand. Mit der Besichtigung von Kirchen assoziiere ich sonst eher eine kulturelle Pflicht – aber dies ist etwas komplett Neues und wirkt, so meine ich, den Menschen irgendwie näher als starr lächelnde Marias und aufgeblasene Engel. Offensichtlich hat der Künstler sich in die Gegend eingefühlt und wusste, welche Motive zu den Menschen hier passen. Ob seine Auftraggeber zufrieden waren?

Heute ist das Interesse an der alten Kirche mit dem zunehmenden Tourismus wieder aufgelebt. Ich beobachte Olaf, einen hochgewachsenen alten Flåmer mit weißen Haaren, der auf eine gemächliche Art sowohl drinnen in der Kirche als auch auf dem Friedhof nach dem Rechten sieht.

„Bis vor einiger Zeit war das alles mit grüner Farbe überstrichen und musste erst freigelegt werden", erklärt er. Es bereitet ihm Genugtuung, dass diese eigenwilligen Malereien dem Auge wieder zugänglich sind – spiegeln sie doch ein Stück lokaler Kultur wider.

Olaf ist längst pensioniert, aber früher arbeitete er bei der Flåmsbahn und war dort für die Elektrik zuständig. Die ursprüngliche Aufgabe der Flåmsbahn war, als kleine Zweiglinie der Bergenbahn den Menschen am Fjord Waren zu bringen. Als eine der ersten Zugstrecken im Königreich wurde sie bereits 1944 vollständig elektrisch betrieben. Auf dem größten Teil der Strecke bewältigt sie auf 18 Metern einen Höhenmeter – diese Leistung macht sie zu einer der steilsten Eisenbahnstrecken weltweit. Durch spiralförmig in den Fels gesprengte Wendeltunnels schrauben sich die Züge buchstäblich durchs Gebirge in die Höhe.

Nicht nur der Höhenunterschied, sondern auch die Lawinengefahr verkomplizierte für die Ingenieure die Frage der Streckenführung. Um den gefährlichsten Stellen zu entgehen, kreuzt die Bahn dreimal das Tal. Trotzdem passierte es: „1965 brach eine große Steinlawine los und verschüttete einen Teil der Strecke", erinnert sich Olaf. „Es dauerte lange, bis die Züge wieder fahren konnten, und einige der Felsen liegen immer noch dort, wo sie damals hingerollt sind."

Rund 500 Menschen leben in und um Flåm, die meisten von ihnen sind im Tourismus oder bei der Bahn beschäftigt. Die 1914 eröffnete Schule besuchen immerhin zwischen 30 und 40 Kinder. Das 1933 gegründete Musikkorps ist regional anerkannt, seine Mitglieder stammen aus der gesamten *kommune,* wie der Gemeindeverband in Norwegen genannt wird.

Und die Landwirtschaft? Olaf weist in alle möglichen Himmelsrichtungen, meistens deutet seine Hand hoch in die Berge hinauf, wo ich eigentlich nur Wald oder abschüssige Hänge vermute. Aber Olaf kennt die Bauern alle mit Namen, und schließlich sind sowohl Schafe als auch Ziegen trittsicher. Außerdem hat es seinen Grund, dass kleine abgelegene Bauernhöfe weiter bewirtschaftet werden - dies ist der norwegischen Regierung nicht nur im Flåmsdal ein wichtiges Anliegen. Schnell würde sich sonst die Bergwildnis die kultivierten Flächen, die ohnehin nur drei Prozent des gesamten Landes ausmachen, zurückerobern. Die vielen schwer zugänglichen Regionen im Königreich sollen jedoch besiedelt bleiben – das lässt sich der Staat einiges kosten: Norwegen zahlt seinen Bauern mit die höchsten Subventionen weltweit – sowohl für die Produktivität des Hofes als auch für jedes Tier.

Das alte Flåm wirkt mit seinen bunten Häusern wie ein Spielzeugdorf. Zwei Kilometer weiter am Schiffsanleger mit seinen Souvenirläden, Ferienappartments und dem Bahnhof bin ich in die Moderne geradelt. Am Kai herrscht buntes Treiben – Bettenburgen gibt es zum Glück keine. Oder doch? Aus der Entfernung halte ich die „Costa Mediterranea" dafür. Wie der Name nahelegt, handelt es sich jedoch um ein riesiges Kreuzfahrtschiff, das neben den unaufdringlichen Restaurants und Hotels vor Anker gegangen ist. Es überragt den gesamten Ort.

Ich weiß nicht, liegt es an diesem monströsen Luxusliner, von dessen Kaliber sich jährlich 110 Exemplare in den Aurlandfjord schieben, oder einfach an der Hitze ... plötzlich habe ich genug von allem. Von den Naturschönheiten, den frappierenden Gegensätzen dieses wilden und zugleich hochmodernen Landes, ja sogar davon, mich bergab rollen zu lassen. Das Einzige, was ich will, ist Ruhe, um die Eindrücke der letzten beiden Tage sacken zu lassen.

Auf dem Campingplatz wasche ich verschwitzte Klamotten, danach strecke ich mich neben dem Zelt zu einer ausgedehnten Siesta auf der Isomatte aus. Über mir zappeln Blätter in einer frischen Brise.

4. Philosophieren mit Kari und eine Busfahrt – Von Flåm an den Jølstravatn
85 km

Eine alte Frau schleppt ihre Gießkanne in immer wieder andere Ecken des Friedhofs von Flåm. Zwischendurch befüllt sie das Behältnis an einem Wasserhahn neben einem Schatten spendenden Baum erneut, um den Inhalt dann auf einem weiteren Grab zu verteilen. Sie trägt Bermudas aus Jeansstoff und ein T-Shirt. Gemütlich bummelt sie von einer Station zur nächsten. Bei einer Temperatur von wiederum fast 30 °C ist es zu heiß für irgendwelche Hast – aber eigentlich ebenso wenig der rechte Tag, um Siebzigjährige mit der Gießkanne auf Tour zu schicken.

Ich schließe das vom Gepäck befreite Rad an. Bereits gestern fühlte ich mich zu der von Gräbern umfriedeten Kirche des alten Dorfes hingezogen. Unter anderem deshalb habe ich mich für einen Faultag in Flåm entschieden.

„Das sieht aber ganz schön schwer aus. Ich habe Zeit und kann Ihnen die Kanne gerne tragen", biete ich an. Gestern hatte ich das Glück, auf dem Friedhof mit Olaf ins Gespräch zu kommen, nun mit Kari ist es sogar noch einfacher.

„Mit dem Sprenger, der da hinten steht, kenne ich mich nicht aus. Deshalb benutze ich die Kanne, an Zeit mangelt es mir ja nicht. Wenn man so alt ist wie ich, sind doch schon sehr viele Gräber zu gießen."

Mit den 70 Jahren habe ich mich tüchtig verschätzt, Kari ist zarte 16 Jahre älter. Sie lacht, als ich mich überrascht zeige. Von der Last des Alters finde ich nichts in dem offenen Gesicht, das da zu mir hochguckt. Abgesehen von ein paar Falten, der Brille und den kurzen feinen weißen Haaren, die sich ein bisschen um ihren Kopf herum verselbständigt haben, konnten die Jahre sie kaum verändern, so scheint es. Zwei Ohrstecker mit je einer kleinen weißen Perle, verleihen ihr etwas Damenhaftes.

„Es geht mir eben gut, ich habe viele Hobbys, vor allem für die Fin-

ger." Kari knetet ihre Hände. „Da muss ich gut aufpassen, dass meine Finger nicht steif werden. Ich stricke, im Winter webe ich. Manchmal lese ich auch."
Bald sind wir, auf einer niedrigen Holzbank sitzend, mitten in einer Unterhaltung. Manchmal sucht Kari nach einem englischen Wort, oder wir nehmen ein norwegisches, denn Zeit, um die Bedeutung zu enträtseln, steht sowohl ihr als auch mir im Übermaß zur Verfügung.
Habe ich überhaupt schon einmal einen Menschen diesen Alters getroffen, der auf solche Weise mit beiden Beinen mitten in seinem Dasein steht, lebenslustig und optimistisch?
Die Sonne knallt uns auf die Köpfe. Kari guckt mich an und sagt, sie genieße das Leben und sei glücklich. So möchte ich 86 werden, aber wie geht das? Karis Rezept ist geradeheraus wie sie selbst. Mit sieben Stunden Nachtschlaf, nicht rauchen, trinken und immer schön zum Arzt gehen, hat das nichts zu tun.
„Ich glaube, man muss einfach die guten Seiten des Lebens sehen. Wenn man sich bemüht, sie zu finden, steckt doch in allem etwas Gutes, oder etwa nicht?"
Kari strahlt, das ist eine rhetorische Frage. Widerspruch verbietet sich von selbst, denn der beste Beweis für diese Philosophie sitzt schließlich neben mir. Ich will auch gar nicht widersprechen, sondern erst mal darüber nachdenken, denn immerhin stamme ich aus dem Land der Pessimisten.
Karis Familie kümmert sich um sie. In der kurzen Zeit ist sie mir schon derart ans Herz gewachsen, dass ich beruhigend finde, das zu hören. Bei ihrer souveränen Art vermutete ich unwillkürlich, sie lebe allein.
„Ich wohne in dem Weiler dort hinten, warst du da schon? Nein? Wir haben einen schönen Hof, sogar mit eigenem Wasserfall. Aber geboren bin ich in Lillehammer, erst als junges Mädchen kam ich hierher an den Aurlandfjord."
Ich denke an die zahllosen Berge, die sich zwischen Lillehammer und Flåm auftürmen und schaue sie fragend an. Aus welchem Grund verschlug es einen denn vor über 60 Jahren von einer Stadt in dieses Tal? Kari blinzelt mir gegen die Sonne zu – hätte ich es mir doch denken können, hinter solchen Schicksalen steckt fast immer der gleiche Grund. Zwar versetzt er keine Berge, aber eben Menschen.

„Meine Schwester hatte sich hier verheiratet. Als sie schwanger geworden war, bat sie mich zu kommen, um sie zu unterstützen. Ich denke, sie wollte gern jemanden aus der alten Heimat zur Hilfe haben. Also bin ich hergereist und ihr zur Hand gegangen. Tja, da habe ich dann meinen Torstein kennen gelernt. Wir haben geheiratet und zusammen auf der Farm gelebt. Mit Schafen und Ziegen, die wir gezüchtet haben. Außerdem haben wir Himbeeren angebaut. All die Jahre hat der Wasserfall gerauscht, genauso wie heute. Ich höre ihn gerne. Aber meinen Torstein vermisse ich sehr, er fehlt mir einfach."
Sie zeigt mir sein Grab, wahrscheinlich hat sie hierher die erste volle Kanne geschleppt. Vor fünf Jahren ist Torstein gestorben. War er sich dessen bewusst, über seinen Tod hinaus geliebt zu werden? Kari spricht von ihrem Verlust, er ist wohl allgegenwärtig, hindert sie aber keineswegs daran, dem zugewandt zu bleiben, was ihr die Gegenwart bringt. - Klar bin ich traurig, so scheint sie zu denken, aber was willst du? Wir hatten eine lange Zeit zusammen. - Ob Torstein, als sein Tod bevorstand, beruhigt war in der Gewissheit, Kari würde es schaffen, den Blick weiterhin nach vorne zu richten, den Lebensmut auch ohne ihn nicht zu verlieren? Seinen Namen auf dem Grabstein lesend, kann ich es mir kaum anders vorstellen.
Habe ich einen Sonnenstich? Ich kenne den Mann doch gar nicht! Genau genommen kenne ich nicht einmal Kari. Trotzdem hat ihr Optimismus bereits auf mich abgefärbt. Die guten Seiten in Allem sehen. Eine einfach gestrickte Strategie, aber wohl dennoch eine, die man häufiger anwenden sollte.
Mit dem Gefühl, etwas ganz Besonderes erlebt zu haben, kehre ich auf den Campingplatz zurück. In einer Art Küche, wie sie auf norwegischen Plätzen üblich sind, lade ich das Handy und den Akku der Fotokamera auf. Steckdosen sind genügend vorhanden, denn Kochplatten und ein Wasserkocher benötigen ebenfalls Strom. Meinen windempfindlichen Minikocher brauche ich also gar nicht auszupacken.
Abends radle ich ein Stück am Fjord entlang. Mit ihren dunklen Felsspalten wirken die steilen Hänge gegenüber, als hätten sie dicke Falten geworfen, wie alte rissige Elefantenhaut. Ein Teil des Fjords liegt bereits im Schatten. Auf dem weiten Wasser wirkt die Fähre, die dort ihre Bahn zieht, wie ein winziges Insekt.

Die „Costa Mediterranea" war gleich an meinem ersten Abend mit dreimaligem Abschiedstuten, das von den Bergen widerhallte, ausgelaufen. Passagiere standen auf den Balkons ihrer wie Bienenwaben übereinander gebauten Kabinen und winkten, ebenso wie wir von unten. Eine blaue Decke blieb vergessen auf der Bank vorm Bahnhofsgebäude liegen.
Scharen von Touristen flanieren täglich über den Kai, aber als ich am nächsten Morgen vor der Abfahrt meines Busses dort vorbeikomme, liegt die Decke nach wie vor ordentlich zusammengefaltet da. Ganz gemäß dem Image vom ehrlichen Norwegen hat sich niemand an ihr vergriffen.
„Siehst du", würde Kari wahrscheinlich sagen, „da kannst du wieder mal das Gute sehen."

Auf die Busfahrt bin ich sehr gespannt. In der Flåmer Touristinformation habe ich zu den Preisen für die Tickets unterschiedliche Informationen erhalten. Was den Transport des Rades betraf, gingen die Meinungen sogar erheblich auseinander. Schließlich standen wir bei 13 NOK.
Wie bereits in Geilo habe ich den Eindruck, dass die Touristinformation vor allem darauf ausgerichtet ist, Angebote, wie zum Beispiel Wander- oder Kanutouren, zu verkaufen. Bei einem Vergleich der Preise für Bus und Fähre versagen die Angestellten zumindest völlig. Nach so etwas fragt man anscheinend nicht.
„Ungefähr 200 NOK", schätzt ein jugendlicher Mitarbeiter für die Strecke nach Vadheim, das ein gutes Stück weiter westlich am Sognefjord liegt. Er lehnt sich lässig in seinen Bürosessel zurück. Und das Schiff in die gleiche Richtung? Der Preis, den er hierzu nennt, ist erheblich höher. Ich weiß, dass ich mich wie eine typische Deutsche, die alles am billigsten haben will, verhalte. (Bin ich etwa wie Hans?)
Letztendlich nützt mir die ganze Fragerei gar nichts. Ich werde doch unangenehm überrascht: Allein das erste (kleinere) Teilstück der von mir geplanten Busfahrt bis zum Umsteigebahnhof in Sogndal kostet 220 NOK. Zudem interessiert den Busfahrer herzlich wenig, was der Bürohengst in der Touristinformation erzählt hat. Er sitzt schließlich am Steuer und ist felsenfest davon überzeugt, das Fahrrad mitzuneh-

men koste 65 NOK. Manchmal verliert man eben – und ich habe auf dieser Reise schon so viel gewonnen. Darf also nicht meckern und mich ärgern.

Wenn der Geiz meine Pläne weniger manipulieren würde, hätte ich eine Fähre genommen. Jetzt beschließe ich: Busfahren ist auch schön. Auf jeden Fall kann die Fahrt als Praxisunterricht darüber gelten, welche Bedeutung dem Verkehrswesen in Norwegen zukommt. Es ist ja nicht die erste Unterrichtsstunde, in Anbetracht der Bergen- und Flåmsbahn besitze ich bereits Vorkenntnisse.

Was für ein Aufwand da getrieben wird! Gerade fährt der Bus in einen davon hinein – der seit dem Jahr 2000 befahrbare Lærdal-Tunnel misst fast 25 Kilometer Länge und gilt damit als längster Straßentunnel der Welt. Ein Rekord, den ich kennen lernen wollte? Da bin ich mir nicht so sicher.

Monoton brummt der Bus durch die Röhre, Haltebuchten sind in ein lila-rosa Licht getaucht, ansonsten geht es einfach immer weiter durch das ausgeleuchtete Schwarzgrau. Gruselig, ich versuche zu ignorieren, dass der Tunnel länger ist als die Strecke, die wir am Wochenende manchmal fahren, um Freunde zu besuchen. Für Einheimische mag sich diese Reise durch den Berg besser anfühlen, zumal wenn sie früher auf die oberirdische Verbindung zwischen Aurland und Lærdal angewiesen waren, die bezeichnenderweise den Namen „Schneestraße" trägt und im Winter unpassierbar ist. Außerdem kostet die Durchfahrt keine Maut. Aber wie auch immer man darüber denkt, es bleibt nichts übrig als still abzuwarten, bis der Spuk vorbei ist.

Wie schön, das Sonnenlicht wieder zu sehen. Von einem Umsteigen vor Sogndal war in der Touristinformation keine Rede gewesen. Trotzdem hält der Bus, und alle steigen aus. Moment mal, bei mir geht das nicht so schnell! Das Rad inklusive fünf Gepäckstücke müssen aus dem Gepäckraum gezerrt werden, die Taschen an die Gepäckträger vorne und hinten, den Sack schmeiße ich oben drauf, die Lenkertasche bleibt über der Schulter hängen, ach, und die Trinkflasche ist auch noch da! Alles zum anderen Bus schieben und retour in den neuen Stauraum. Besonders gelassen manage ich das Ganze kaum, fürchte ich. Der Fahrer, der im Gegensatz zum Bus nicht gewechselt hat, bemerkt das anscheinend. Er hilft mir. Also, was

mache ich so eine Hektik, geht doch alles.
Dann sitze ich endlich im nächsten Bus, der Fahrer gibt sofort Gas. Zu allem Überfluss kollert mir die Wasserflasche zweimal zwischen den Füßen hervor durch den Mittelgang. Zweimal hätte nicht sein müssen. - Lassen wir das, ich geniere mich nur ein bisschen, und meine Sitznachbarin, eine etwas ältere Frau, redet trotzdem mit mir. Sie fährt zu ihrer Hütte in den Bergen – für Norweger wohl das alltäglichste Reiseziel schlechthin.
Per Schiff wäre ich direkt auf dem Sognefjord nach Westen Richtung Meer gefahren und ganz problemlos am Nordufer in Vadheim, bzw. einem Nachbarort mit Schiffsanleger, ausgestiegen. Dort will ich nämlich meine Tour nach Norden fortsetzen, und ich spekuliere darauf, dass die Berge und Pässe in Meernähe etwas niedriger sind – laut meiner Karte darf ich das annehmen.
Mit dem Bus geht es nun erst mal in die falsche Richtung, nach Osten zur Fähre über den Sognefjord nach Manheller. Der Fahrer beeilt sich sichtlich und trotzdem – die Heckklappe der Fähre wurde bereits hochgezogen. Jeden Augenblick wird Wasser zwischen ihr und dem Kai zu sehen sein. Tschüs dann, denke ich und richte mich auf eine längere Wartezeit ein. Aber so funktioniert das nicht in Norwegen. Zügig wird die Heckklappe wieder heruntergelassen, der Bus fährt auf. Man hält zusammen gegen die Unzugänglichkeiten der Natur.
„Zehn Minuten dauert die Überfahrt", meint der Busfahrer und steht auf, um auszusteigen. Zeit für ein paar Fotos vom Sogne-fjord? Er schüttelt den Kopf. Wahrscheinlich denkt er, sonst geht mir diese chaotische Flaschentante noch verloren, und ich habe ihr Fahrrad und Gepäck an der Backe. Später, in Sogndal bummle ich durch ein kleines Viertel mit älteren gemütlich aussehenden Holzvillen, das sich die Bucht hinunterzieht. Direkt unter der belebten Hauptstraße genießt eine Familie ihr Sommer-Hütten-Paradies im Garten. Gegen den Straßenlärm scheinen sie völlig unempfindlich zu sein.
Es hat gerade ein Biker-Event stattgefunden. Wie sollte es anders sein - der Kurs führte durch die Berge, vielleicht sogar bis hinauf ins legendäre Sognefjell, der laut Norwegenradler Frank Pathe härtesten Etappe im Königreich. Zwar habe ich manche seiner Warnungen in den Wind geschlagen, das Sognefjell jedoch, die logische Verlänge-

rung meiner Reise nach Norden, habe ich mir ja bereits in Geilo abgeschminkt. Lauter athletische verschwitzte Radler, darunter auch Radlerinnen, ruhen sich auf einem Rasenstück im Zentrum der Kleinstadt aus. Nicht nur vom Alter her unterscheiden sie sich deutlich von mir ... bestimmt habe ich die richtige Entscheidung getroffen.
Zum Glück muss ich im Bus nach Vadheim nicht noch einmal für das Rad bezahlen. Vielleicht waren die 65 NOK eine Art Tageskarte für den Bustransport. Das Preissystem zu durchschauen, wird mir auf der ganzen Reise nicht gelingen, und ich halte es schließlich wie die Norweger: Es kostet, was es kostet. Müßig, Zeit damit zu verplempern, warum und weshalb. Zumal ich sowieso allermeist selber trete.
Diesmal warte ich nicht als Einzige mit Rad an der Haltestelle. Einige junge Männer, die an dem Radrennen teilgenommen haben, sind auf dem Heimweg.
„Wir müssen die Räder vorsichtig einladen", kläre ich eindringlich meinen Nebenmann auf. Mit meinem Drahtesel kann ich gar nicht etepetete genug sein. Schließlich liegt noch ein ordentliches Stück Weg vor mir. Ganz schön krampfig, ich weiß. Aber dass irgendein irreparabler Schaden meiner Tour ein jähes Ende setzt – diesen Gedanken mag ich gar nicht zu Ende denken. Angesichts der sportlichen Typen rings um den Bus befällt mich sofort Angst vor dem großen Reindonnern.
Nachdem die Laderäume geöffnet worden sind, deponiere ich das Fahrrad behutsam möglichst weit hinten und polstere die Räder von unten mit den Taschen, damit sie waagerecht liegen und sich nicht verbiegen. Wenn nun einer sein Rad oben drauf schmeißt, habe ich immerhin mein Bestes geleistet. Aber ich tue den Sportsleuten Unrecht: Der junge Mann neben mir zieht seinen alten Anorak aus dem Rucksack und bedeckt damit mein Hinterrad, bevor er sein Bike darüber bettet. Das ist ja ein Netter! Kaum hat er sein gutes Werk vollendet, erscheint der Busfahrer auf der Bildfläche und will das Bike woanders verstaut haben. Schade.
204 Kilometer reicht der Sognefjord vom Meer ins Land hinein und ist damit der längste Fjord Europas. In puncto Tiefe hält er mit 1308 Metern ebenfalls den Rekord. Das Wasser glitzert in seinem unendlich riesigen Bett zwischen den Bergen, auf deren Gipfeln oft noch

Schnee liegt.
In Hella rumpelt der Bus auf eine Fähre. Diesmal frage ich niemanden um Erlaubnis auszusteigen. Vom Oberdeck aus erkenne ich zwischen Bergen in der Ferne einen Gletscher, vermutlich die westliche Zunge des Jostedalsbreens.
Über mir schwingen sich Stromleitungen übers Wasser, für eventuellen Luftverkehr mit kleinen roten Bojen gekennzeichnet. Wegen des schwierigen Geländes werden die meisten Leitungen in Norwegen nach wie vor oberirdisch geführt. Bei Leikanger, das wir gerade passiert haben, überspannt die weltlängste dieser Freileitungskreuzungen eine Distanz von 4850 Metern, um aus dem Kraftwerk Hermansverk den Strom ins Landesnetz einzuspeisen.
Wir gondeln durch etliche Dörfer mit bunten Villen, Obstgärten und sogar Plantagen. In Buchten schaukeln vertäute Boote, am Strand oder im Wasser genießen Menschen die Sonne. Der Verkehr ist mäßig, die Steigungen ebenfalls – vielleicht fahre ich diese Straße auf einer anderen Reise mit dem Rad? Jetzt bin ich ein wenig dösig geworden von all dem weiten Blau und dem Brummen des Busmotors. Bequem lehne ich mich in die Polster zurück.
Aber als der Bus gegen sieben Uhr abends in Vadheim hält, kann ich es kaum erwarten, wieder in die Pedale zu treten. Inklusive des Umwegs, um den Fjord überqueren zu können, bin ich bis Vadheim 162 Kilometer mit dem Bus gefahren. 90 davon führten am Wasser entlang, die meiste Zeit am Sognefjord. Unschlüssig kurve ich ein paarmal um das Busrondell und schlage dann wider die Planung doch den Weg ins Ytredal ein. Eine gute Entscheidung, denn der befürchtete starke Verkehr auf der E 39, vor der Radler eigentlich gewarnt werden, bleibt jetzt am Abend völlig aus. Das Tal steigt radlerfreundlich sanft an. Nach all der Faulenzerei, erst in Flåm, danach im Bus, tut es gut, so in den Abend hineinzufahren. Zeitabschnitte wie zuhause, wo wir jetzt Abendbrot essen und den Tag ausklingen lassen würden, sind aufgehoben. Ich darf mir ohne Gewissensbisse den Luxus leisten, nur nach meiner eigenen, inneren Uhr zu leben. Wann kann man das schon! Es ist hell, es ist nicht mehr heiß – also fahre ich!
Die Berge sind hier runder und niedriger als um Flåm herum, da ist meine Kalkulation trotz der mageren Höhenangaben auf der Karte

aufgegangen. Ich passiere zwei Seen, die *fjell*-Vegetation am Ufer scheint mir jedoch ungeeignet zum Zelten. Macht nichts, ich singe vor Freude darüber, wieder unterwegs zu sein. Und das Rad ist unversehrt. Nur die Borsten meiner Zahnbürste und der Zitronenkuchen im Gepäck sind verbogen.

Genau genommen gäbe es in der Nähe vereinzelt an der Straße liegender Bauernhöfe schon die eine oder andere Gelegenheit zu zelten. Bloß fühle ich mich gerade so gut in Schwung, da scheint es mir zu viel Mühe zu kosten, an fremde Türen zu klopfen, wo sie mich womöglich verwundert anschauen. Für heute, so beschließe ich, möchte ich eine Übernachtung, bei der ich niemandem etwas schuldig bin, keine Rechenschaft abzulegen brauche. Denn ein einsames Fleckchen wie am Seltuftvatn, damit kann diese zahme Wald- und Wiesengegend nicht dienen.

Also biege ich bei Sande nach Westen ab. Freundlich weist ein Schild einen drei Kilometer entfernten Campingplatz aus. Jetzt die Zuverlässigkeit eines Ortes, auf dem ich mich mit Fug und Recht ausbreiten darf, das behagt mir im Augenblick sehr.

Kurz darauf knirschen die Reifen über den Kies vor der Rezeption von Døskelandlia Camping, und ich schwinge mich aus dem Sattel. Wäre der Hörnchenlenker ein Zügel, könnte ich ihn um einen der massiven Holzstämme schlingen, die das Dach über der Veranda tragen. Natürlich warten auf ihr keine verwahrlosten Cowboys, die noch rasch einen Whiskey kippen, bevor sie erschossen werden. Aber reichlich Bares verlangt auch die Frau, die vom Wohnhaus, das auf einer leichten Anhöhe steht, herüberkommt. Ich schaue mich um, ein bisschen westernmäßig abgebrüht, schließlich bin ich kein Greenhorn mehr in Norwegen. Nach dem reichen Schatz meiner während der letzten zehn Tage gesammelten Erfahrungen ist diese von Wald umgebene Wiese einfach überteuert.

„Der Eigentümer hat diesen Preis festgelegt. Ich arbeite nur hier", beteuert die Campingwartin. Wie eine echte Westernheldin runzele ich jedoch die Stirn - mit dem Ergebnis, dass sie mir seufzend einen geringfügigen Nachlass gewährt. Dann setzt sie sich wieder oben auf die Terrasse des Wohnhauses zu ihrem Mann (vermutlich dem strengen Eigentümer), und beide gucken mir beim Zeltaufbauen zu. Die Heringe gehen rein wie Butter. Kein Wunder bei der schön vermoosten Waldwiese. Winzige Mücken piesacken. Die anderen Camper haben sich bereits in ihre Wohnmobile oder in die Hütten, die landesüblich auf jedem Camingplatz angeboten werden, zurückgezogen. In dem adretten Sanitärhäuschen rauscht eine der beiden Frauenduschen. Rasch stellt sich heraus, dass eine Kölnerin darunter steht – und worüber unterhalten wir uns wohl? Peinlich, peinlich, aber während das Wasser auf uns herabströmt, hecheln wir, wie unter Deutschen üblich, als Erstes das Preis-Leistungsverhältnis dieses Platzes durch.

„Also", sagt meine Duschnachbarin, „mein Mann und ich sind mit dem Auto bis zum Nordkapp hochgefahren. Das war seit langem unser Traum. Jetzt, da die Kinder aus dem Haus sind, haben wir ihn uns erfüllt. Und da oben haben wir solche Preise überhaupt nicht erlebt, der Komfort in den Hütten war aber keinesfalls schlechter."

Ich gebe zu, dass ich fleißig mittratsche. Ungeniert in der eigenen Sprache zu lästern, wirkt ebenso entspannend wie eine warme Dusche.

Gut ausgeruht, bin ich am nächsten Morgen wieder unterwegs und radle an der Gaula entlang. Diese Region gehört zum selben *fylke* wie Flåm, nämlich zur Provinz Sogn og Fjordane. Bin ich nicht 162 Kilometer mit dem Bus gefahren? Die Weiträumigkeit dieses Landes überrascht mich immer wieder. Ich habe das Gefühl, wie eine Schnecke hier lang zu kriechen. An der Gaula schreibt man Angeln angeblich groß, auch wenn ich niemanden am Fluss entdecken kann. In dieser Hinsicht ambitionierte Gäste erhoffen sich bestimmt auch die Terrassenkönige von Døskelandlia, wird mir im Nachhinein klar. Für Gruppen von Anglern und Wanderern ist die große Wiese gedacht, nicht für Schmalspurzelte wie meines.

Stattliche Höfe liegen im Gaula-Tal, ordentliche Wiesen. Von drei Schafen hinter einem Gatter rührt sich eins überhaupt nicht. Oh Gott, ein totes Schaf, da muss ich doch einem Bauern Bescheid sagen?! Hilfesuchend sehe ich mich um. Keine Menschenseele auf der mir im tiefsten Sonntagmorgenfrieden entgegen gähnenden Straße. Meine letzte Hoffnung: Ich schreie die Schafe an, das bringt sie zum Glück alle drei auf die Beine.

Heilfroh, das Problem auf diese Art erledigt zu wissen, gefällt mir die stille Straße wieder ausgesprochen gut. Sie bleibt flach und beinahe ohne Verkehr. Später drückt sie sich eng an die felsige Seite des Dalsfjords. Vor Bygstad sehe ich zwei Angler, die sich einen ruhigen Morgen gönnen. Zusammen mit dem Ort geben sie ein typisch norwegisches Bild ab, finde ich. Ein Fjord, ein paar Häuser und Boote, ein Spar-Laden, wahrscheinlich gibt es noch eine Schule. Nicht herausragend hübsch, aber irgendwie sich selbst genügend, als ob es nicht mehr bräuchte, um ein Leben zu führen.

Ab Bygstad geht es erneut bergauf. Wenigstens ist es nicht mehr heiß – die Sonne hat sich hinter Wolken verkrümelt. Wie bei jeder steilen Etappe bin ich mir sicher, dass sie hinter der nächsten Kurve zu Ende sein muss. Aber tatsächlich geht es 335 Höhenmeter hinauf, der Schweiß läuft mir über den Rücken. Na, das hatten wir schon – mittlerweile nehme ich es wohl oder übel hin, empfinde sogar eine Spur stolz. Bin ich nicht kräftiger, fahre ein längeres Stück hinauf, bevor die Phase des Schiebens beginnt? So betrachtet, gehöre ich allmählich als Radlerin hierher.

Die Wiesen auf der Höhe zieren von Seerosen umsäumte Teiche. Es lockt mich kein bisschen, dorthin abzubiegen, um sie genauer in Augenschein zu nehmen. Nur die Höhe zählt, ich werde weiter strampeln und wandern, bis ich an ihr Ende gelange.

Dann hat mich die E 39 wieder. Bei der Abfahrt zur Stadt Førde entdecke ich wiederholt freilaufende Schafe am Straßenrand. Die Autos rasen an ihnen vorbei. In Deutschland wäre das undenkbar. Ich hoffe, die norwegischen Schafe sind schlau genug, sich von der Straße fernzuhalten. Es hängt wirklich von ihnen ab, ob sie weiterleben, denn die Autofahrer benehmen sich genauso wie bei uns.

Ich gewöhne mich an die Schafe und habe außerdem auf etwas anderes zu achten. Mein armes Rad quietscht. Man muss ihm das zugestehen bei den ganzen Belastungen – aber was fehlt ihm? Die Bremsen? Schleifendes Gepäck? Mehrmals stoppe ich auf der kurvigen Abfahrt, um die Reifenbereiche zu inspizieren. Falls ein Schaden vorhanden ist, bleibt er mir verborgen. Ich drücke uns die Daumen.

In Førde sind die Bürgersteige sonntäglich hochgeklappt, und ich radle weiter nach Moskog. Im Sunnfjord Museum, einem Freilichtmuseum, setze ich mich in dem stilvollen Verkaufsraum an einen langen Holztisch. Kaffee holt man sich an einem Automaten, Kuchen, der aussieht, als sei er selbst gebacken, steht ebenfalls nett angerichtet bereit. Aber ich weiß nicht, wie viel er kostet und wo man ihn bezahlt. Die junge Frau, die mich begrüßt hat, ist gleich wieder in einem rückwärtigen Raum verschwunden. Egal, der Kaffee und eine Pause sind das Wichtigste, denn ich bin ziemlich ausgelaugt. An der Kasse werden kleine bunte Souvenirs verkauft, auf dem hübschen Tischläufer vor mir steht eine Vase mit Blumen. Durch zwei Fenster fällt viel Licht in den Raum, und alles atmet freundliche Friedlichkeit. Über ganz so immense Kräfte verfüge ich anscheinend doch nicht: Mir ist innerlich kalt, jeder Teil meines Körpers fühlt sich erschöpft an – sogar die Augen. Müde lasse ich sie über die kunstvollen Gegenstände, die auf einer Anrichte und Regalen versammelt sind, gleiten. Die schönen Dinge entspannen, aber ich weiß nachher kaum mehr, was ich eigentlich gesehen habe.

Zwei junge Familien mit ihren Babys – das eine noch ganz winzig – betreten den Raum und setzen sich ebenfalls an den Tisch. Sie lachen und tüdeln mit ihren Zwergen herum. Geburt, Krankenhaus und Wochenbett sind geschafft, ein bisschen Routine hat sich eingespielt. Jetzt sieht man sich wieder zu einem ersten Ausflug, die Gespräche leben auf einem neuen Level wieder auf, so scheint es mir. Ich erinnere mich gut, wie das war, das bunt geringelte Baumwollmützchen überzustülpen und – nur für wenige Stunden – woandershin zu fahren. Einfach ausprobieren, wie man dort mit dem Baby zurechtkommt, außerhalb der eigenen vier Wände, bevor diese richtig öde werden.

Den Jølstravatn will ich jedoch heute erreichen, also lege ich mich wieder ins Geschirr. Der Jølstrafluss, der auf den 23 Kilometer langen See zubraust, hat seinen Namen vor sehr langer Zeit bekommen, aber nachvollziehbar ist er immer noch. Der Name Jølstra oder Jølster, wie diese *kommune* heißt, hat seine Wurzeln nämlich in dem altnordischen Ausdruck *jolmster*, was soviel wie Geräusch oder Lärm bedeutet. Passt zu dem Fluss! Oder waren damit besonders aufmüpfige Bewohner dieses Landstrichs gemeint, die öfters Krawall schlugen? Über eine Brücke erreiche ich die kleine Straße am Ostufer des Sees. Weit genug entfernt, um nichts von ihr zu hören, verläuft auf der gegenüberliegenden Seite die Hauptroute, auf der ein Auto dem anderen folgt. Hier hingegen treffe ich kaum jemanden. Die Sonne scheint, das Wasser glitzert und schwappt zwischen den Bergen, und ich radle direkt am See. Alle Müdigkeit ist verflogen – was für ein Land, was für eine Reise!

5. Rush Hour der Ziegen – Über das Utvikfjell zum Hornindalsvatn

122 km

Eine Herde kleiner weißer Ziegen hoppelt gemächlich über ihre Weide. Eine Weile gucke ich ihnen dabei zu. Ich habe es überhaupt nicht eilig, diese Uferstraße mit dem wunderbaren Panorama will ich genießen. Trotz aller Schwelgerei erreiche ich schließlich Astruptunet. Wieder so ein norwegisches Wort, dass ich auf der Zunge hin- und herschiebe. Es wird ein bisschen einfacher, wenn ich die erste Hälfte des Begriffs abspalte. Astrup - genauer gesagt, Nikolai Astrup – galt als einer der wichtigsten norwegischen Maler des frühen 20. Jahrhunderts. Ich vertäue das Fahrrad mit dem Schloss an einem Holzbalken und wandere langsam den schmalen Weg bergauf. Hölzerne Katen, die mit den bunten Bauernblumen davor selbst aussehen wie ein Gemälde, blicken auf den Jølstravatn hinunter oder liegen versteckt zwischen im Lauf der Zeit emporgewachsenen Bäumen. Dass Nikolai Astrup als Sohn eines Priesters hier bei Sandal seine Kindheit verbracht hatte, war sicherlich nicht der einzige Grund, warum er diesen traumhaften Ort als Domizil wählte. Er malte nicht nur die häusliche Idylle mit wildem Rhabarber und Fensterchen, die wie Augen aussehen. In der Umgebung fand er genügend Motive. Die Natur ist übermächtig und der Mensch darin kaum mehr als ein Fussel, scheinen die kräftigen Farben und Pinselstriche auszudrücken. Zu Astrups Zeit traf das wohl zu. Erst etwa ein halbes Jahrhundert später sollte das Land aus seinem Dornröschenschlaf erwachen und das oft ärmliche Leben zwischen den Bergen abstreifen.

Vor mir liegt die allabendliche Aufgabe, einen Zeltplatz zu finden. Angesichts einer kurz geschnittenen Wiese halte ich dieses Thema für schnell erledigt und spreche siegesgewiss einen älteren Mann in Shorts und T-Shirt an. Er harkt gerade den Kies auf seiner ohnehin schon ordentlichen Auffahrt in Reih und Glied. Ich bin sehr zufrieden, wie flüssig ich meine Anfrage mittlerweile auf Norwegisch for-

muliere.
„Oh, ich verstehe Sie leider nicht." Der Mann nähert sich höflich, gestikuliert jedoch bedauernd und antwortet auf Englisch. Das ist mir ja Einer!
Das Missverständnis ist rasch aufgeklärt. Ich habe einen waschechten Briten vor mir, der zusammen mit seiner Frau an den Jølstravatn ausgewandert ist. Es beruhigt mich, dass unsere Verständigungsschwierigkeiten nichts mit meinen Sprachkenntnissen zu tun hatten. Er spricht Norwegisch offensichtlich noch weniger als ich.
Die dunklen Winter im Kopf, frage ich: „Wohnen Sie das ganze Jahr über hier?"
„Ja, seit drei Jahren. Wir finden es herrlich an diesem See."
Ich will nur für eine Nacht auf der Wiese am See bleiben, aber sogar dieser kurze Aufenthalt wirft Probleme auf. Das Land gehört, wie ich mir nun selber ausrechne, gar nicht den Engländern, sondern einem Bauern „aus dem nächsten Dorf".
„Der Mann hat schlechte Erfahrungen mit Wildcampern gemacht. Einmal kam eine Gruppe und wollte für eine Nacht auf der Wiese am See zelten. Sie blieben drei Nächte und benutzten die Umgebung `as a toilet´." Der Senior schaut unangenehm berührt zur Seite. Beide blicken wir nun hinüber zur Problem-Wiese. „Deshalb darf ich Ihnen leider keine Erlaubnis erteilen. Es wäre dem Eigentümer vielleicht nicht recht. - Und schließlich hat ihm auch das Land gehört, auf dem jetzt unser Haus steht."
Innerlich stöhne ich auf, denn ich glaube zu wissen, was folgen wird. Der Engländer wird mich an den Landbesitzer verweisen. Wie viele Kilometer sich hinter der Angabe „aus dem nächsten Dorf" verbergen, weiß der Himmel. Geschweige denn, dass ich dort den richtigen Hof finden muss ... da wird der halbe Abend vergehen, bis ich Couscous mit *Spaghetti-Saus* essen kann.
Seine Rechtfertigungen lassen sich nicht von der Hand weisen, und es ist ihm anzumerken – er will sich sowohl als Ausländer dem *eier* gegenüber korrekt verhalten, zumal so etwas wie nachbarschaftliche Beziehungen bestehen, als auch gegenüber mir, die ein gewisses Anrecht auf die Einhaltung von *allemannsretten* hat. Na, dann schick mich doch zu diesem Bauern, grummle ich insgeheim, dann kannst du heute Abend mit bestem Gewissen und reinem Herzen ins Bett

steigen. Die hohe Stirn legt sich in Falten, eine Beratung mit seiner ebenfalls auffällig blassen Frau folgt. Der Mann macht es sich nicht einfach. Auf die knuffige Art ein wenig tüdelig, erinnert er mich an Mr. Stringer, den treuen Begleiter von Englands berühmtester Film-Privatdetektivin Miss Marple. Seine jüngere und wesentlich agilere Frau ähnelt Miss Marple rein äußerlich keineswegs, vom Wesen her möglicherweise allerdings schon: Beschlüsse werden von ihr abgesegnet.

Schließlich ist allgemeines Aufstrahlen angesagt. Die beiden schlagen mir einen Platz unterhalb ihres Gartens vor. Das Gras wächst dort ungemäht, ein paar dicke Äste ruhen aufgestapelt in einer Ecke, der Blick schweift frei hinüber zum See. Das Wichtigste jedoch ist: Ich brauche nicht auf der Suche nach einem unbekannten Bauernhof herumzuirren. Mittlerweile bin ich nämlich ganz schön hungrig.

„Das Land gehört zwar ebenfalls dem Bauern, aber vermutlich hat er nichts dagegen, wenn Sie hier für eine Nacht zelten." Der hilfsbereite Mr. Stringer ist richtig froh über diese Lösung und geht nun beherzt an die weitere Planung meines Aufenthalts.

„Wenn Sie sich waschen möchten – dort hinten ist ein Bach. Er fließt durch unser Grundstück – ja, wir haben sogar einen eigenen Wasserfall. Den müssen Sie sich mal ansehen."

Seine Frau mischt sich ein: „Zum Waschen mag das Wasser in Ordnung sein. Aber wenn Sie Trinkwasser brauchen, kommen Sie lieber zu uns. An dem Bach liegt weiter oben eine Farm."

„Sie können ja auch im See baden", schlägt ihr Mann vor. Meine Sauberkeit besitzt für ihn offenbar höchste Priorität. Ziehen sich etwa Dreckspuren über mein Gesicht? Egal, Waschen kann warten. Was ich hingegen nicht verschieben möchte, ist das Abendessen. Schließlich bin ich fast 70 Kilometer geradelt.

Insofern nehme ich das Angebot mit dem Trinkwasser gerne an – ich habe nämlich vergessen, meinen Vorrat auf dem Campingplatz von Døskelandlia aufzufüllen. Mit der 1,5-Liter-Flasche in der Hand klingle ich also an der Tür des adretten kleinen Holzhauses und bekomme zum Wasser noch ein Viertel Netzmelone geschenkt. - Als ich abends ins Zelt krieche, habe ich das Gefühl, dass die beiden Engländer oben in ihrem Haus über mich wachen, und ich ganz geborgen beim Rauschen des Baches einschlafen kann.

Ein Wolkenfisch hängt längsseits des Berges gegenüber am anderen Seeufer. Schon das Wetter gestern deutete auf einen Umschwung hin. Kein perfekt blau getünchter Himmel mehr. Im Halbschlaf roch ich ganz deutlich Schafe. Sie sind anscheinend weiter gezogen. Eine kleine Brücke führt über den Bach, dessen Rauschen mich in den Schlaf gelullt hat. Verwunderlich, dass der Engländer ihn als Waschplatz vorgeschlagen hat – so wild, wie er zwischen den engen Ufern über die Steine schäumt, erreicht man ihn kaum, ohne mitgerissen zu werden. Vermutlich hat Mr. Stringer einfach gedacht, was für ein netter Bach, der uns einen hauseigenen Wasserfall beschert, der wäre doch etwas für dieses nette Mädchen.

Ich gehe lieber zum See, aber zum Baden lädt er bei diesem Wetter genauso wenig ein. Bei einer Katzenwäsche sehe ich Fische um die Steine schwimmen. Entspannt spaziere ich in der Aussicht auf einen neuen Radeltag die leere Straße entlang zum Zelt. Tatsächlich – entspannt. Ich bin mir meines Körpers so positiv bewusst wie schon lange nicht mehr. Meine Glieder scheinen auf einmal ein Herz und eine Seele zu sein, sie balancieren die Schritte wie von selbst aus. Ich laufe locker und ohne innere Versteifung. Bekommt mir das Nomadenleben so gut? Trotz Anstrengung sowie mancher Stresssituation? Erstaunlich. Die meiste Zeit über genieße ich es mit jeder Faser meines Körpers, unterwegs zu sein.

Anfangs habe ich meine Reise als verrückte Grenzerfahrung betrachtet, als ein forderndes Wagnis, das einfach eingegangen werden musste. Ich erhoffte mir Durchhaltevermögen. Mich vom Scheitel bis zur Sohle „in Takt" zu fühlen, ist ein völlig unerwartetes Geschenk. Ich ziehe eine Zwischenbilanz: Über zehn Tage bin ich nun schon unterwegs und habe bisher eigentlich alles erlebt und erreicht, was ich mir gewünscht hatte, ob es nun um das Wildzelten, die Natur oder eine gewisse Gelassenheit angesichts von Widrigkeiten geht. Genau genommen bin ich viel weiter gekommen, als ich geglaubt hatte. – Mein Notfallplan sah nämlich vor, bei ernst zu nehmender Verzweiflung eine kleine Hütte an einem See zu mieten und vier Wochen Ferien auf Norwegisch zu genießen. Wie das wohl geworden wäre, ganz alleine und mit nur einem Roman? Ein andermal vielleicht. Inzwischen rückt die Vogelinsel Runde, mein nördlichstes Ziel, in – zumindest auf der Karte - überschaubare Nähe. Nur noch wenige Tagesreisen. Zum ersten Mal denke ich, das ist zu schaffen.

Ein neuer ungebundener Tag liegt vor mir – das ist eigentlich das Schönste. Ich bin allerdings froh, ein konkretes Ziel eingeplant zu haben. - Was wäre besser als Runde, so exponiert, wie das kleine Felseniland in der rauen Norwegischen See liegen soll, ganz am Ende einer Inselkette? Dort Meeresvögel zu beobachten, das muss toll sein. Vielleicht sehe ich sogar Papageitaucher, die angeblich an den Klippen brüten, schlägt meine Fantasie Purzelbäume in die Zukunft. Zuerst aber verabschiede ich mich von den freundlichen Engländern.

„Sie können, wenn Sie mögen, nachher noch in meinem Laden in Skei vorbeischauen und einen Kaffee mit uns trinken", bietet die Frau an. Was sie in ihrem Geschäft eigentlich verkauft, verstehe ich nur bedingt; Outdoor-Sachen anscheinend, aber das kommt mir angesichts ihrer häuslichen Geschäftigkeit merkwürdig vor. Mittlerweile gefällt mir das Leben als Vagabundin richtig gut, da lege ich mich lieber nicht fest mit dem Kaffee. (Zum Glück, denn ich werde das Geschäft später vergeblich suchen.)

„Bevor Sie losfahren, gucken Sie sich aber auf jeden Fall unseren Wasserfall an!" Das finden beide ein Muss. Und weil sie so nett waren, folge ich der Aufforderung gern. Obwohl ich die besondere Sehenswürdigkeit des Hauses kaum ganz zu würdigen weiß. Inzwischen habe ich so viele Wasserfälle gesehen oder von nah und fern gehört, dass ich sie gar nicht mehr zählen könnte. Natürlich besitzt jeder seine eigene Dynamik ... aber nicht einmal Karis Wasserfall habe ich mir angeschaut.

Der erste Stopp an diesem Tag erfolgt ebenfalls auf Empfehlung meiner So-gut-wie-Gastgeber: Auf der Brücke bei Kjøsnes geht der Vorhang auf, so scheint es mir zumindest: Steile Berge, dunkel wie Schatten, begrenzen das Bühnenbild, das sich majestätisch aus der schillernden Wasserfläche eines Fjords bis hinauf zu entrückten Gipfeln aufbaut. Schnee glänzt auf ihnen wie die Epauletten auf den Schultern eines Generals. Darüber kämpfen Sonne und Wolken um die Vorherrschaft. „Letztendlich ist alles eine Frage des Lichts", lautet der letzte Satz in „Mittsommer", der Schilderung einer mehrwöchigen Wanderung durch Norwegen. Ein klasse Buch, aber der

Schlusssatz ist doch ein bisschen dürftig ausgefallen, hatte ich gedacht, bevor ich das Buch zuklappte.
Aber der Reiseautor Andrew Stevenson hat Recht. Das Licht in seiner Intensität, seinen Abtönungen, den großflächigen Schattenwürfen oder schlicht seiner Abwesenheit im langen Winter, darauf stößt man bei einer Reise durch dieses Land immer aufs Neue. Ob die Sonne für die Augen unbarmherzig auf den Schnee gleißt oder Berge im späten Licht verschwimmen, wenn Dunst aufsteigt - stets spielt das Licht eine Rolle, macht Dinge besonders großartig, ganz anders oder lässt sie eben verschwinden. Meine Kamera fühlt sich überfordert mit diesen verschiedenartigen Lichttypen, die auf sie einströmen. Wie die Inuit für den Schnee sollten die Norweger eigentlich für Licht viele unterschiedliche Wörter verwenden.
Bald radle ich in Skei ein, einem Städtchen am Nordende des Jølstravatn. Angesichts der Preise in den Supermärkten rieseln mir keine Schauder mehr über den Rücken - im Gegenteil, es macht Spaß, dort zu stöbern und Neues auszuprobieren. Heute fällt meine Wahl auf fladenförmiges *polarbrød* sowie einen Käse in singlefreundlichem Format. Etliche Sorten in der Kühltheke sind nämlich nur als für die Großfamilie verpackte Riesenklumpen zu erwerben.
Gut versorgt mache ich mich auf den Weg ins Våtedal. Das Rad läuft gut. Was immer am Tag zuvor gequietscht hatte, hat sich zumindest für den Moment in Wohlgefallen aufgelöst. Die Sonne hat´s geschafft, klar leuchten die typisch norwegischen Farben: Rot ist die Scheune, grün die Wiese, blau bis schwarz der See (schon wieder ein anderer), grau der Berg. Alles klar voneinander abgestuft. Wie in einem Kinderbuch, wo die Dinge ordentlich an ihren Platz gemalt sind.
Im Våtedal ragen die Berge bis über 1400 Meter zu beiden Seiten auf; trotzdem erreicht zumindest im Sommer die Sonne den Talboden. Ein reißender Bach führt mintgrün leuchtendes Wasser. Es geht ganz leicht bergab oder eben. Einfach super, zumal der Verkehr sich aushalten lässt - ich kann es wagen, hin und wieder die gewaltigen Berghänge zu bewundern. Dies ist die Strecke für eine Triumphfahrt.
Mein Vorsatz, ausnahmsweise ohne Stopps durch das Våtedal zu rauschen, wird von unerwarteter Seite durchkreuzt: Einer Herde Ziegen ist es völlig wurscht, dass dies die E 39, eine schnelle Durchgangs-

straße, und kein Trippelpfad für Meckerliesen ist. Bei ihrem Ausflug handelt es sich eindeutig um mehr als die pure Notwendigkeit, eine Straße zu überqueren. Nein, sie schätzen den Asphaltstreifen als bequeme Trasse zur nächstbesten Wiese. Die E 39 wird sie schon hinbringen. Bloß die Autoschlangen, die ihnen entgegenkommen oder folgen, irritieren. Als dann noch so ein Mensch auf der Straße herumturnt, um Fotos zu machen, läuft der ganze Pulk auseinander und verstreut sich im Handumdrehen über die gesamte Straßenbreite ... das muss man sich schließlich genau angucken! Dessen Fahrzeug hat ja nur zwei Räder! Gaffende Ziegen verbessern die Verkehrslage erst recht nicht. Ich mache mich aus dem Staub, bevor die Autofahrer, die mit den Ziegen sehr nachsichtig sind, mit mir vielleicht die Geduld verlieren. Gerade bekomme ich noch mit, dass bei den Kühen nun auch der Groschen gefallen ist – wenn die bärtigen Zwerge hier für Furore sorgen, sagen sie sich wohl, können wir das allemal. Sie bummeln nun ebenfalls auf der E 39 herum.

Für einen Zweiradler ist es nicht weiter schwierig, sich zwischen den eigenwilligen Tieren hindurch zu schlängeln. Bis die ersten Autos sich erfolgreich durch die Menge manövrieren, habe ich die Straße in meiner Fahrtrichtung komplett für mich alleine.

In Skei hat es mit dem Kaffee ja nicht geklappt, vielleicht lässt sich das Versäumnis in Byrkjelo nachholen? Cafés sind in den meisten Orten rar gesät. Entdeckt man wider Erwarten eines, hat sich der Betreiber oft etwas Besonderes für ein stylisches und zum längeren Verweilen einladendes Ambiente einfallen lassen. Für einen kurzen Radelstopp also eher ungeeignet, zumal ich ja sparsam durchs teure Norwegen reisen will. Plötzlich aber überfällt mich die Lust auf etwas Süßes.

Diesen Heißhunger kenne ich bereits. Aus anfangs einer Provianttüte werden mit der Zeit zwei, die ich mühsam in die Radtaschen quetsche. Im Sonderangebot gönne ich mir günstig einen Berliner – lecker! Eine Woche später stelle ich erstaunt fest – ohne zwei Berliner oder Ähnliches zum Kaffee ist mein Wohlbefinden gefährdet! Selbstverständlich sind Berliner nicht im gesamten Königreich verbilligt zu haben, aber das ist mir dann egal – das Gebäck muss her. In fast jedem Geschäft, auch in den bösen Spar-Läden, mit denen ich längst Frieden geschlossen habe, gibt es ein loses Süßigkeiten-Sorti-

ment. Blechschippen und rot-weiß gemusterte Papiertüten inklusive. Diese Naschi-Bars sind für Alleinreisende verführerisch, weil sich ein individueller Mix zusammenschaufeln lässt. Meine Papiertüten werden von Mal zu Mal dicker – aber das setzt sich bei mir nicht fort. Im Gegenteil, mir rutscht die Hose immer tiefer.
Ich spüre, dass mein Körper wie ein kleines Kraftwerk funktioniert. Alles, selbst den Ballast, der sich zuhause in Speckröllchen verwandeln würde, verheizt er. Das bedeutet, ich kann essen, was ich will. Kuchen spendet nur Energie!
Also ist eine *kafeteria* für mich jetzt das Richtige, und die sind in der Regel leicht zu finden. So wie es in Deutschland ebenfalls zunehmend üblich ist, wird auch in Norwegen an die Bäckerei eines Supermarktes oft eine Kaffeeecke mit Selbstbedienung angeschlossen, um sich vom Einkaufen zu erholen. Beim Spar-Laden in Byrkjelo gibt es sogar ein richtiges Selbstbedienungsrestaurant mit Salaten, Sandwiches und verschiedenen Getränken. Ich kaufe ein *wienerbrød*, das aus übereinander geschlagenem Hefeteig und einer Füllung hergestellt wird. Mit einem Kaffee dazu setze ich mich draußen an einen der wuchtigen Holztische mit Sonnenschirmen, die den besten Blick auf die Hauptstraße freigeben. Abgesehen von vorbeifahrenden Autos eine wenig abwechslungsreiche Aussicht. Byrkjelo liegt, mit eigenem See sowie einem Campingplatz versehen, in einem grünen Talkessel, eingebettet zwischen die Berge des Våtedals und des Utvikfjells. Die meisten Urlauber jedoch flitzen nur durch. Byrkjelo ist zu uninteressant zum Flanieren, die wahren Ziele liegen anderswo. Wieder einmal frage ich mich, warum etliche Orte, die doch vom Tourismus profitieren könnten, so nüchtern bleiben, dass man dort eben nur pausiert, wenn einen gerade Hunger oder Durst überfallen. Ich widerstehe dem Drang, mir an der Theke ein weiteres Gebäckstück auszusuchen, um die Tortur zum Pass hinauf zu verzögern. Stattdessen packe ich Tagebuch und Stift in die Lenkertasche. Abgesehen von Essen und Trinken sind sie meine wichtigsten Pausenbegleiter. – Wäre mir ohne sie nicht doch manchmal langweilig? Zumindest könnte ich abends schlecht einschlafen, wenn ich nicht zuvor meinen Bericht notiert hätte. In Geilo hatte ich mir ja mit Hilfe des Tagebuchs regelrecht Mut für die Weiterfahrt „angeschrieben". Diese Notizen sind streckenweise meine einzige Gesellschaft. Nicht

dass es ein adäquater Ersatz ist, aber bestimmt würde mir meine Familie sonst fehlen ... all die Sachen, die den Tag über besprochen werden. Überlegungen anstellen, Entscheidungen treffen, Misserfolge einstecken – von zuhause bin ich es nicht gewohnt, sämtliche Tagesereignisse allein verdauen zu müssen. Die geplante Kilometerzahl nicht erreicht, dubiose Geräusche am Fahrrad, eine stark befahrene Straße, aber auch Begegnungen wie mit Kari – „ich schreibe es mir von der Seele", wie es so treffend heißt. Steht es erst mal in meinem kleinen blauen Buch, ziehe ich zufrieden meiner Wege und bin bereit für Neues.

Bei der Bewältigung der 400 Höhenmeter hinter Byrkjelo hilft ein energisches „Pack´s endlich an!" allerdings mehr. Es nützt ja nichts, ich muss das Utvikfjell hinauf. Anfangs fahre ich auch immer wieder Teilstücke, mental komme ich diesmal auf jeden Fall besser klar als im Rukkedal. Die Mittagshitze prallt jedoch direkt auf den Hang, in den die Straße gesprengt ist. Deshalb trifft sie auch mich mit voller Wucht. Weit, weit weg leuchtet das Schneefeld des Gletschers Jøstedalsbreen. Der Ausblick ist optisch erfrischend, aber gleich darauf heulen Autos an mir vorbei die breite Straße hinauf, Abgasschwaden hüllen mich ein. Das ist eigentlich das Blödste, dass die ganze Sache nicht nur schlaucht, sondern obendrein ziemlich ungesund ist.

Fahren, schieben, fahren, schieben – mangels Unterhaltung eine ganz sinnvolle Abwechslung. Eine Weile funktioniert es. Vertrauensvoll stütze ich mich am Lenker meines wackeren Fahrrades ab. So brauche ich wenigstens für das Gleichgewicht keine extra Kraft zu mobilisieren. Auf dem letzten Drittel wird dann ein Schieben, Pause, Schieben Pause daraus. Obwohl das Schieben vermutlich mehr anstrengt als das Fahren. Aber ich könnte das Aufsitzen und Starten oder auch das Absteigen nicht mehr koordinieren. Es ist zu befürchten, dass ich mitsamt dem schwer bepackten Rad umkippe, so wackelig, wie ich bin. Jetzt bräuchte ich jemanden, mit dem ich gemeinsam durchhalte.

Das sind die Phasen, in denen die Nachteile des Alleinradelns deutlich zu Tage treten. Der Staub, den die Fahrzeuge aufwirbeln, bedeckt meinen Körper wie eine zweite Schicht. Tief unter mir liegt ganz klein Byrkjelo mit seinem See. Ich denke an die Leute zuhause, die zweifelnd meinten, ihnen sei es bestimmt langweilig, wochenlang

so ganz für sich zu sein. Zumindest abends hätte sie gern etwas Gesellschaft, meinte eine Bekannte, die ebenfalls öfters per Rad auf Reisen ist. Das geht mir anders. Die Abende verfliegen ungeahnt schnell, die Zeit reicht kaum, um gemütlich im Schlafsack zu liegen und zu lesen. Aber auf einer Strecke wie dieser, da fehlt mir jemand, und wenn´s nur zum gemeinsamen Jammern wäre.
Immerhin weiß ich inzwischen, man kommt auch ohne Begleitung an. - Und dann gefällt es mir oben auf dem 630 Meter hohen Pass nicht mal. Ein kalter Wind bläst über die kargen Kuppen. Schweißtriefend wühle ich schleunigst einen Pullover sowie die winddichte Regenjacke aus der Radtasche. Die Pass-Region ist hässlich, man sieht dem Utvikfjell an, dass auf dieser Höhe, wo es außer kälteresistenten Flechten und strubbligen Bodensträuchern keine Vegetation aushält, im Winter Skifahren angesagt ist. Der Raubbau, den ich um Geilo herum gesehen habe, wurde zum Glück nicht betrieben. Keine Mondstationen - wer hier Ski fahren will, muss mit dem Auto aus dem Tal heraufkommen. Zu diesem Zweck wurden Parkflächen mit Tischen und Bänken daneben angelegt. Von den harten Norwegern werden sie bestimmt auch im Winter genutzt; bei unseren Skiurlauben konnten wir dergleichen öfters beobachten.
Jetzt sind die Parkplätze von *bobiler*, wie Wohnmobile hier heißen, bevölkert, und die Sitzgelegenheiten von deren Insassen. Wovon müssen die sich eigentlich ausruhen? Da für mich eh kein Platz mehr frei ist, gehe ich gleich zur Abfahrt über. Eine weitere Straßenkuh kreuzt meinen Weg. Sie soll bloß aufpassen, wenn die „Bobilisten" frisch gestärkt das Gefälle in Angriff nehmen, die Augen schon mal auf geradeaus gestellt für den fantastischen Ausblick, den der Innvikfjord von oben bietet.
Um das zu genießen, stoppe ich lieber auf dem Parkplatz des Karistova-Hotels. Es macht einen verwahrlosten Eindruck. Aber an dieser Stelle leuchtet das tiefe Blau des Fjords besonders intensiv zwischen den Wipfeln der Fichten herauf. Eine vielleicht von einer Brise angeschobene Strömung zieht sich durch das ansonsten ruhige Wasser. In der Bewegung ein Hauch weniger sattfarben, ist sie gut als breites Band zu erkennen. Wie zu sparsam mit Zuckerguss überzogen, sprenkeln Schneereste die höheren Gipfel des Strynfjells. Ich staune über so viel Landschaft.

Die Abfahrt fordert zwar keine Muskelanstrengung, aber mit den zahllosen Haarnadelkurven nervt sie genauso wie die anderen Talfahrten mit Durchgangsverkehr. Wegen des Rollsplitts auf Nummer sicher gehend, drehe ich mich langsam von Kehre zu Kehre abwärts. Immer auf den gesunden Menschenverstand der Verkehrsteilnehmer in meinem Nacken hoffend. Ungünstiges Timing. Jetzt am fortgeschrittenen Nachmittag wollen alle noch fix irgendwohin. Ich habe Zeit und schaue mir das Dorf Utvik in aller Ruhe von oben an. Eine gepflegte Himbeerplantage zieht sich den Berg hinauf. Inzwischen habe ich ja gelernt: *Bringebærer* gedeihen in Norwegen nicht als exotische Fremdlinge, wie ich anfangs dachte, sondern werden traditionell gerne in milderen Klimazonen gepflanzt. An einem Tag wie diesem profitieren sie ganz besonders von dem warmen Aufwind, der am Hang hoch streicht. Diese Luftströmungen sind der Grund dafür, warum viele Landwirte ihre Höfe und Äcker auf halber Höhe angelegt haben. Hier bekommen die Flächen am meisten von der Wärme ab; direkt am Fjord ist es kühler und oben in den Bergen natürlich ebenfalls.

Utvik besitzt so etwas wie ein kleines historisches Zentrum: Neben der in ihrem jetzigen Stil vor 150 Jahren erbauten Kirche, deren Altarbild und Kanzel mehr als doppelt so alt sein sollen, stehen drei, vier ältere Häuser. Auf meinem erhöhten Standort fasziniert mich jedoch weitaus mehr der abrupte Übergang vom idyllischen Dorf zur dagegen überdimensional erscheinenden Wasserfläche – dem Nordfjord. Wiederum klare Farben, fast künstlich wirkende, deutliche Abgrenzungen: Die Dächer einiger Schuppen sowie eines langgestreckten Gebäudes mit Lebensmittelladen und *kafeteria* - dann hinter der letzten Dachkante Wasser, Wasser, Wasser. Als ob das ganze Utvik gleich in den Fjord rutscht. So abstrus sieht es aber nur aus diesem Blickwinkel aus. Ich rolle die letzten Kurven bergab und entzaubere damit die fesselnde Perspektive – ein Dorf an einem Fjord, na und?

Mit der Sonne im Rücken radle ich dem Campingplatz von Innvik entgegen, auf einer kleinen Straße, wunderschön und direkt am Wasser entlang. Ich bin ausgelaugt, aber dennoch glücklich. Bis sich plötzlich das nicht zu identifizierende Geräusch am Rad erneut mel-

det. Oh nein, nicht jetzt! Das ertrage ich nicht mehr. Ich fühle mich vor Erschöpfung nahezu desorientiert, kann allenfalls noch stumpf weiter treten. Der Lenker droht, meinen Händen zu entgleiten. Na, du bist ja gleich da, versuche ich, mich bei der Stange zu halten und raffe den spärlichen Rest an Konzentration zusammen, um nicht zwei Kilometer vor dem Ziel einen Unfall zu bauen. Und „das Geräusch"? Es lohnt sich, die Sinne noch einmal zu aktivieren: Keine Fehlermeldung am Fahrrad, sondern winzige Wellen, die wie flapsige Küsse an die Ufersteine klatschen, verursachen das dubiose Schleifen. – Sehr beruhigend, aber was soll ich tun, wenn Innvik doch keine Gelegenheit zum Zelten hat? Wildcampen fällt aus, mangels Wildnis. Mit den schwindenden Kräften wachsen die meist eingebildeten Sorgen ...
Innvik hat einen Campingplatz, sogar einen guten. Zum endgültig letzten Mal schiebe ich einen Hang hoch. Auf dem terrassiert angelegten Platz finde ich rasch ein schönes Fleckchen mit Fjordblick. Sogar eine der praktischen Tisch-Bank-Kombinationen steht in Reichweite. Prima! Da ich in Flåm die Erfahrung gemacht hatte, dass diese Möbel flugs zu anderen Standorten „wandern", bekunde ich schon mal Interesse auf typisch deutsche Art: So wie meine Landsleute auf den Kanaren ihre Handtücher frühmorgens über die Liegen am Hotelpool breiten, markiere ich meinen Revieranspruch mit dem Kaffeepott auf dem Tisch, bevor ich duschen gehe. Dass mir ja die Bank stehen bleibt! Zugegeben, eine hündische Hebe-das-Bein-Gesinnung, aber ich komme wirklich selten in den Genuss, abends bequem am Tisch zu sitzen. Möge sich zu mir gesellen, wer möchte. Zelt aufbauen, Iso-Matte und Schlafsack reinschmeißen und die Taschen in Griffweite am Eingang verteilen – schon fühle ich mich zuhause. Die einzige Waschgelegenheit, die ich auf der „Frauenseite" finde, entpuppt sich als richtiges Badezimmer – das Wasser fließt sogar gratis. Hier gefällt es mir! Bei Kaffee und Kuchen träume ich in die Weite des Fjords.
Die Strapazen im Utvikfjell habe ich mit in den Abfluss der Dusche gespült. Ich bin sicher, morgen wird mich die Neugier auf dieses gewaltige Land, die Lust, meiner eigenen Wege zu ziehen, weiter treiben. Wäre ich nicht nach Norwegen gefahren, bliebe mir mein Lebtag verborgen, über wie viel Zähigkeit ich verfüge.

Tüchtig Regen am nächsten Morgen. Wilde Wolken in den unterschiedlichsten Grauschattierungen ballen sich über Wasser und Bergen. Von dem schönen Ausblick ist nichts mehr übrig. Ich frühstücke in einer garagenartig hässlichen Kammer, die offenbar vor langer Zeit notdürftig zum Kochen und Abwaschen eingerichtet wurde. Auf der Herdplatte dauert es ewig, bis das Kaffeewasser heiß wird. Meine Laune war schon mal besser.
Was soll ich machen? Mit klitschnassem Zeug losfahren? Das widerstrebt mir. Selbst als der Regen aufhört, tigere ich unschlüssig um das Zelt herum, rüttle an der Plane, damit die Wassertropfen abspringen und ziehe nur ungern den Reißverschluss auf – dass es bloß drinnen trocken bleibt!
Endlich schafft die Sonne es durch die Wolken – na, siehst du! Ich packe das Zelt noch feucht ein, bin ungeduldig, Asphalt unter die Räder zu kriegen. Wer weiß, wie lange der Wettergott es gut mit mir meint. Über das norwegische Wetter hört man Schlimmes; es kann drei von vier Urlaubswochen regnen. Insofern habe ich wirklich keinen Grund zu klagen: Bis jetzt hat der Himmel die bösen Gerüchte in den Wind geschossen. Die Sonne könnte im mediterranen Süden nicht schöner scheinen. Begeistert schwinge ich mich in den Sattel und reise weiter am Innvikfjord entlang.
Eigentlich ist dieser Fjord nur eine Fortsetzung des Nordfjords, der damit über hundert Kilometer weit ins Landesinnere vordringt. Während der Eiszeit schoben sich Gletscher tief in bereits bestehende Flusstäler hinein und drückten ihnen ihren eigenen Stempel auf. Sogenannte Trogtäler entstanden, was erklärt, warum oft hohe steile Hänge die Fjorde einkesseln. Nach der Eiszeit schmolzen die Gletscher, der Meeresspiegel stieg an und flutete die ausgeschliffenen Täler. Insofern sind Fjorde immer mit der offenen See verbunden und haben den gleichen Wasserspiegel. Der Grund eines Fjords kann jedoch mit über 1000 Metern weit unter dem des Meeres liegen.
Der Nordfjord bringt es immerhin auf bis zu 565 Meter Tiefe. Sein längster Finger, der sich vorwitzig zwischen die Berge bohrt, ist der Innvikfjord, der nach einer 90°-Kurve schon wieder in Faleidfjord umbenannt wurde – als ob jeder Ort, der etwas auf sich hält, einem Fjordabschnitt seinen Namen verleihen will. Vier weitere Fjordfinger

strecken sich außerdem in andere Richtungen. Wie ein starker Arm hält der Nordfjord für jeden von ihnen die Verbindung zum Meer. Wegen der hohen Berge dazwischen kann ich sie unmöglich alle besuchen. Ich muss gezielt planen, was ich sehen und welche Pässe ich mir zumuten will. Von hier nach da streunen, einfach weil es auf der Karte verlockend aussieht, und ich Fjorde wunderbar finde, dazu führen die Wege viel zu steil auf und ab. Anfangs hatte ich gehofft, die Straßen wären geschickt zwischen den Bergen durch weitestgehend flache Täler gebaut worden. Von diesem Glauben habe ich mich längst verabschiedet.

In Olden biegen einige Wohnmobile zum Campingplatz ab, denn von hier aus ist der Briksdalsbreen, eine Gletscherzunge des Jostedalsbreens, in einem Tagesausflug erreichbar. Wie in Flåm liegt die Kirche mit dem alten Kern des Dorfes ein gutes Stück vom Wasser entfernt. Als Grund dafür gilt die südskandinavische Landhebung, die mit etwa einem Zentimeter pro Jahr immer noch fortschreitet. Anscheinend kann die Erde Norwegens, die bis vor 10 000 Jahren komplett von Eismassen niedergedrückt war, gar nicht genug aufatmen, seitdem diese Last durch das Schmelzen des Eises von ihr genommen wurde. Ich entdecke direkt am Ufer einen Supermarkt und parke das Rad wohlweislich im Schatten. Habe ich es doch geahnt: Ich kehre mit einer üppig proportionierten *bringebaer*-Biskuitrolle zurück. Sie rasch genug aufzuessen, bevor ihr die Wärme zusetzt, traue ich mir durchaus zu. Zuhause würde mir allein der Gedanke daran von vornherein den Appetit verderben. Es wird eng in den Radtaschen.

Auch in Olden liegt ein Kreuzfahrtschiff vor Anker. Am Straßenrand erwarten Souvenirläden die Passagiere. Fähren sind in dieser Region der Provinz Sogn og Fjordane hingegen rar gesät – eine einzige scheint es zu geben, aber dorthin führt nicht gerade ein radlerfreundliches Tal. Also halte ich es für besser, sozusagen den Fingernagel des Fjords zu umrunden. Was ich bereits in etlichen Städtchen und größeren Dörfern registriert habe: Innerorts existiert ein gut ausgebauter Radweg, hinter den letzten Häusern endet er aber meist. Da habe ich mein Leben lang kaum mehr als eine Packung Zigaretten geraucht und inhaliere nun stattdessen Smog pur! Ich radle zügig, um den Schlamassel hinter mich zu bringen. Umsichtig, jedoch gleich-

zeitig kräftig treten, dabei aber bloß nicht zu tief einatmen – klingt irgendwie kontraproduktiv. Ein Bonbon hinter Lœn ist ein letzter Blick auf die Gletscher.
Wenige Kilometer vor Stryn zeigt die Karte einen Tunnel an. Wer einen kennt, kennt sie alle, würde ich mir gerne einreden. Und dass ich außerdem bereits den Lærdaltunnel, den längsten der Welt, durchmessen habe – zwar mit dem Bus, aber immerhin. Von meiner Reisevorbereitung her weiß ich es allerdings besser. Tunnel und Radler sind in Norwegen bedingt kompatibel.
Alte Tunnel wurden meist direkt ohne besondere Stützen oder Verkleidungen in den Fels geschlagen. Das war möglich, weil die Erbauer im wahrsten Sinne des Wortes „auf Granit gestoßen sind". Um Belüftung und Beleuchtung hat man sich dabei weniger gekümmert: Obwohl Straßentunnel, die länger als 100 Meter sind, heutzutage nach internationalen Maßstäben über ausreichende Lichtquellen verfügen sollen, herrscht nach wie vor bisweilen über mehrere Kilometer hinweg Finsternis.
Bisher bin ich zum Glück nur auf zwei ultrakurze Exemplare ohne künstliche Beleuchtung gestoßen. Man konnte das Tageslicht auf der anderen Seite bereits sehen. Ich habe sie flott durchquert, als gerade kein Auto kam. Selbstverständlich werden Radfahrer davor gewarnt, längere Straßentunnel zu benutzen. Autofahrer erkennen sie dort einfach zu schlecht.
Nun bin ich gespannt. Wird es um diesen Tunnel, wie es oft der Fall sein soll, eine Umgehung geben? In der Regel sind das die ursprünglich benutzten Wege, um die sich heute keiner mehr groß kümmert – außer Spaziergängern und Radlern.
Es gibt eine! Da bin ich aber froh, denn die Alternative wäre ein finsteres Loch im Fels, über einen Kilometer lang und so kurvig gebaut, dass sowieso das Licht am Ende vorläufig verborgen bleibt. Wenig einladend und ganz bestimmt gefährlich. Erleichtert lasse ich das Rad auf den halb zugewachsenen Spurweg zwischen der gruseligen Mündung und dem Faleidfjord rollen. Birken, Kiefern und Farne wachsen hier, sowie ein dünner Kirschbaum. Eine vor langer Zeit errichtete Mauer befestigt den Weg, der sich eng um den Hang drückt. Tief im Berg heult bestimmt der Motorenlärm von den Wänden wider. Draußen höre ich nichts davon – im Gegenteil, nach dem

abrupten Verschwinden des Straßenverkehrs empfinde ich die Stille als besonders tief. Ich pflücke ein paar Kirschen und setze mich damit auf die Mauer. Der Fels schützt vor Wind und gibt die Hitze ab, in zarten Wellen wiegt sich der Fjord wie ein türkisfarbener Schleier. Ich fühle mich durchströmt von Licht und Wärme, als würde ich einen heißen Tag am Mittelmeer verbringen. So lasse ich mir Tunnel gefallen!
Stryn ist ein kleines Industriestädtchen in einer spitzen Bucht. Ich hatte beschlossen, dort den nächsten Bus nach Maurstad zu nehmen und den Autoverkehr von einem weichen Plüschsitz aus zu betrachten. Den Busbahnhof erspähe ich gleich beim Eintreffen neben ein paar Lagerhallen. Das passt ja gut, freue ich mich! Dennoch möchte ich einen Blick ins Stadtzentrum werfen. Ich radle die Hauptstraße einmal rauf und runter. In Stryn sind nicht nur einige Unternehmen angesiedelt, hier ist auch der Ferien-Bär ausgebrochen! Ein Bistro, Café oder Restaurant reiht sich ans andere, alle sind bevölkert mit Urlaubern, darunter viele Familien. Nach dem Essen braucht man bloß die Straßenseite zu wechseln, um Stryns Shoppingmeile entlang zu bummeln. Habe ich nicht erst gestern Kritik anklingen lassen, dass das kleine Byrkjelo als ziemlich fades Nest dahinvegetiert? Schande über mich! So einen Rummel würde ich dem Örtchen zu Füßen des Utvikfjells niemals an den Hals wünschen.
Stryn stellt offensichtlich eins der Ziele dar, zu dem die Urlauber an mir vorbei gezischt sind. Von hier aus starten Wanderer in die Berge oder Ausflügler in die Umgebung. Zahlreiche Campingplätze liegen an der Hauptstraße Richtung Strynsee. Abends ist bestimmt Party angesagt, in der Disco zum Beispiel. Der ungewohnte Trubel schreckt ab. Trotz Mittagszeit lockt mich keiner der zahlreichen Imbisse. - Warum also fahre ich nicht endlich zum Busbahnhof und gucke mir die Fahrpläne an?
Ich bin unentschieden, daran liegt es. Stände jemand neben mir, der sagt, komm, wir nehmen den Bus um soundso viel Uhr, würde ich diesen Entschluss sofort gutheißen. Der R 15 hat sich als ziemlich mieses Pflaster für Radreisende erwiesen, warum dort also länger durchhalten als notwendig?
Langsam rolle ich am Busbahnhof vorbei. Eine Menge, vielleicht sogar die Mehrheit der Menschen handelt nach den einmal getroffe-

nen Entschlüssen – ich gehöre leider nicht dazu. Es hat wohl mehr mit dem Willen zu tun als mit dem Abwägen von Gründen. Heißt: Vernünftig wäre es, in den Bus zu steigen, aber ich will doch die Gegend per Rad erkunden! Ein solcher Zwiespalt hat mich in Flåm überhaupt kein bisschen beeinträchtigt. Aber jetzt bin ich auf Radeln aus, ganz eindeutig.

Diese Art zu reisen setzt sich aus mannigfachen Facetten und Befindlichkeiten zusammen – subjektive, spontane, eigenmächtige, seit einer Ewigkeit geplante, von Neugier oder Angst diktierte, um nur einige zu nennen. Das könnte man niemandem plausibel erklären. Es fragt ja auch keiner, ich fahre einfach, wie schön. Spontan handeln – wenn nicht jetzt, wann dann?

Dschümm, dschüümm, dschüüümm!! Nicht die Masse des Verkehrs, sondern die Raserei ist das Schlimmste. Ist den Leuten ihr Leben nichts wert? Oder meines? Schwitzend krieche ich 250 Höhenmeter bergauf, von einer Kurve zur nächsten. Davor habe ich doch keine Angst mehr. Berge sind ein Teil des Radlerlebens. Wenn ich oben bin, verspreche ich mir, gibt es ein paar Süßigkeiten aus der Olden-Tüte. Kalter Wind pfeift auch auf dieser Höhe, ich pausiere nur kurz an einer Tankstelle, um die Süßigkeiten griffbereit einzustecken. So habe ich beim Hinunterfahren etwas zu kauen; trotzdem warte ich sehnlichst darauf, dass es wieder wärmer wird. Fröstelnd hocke ich auf dem Rad, kann mich nicht mal durch Treten aufwärmen.

Plötzlich eine Vollbremsung. Richtig alte Bauwerke habe ich bisher in Norwegen wenige entdeckt – oder ihnen nicht angesehen, wie alt sie sind. Selbst der Kirche von Flåm merkte man von außen ihr Alter schwerlich an. Deshalb ist die Brücke abseits der Straße etwas ganz Erstaunliches. Aus lose aufeinander gelegten Steinplatten gebaut schwingt sie sich in sanftem Bogen über ein Flüsslein, das im hoch stehenden Gras murmelt. Sind früher Bauern mit Karren, die Frauen in langen schweren Röcken und mit Kopftüchern, darüber gezogen, auf dem Weg zu einem Marktplatz am Faleidfjord? In Frankreich oder Italien hätte ich die kleine Brücke einfach nur niedlich gefunden, hier in diesem oft zweckdienlich und modern orientierten Land rührt sie mich an, wie sie da ausrangiert am Rand eines Birkenwaldes steht. Der Weg zwischen den Bäumen lässt sich allenfalls erahnen, gut möglich, dass der Wald viel jünger ist als die Brücke, Birken

wachsen schließlich schnell.
Der *riksvei* senkt sich zügig Richtung Nordwesten, und ich erreiche den Hornindalsvatn. Er ist einer der großzügig gestreuten Superlative, denen man auf Reisen begegnet, und sogar ein ganz beachtlicher. Mehr als einen halben Kilometer geht es zum Grund des Sees hinunter – somit gilt der Hornindalsvatn als der tiefste Binnensee Europas. Zu dieser Ehre gelangte er allein deshalb, weil er ursprünglich den Nordfjord um 30 Kilometer landeinwärts verlängerte. „Ertrunkene Täler" - der Begriff versinnbildlicht, was damals geschah, als das Meer sich seinen Weg ins Land bahnte. In grauer Vorzeit bildete der See sozusagen den sechsten Finger des Nordfjords. Aber wie bei einem Baby, dem im Mutterleib an der einen Hand ein überschüssiger Finger gewachsen ist, der dann kurz nach der Geburt verkümmert, hat der Hornindalsvatn die Verbindung zum Nordfjord und damit zum Meer verloren. Dort, wo Land die beiden getrennt hat, steht längst die Kleinstadt Nordfjordeid.
Wie ich inzwischen weiß, gelten in Skandinavien weder für einen Fjord noch für einen See 30 Kilometer als nennenswerte Länge. Wie beim Tunhovdfjord lugen kleine Felsbuckel mit Fichten darauf aus dem See. Schade, dass ich nicht auf einem davon zelten kann. Am Ufer mangelt es an passenden Lokalitäten: Grundstücke mit Häusern quetschen sich zwischen Straße und Wasser.
Die Strecke bis zum Campingplatz Nesjartun fast am anderen Ende des Hornindalsvatn muss also heute geschafft werden. Du hättest ja den Bus nehmen können, dann wärst du viel weiter, flüstert eine hämische Stimme. Ich will aber nicht „viel weiter" sein – das wäre langweilig. Aber ankommen, Schluss machen mit Radeln für diesen Tag, das will ich.
Also beschließe ich, in einem Rutsch durch zu heizen. Und diesen Entschluss werde ich einhalten! An einem Bootshaus schiebe ich etwas Proviant ein, dann geht´s on the road. Der See ruht mächtig und gelassen in seinem tiefen Bett. 461 Meter tief unter den Meeresspiegel reicht es. Seine Wellen kräuseln sich jedoch 53 Meter über denen des Meeres. Wie ein dicker Seeelefant wälzt er sich, wenn es auffrischt, ein bisschen hin und her, sonst gibt es nichts zu tun, die anderen haben ihn ja schon vor Ewigkeiten im Stich gelassen. - Können Seen zufrieden oder traurig sein? Vielleicht wechseln bei ihnen

Stimmungen mit dem Wetter wie bei uns. Der Hornindalsvatn tut mir leid. Ich nehme es dir nicht übel, dass du so entsetzlich lang bist, murmele ich ihm zu, während ich die Pedale wirbeln lasse – aber könntest du bitte wenigstens eine ordentliche Brise von hinten herzaubern? The answer, my friend, is blowin´ in the wind. So muss es wohl sein, ich habe jedenfalls keine Antwort gehört. Das machen die Elemente mit Gott oder unter sich aus, wer weiß das schon. Gut möglich, sie haben mir statt Rückenwind ein bisschen Energie für den Weg eingeflößt.
Dreimal umfahre ich Tunnel, jedes Mal auf scheinbar vergessenen Wegen. Sie haben etwas Zeitloses an sich, ewig wurde hier kein amtlicher Fuß hingesetzt. Bäume, Sträucher und niedriges Gestrüpp wuchern ungehemmt zu einem norwegischen Dschungel aus, häufig sind die Spuren verwischt, sodass ich mich sehr konzentriere, um nicht ins Trudeln zu geraten. Ein Schauer läuft mir über den Rücken. So allein zwischen Tunnelfels und jäh abfallendem Hornindalsvatn-Ufer kann alles Mögliche passieren. Stichwörter: Ein Unhold, ein Platten, der letzte tollwütige Hund des Königreiches.
Tröstlich pfeift ein Vogel vom Wasser herüber. Seinen Ruf habe ich bereits oft an den Seen gehört. Klingt sehr selbstbewusst, allerdings hauen die kleinen Kerle sofort ab, wenn ich anhalte, um sie mit dem Fernglas zu erspähen. Die Pfeifer bleiben inkognito. Da nützt auch das Blättern im Vogelführer nichts.
Nach dem letzten Tunnel lege ich mich nochmal ins Zeug – ein ungeahnter Geschwindigkeitsrekord vermutlich. Ausnahmsweise hätte ich gern einen Tachometer am Drahtesel. In Nesjartun bin ich wieder die Einzige auf zwei Rädern. Wann habe ich das letzte Mal Radler gesehen? Dazu fällt mir die Radsport-Veranstaltung in Sogndal ein, aber mit zwei Reifen unter dem Lenker erschöpften sich die Gemeinsamkeiten mit den Rennradlern. Es wäre schön, sich mit ein paar Tourenbikern auszutauschen.
Im Augenblick steht mir der Sinn allerdings kaum nach einem Gespräch. Ich bin einfach nur erleichtert, nach 70 Kilometern Fahrt inklusive Steigung ausruhen zu dürfen. Der Nesjartuner Platz wurde ebenfalls in Terrassen übereinander angelegt, wie eine chinesische Teeplantage im Hochland. Mit der hat er auch gemeinsam, dass es keine Mücken gibt; der Zelteingang kann getrost offen bleiben. Träge

beobachte ich von drinnen, wie Niederländer, die kurz nach mir eingetroffen sind, sich als meine Nachbarn gegenüber einparken. Eine Drahtseilaktion. Parken auf hohem Niveau anstrebend, rangieren sie perfektionistisch ihr Wohnmobil hin und her. Die „Bobilisten" nebenan unterstützen sie dabei mit Handzeichen. Das Ziel: Optimaler Ausblick auf den abendlichen See, minimales Risiko, den Hang hinunter zu stürzen. Zum Glück gehören Stopper für die Räder zum Inventar. Dass die Neuankömmlinge mir die Aussicht komplett verbauen, interessiert niemanden. Einschließlich mir. Für heute habe ich genug vom Hornindalsvatn gesehen.
Es liegt sich kuschelig im Schlafsack, einen Becher Kaffee bequem in Reichweite. Entspannung total. Nur einen flüchtigen Gedanken verschwende ich an unseren Haushalt daheim, die zahllosen Kleinigkeiten, um die sich gekümmert werden muss, das nie endende Hantieren, damit alles jeden Tag weiterläuft, Essen auf den Tisch kommt und frische Wäsche in den Schrank. Auf dem Rad oder im Zelt, mit wenigen Dingen nur für mich allein – das fühlt sich nach Luxus an. Rasch erhole ich mich – wiederum ein gutes Zeichen: Ich habe mir nicht zu viel zugemutet. Morgen wird es weitergehen, mehr brauche ich nicht zu wissen, um zufrieden einzuschlafen.

6. Wer verdient einen Elch? - Weiterreise an den Nordatlantik
55 km

Wusch! Mit inzwischen geübtem Schwung werfe ich den Schlafsack zum Lüften übers Zelt. Für den Kocher suche ich einen windgeschützten Platz, damit der Kaffee bald fertig wird. Letztlich muss er aber erst wieder ein wenig abkühlen, denn glühheißen Kaffee nimmt der Milchweißer übel, dann flockt er unappetitlich aus. Derweil krame ich das letzte *polarbrød* und den norwegischen Blauschimmelkäse aus Skei zusammen mit Gurke und einem Messer aus einer Radtasche. Die zusammengefaltete Regenjacke und die Karte liegen eh gleich am Eingang. Überschaubare Routine. Ungemütlich würden es manche nennen, wie ich auf dem Regenjackenpolster sitze und das *polarbrød* auf einer Tüte zwischenlagere, um die Karte zu studieren und im Geiste die heutige Route abzustecken. Manchmal wundere ich mich selbst darüber, wie wohl ich mich dabei fühle. In meinem Alter plagen einen die ersten Zipperlein, bereits seit einer Reihe von Jahren lebe ich, abgesehen von der Gleichgewichtsstörung, mit Rückenschmerzen. Dass ich trotzdem nach wie vor in der Lage bin, bequem auf dem Boden zu frühstücken, ohne Stuhl und Teller zu vermissen, ist ein gutes Zeichen.

Die Glocken der Schafe auf der Weide nebenan bimmeln, ein Bach rauscht – inzwischen ganz vertraute Geräusche (wie die ersten Autos auf dem R 15). Nur wenige Reifenumdrehungen später erreiche ich Nordfjordeid, das Städtchen auf der Landbrücke, die den großen Nordfjord vom tiefen Hornindalsvatn trennt. Mit seinen 2300 Einwohnern ginge Nordfjordeid genauso gut als dörfliche Gemeinde durch, aber im Vergleich zu den zerstreut liegenden Siedlungen ringsum befällt mich bei der Einfahrt doch ein Stadtgefühl. Zuerst steuere ich die Kirche an, weithin sichtbar hebt sich ihr weiß gestrichenes Holz vor dem dunklen Bergwald ab. Der bunt verzierte Turm überrascht mich, denn er erinnert an eine halbierte Zwiebel, der ihr Strunk nicht abgeschnitten wurde. Hatte der Architekt eine Stippvisite nach Bayern unternommen? Farbenfroh bemalt empfängt mich das Innere des Kirchenschiffs. Die heimelige Atmosphäre erzeugt bestimmt die intensive Verarbeitung von Holz für Säulen und anderes Interieur. Das gefällt mir, denn es ist so überhaupt nicht bayerisch-protzig überfrachtet. Blumenmuster der traditionellen norwegischen Rosenmalerei gehören natürlich ebenfalls dazu, allerdings ganz anders ausgeführt als in Flåm. Außerdem ist der Künstler kein Unbekannter, sondern der Holzschnitzer, Spielmann und Dichter Lars Kinsarvik (1846-1925). Mit dem Pinsel konnte er außerdem umgehen – in der Umgebung von Bergen malte er in acht Jahren 13 Kirchen aus. Vermutlich wären es noch mehr geworden, hätte nicht eine schlimme Augenkrankheit Lars Kinsarvik heimgesucht; er erblindete völlig und zog sich in sein Heimatdorf gleichen Namens zurück.

Ich male mir aus, wie die Nordfjordeider in den dunklen Wintermonaten, wenn die Stürme vom offenen Nordatlantik herein brausen und der Fjord grau in grau mit der Landenge verschmilzt, in dieser Kirche der Predigt lauschen. Sicher tun ihnen dann die vom noch gesunden Lars Kinsarvik verschwenderisch eingesetzten Farben gut. Für Kinder, denen der Gottesdienst langweilig wird, gibt es Hefte und Holztafeln, auf die Zeichenpapiere gespannt werden können. Sogar an Löcher für die Stifte wurde gedacht – vielleicht hat ein Pastor schlechte Erfahrungen damit gemacht, dass ständig Buntstifte auf den Boden klackerten, und die kleinen Christen umständlich abtauchten, um sie wieder aufzusammeln.

Nordfjordeids Zentrum ist gleichfalls hübsch, auch hier wurden die Häuser weiß gestrichen. Außerdem entdecke ich, was ich sonst meistens vermisst habe: Ein kuscheliges Café, dem ich, wäre das Wetter schlecht, schwerlich widerstehen könnte. Die Tür steht einladend offen, durch die hohen Fenster könnte ich bei einem Kakao mit Sahne die Menschen auf der Straße beobachten ...

Diszipliniert betrete ich stattdessen einen Supermarkt. Die Vorräte müssen wieder einmal ergänzt werden. Anschließend vertraue ich mein Leben erneut dem R 15 an. Aber nicht mehr lange, freue ich mich. In Maurstad werde ich Richtung Norden abbiegen und nach einer läppischen Steigung von 250 Höhenmetern den Bezirk Møre og Romsdal erreichen. Er wird als wild und unwirtlich beschrieben, aber mittlerweile traue ich mir fast alles zu. Kräftig trete ich auf den nächsten 20 Kilometern in die Pedale. Bald werde ich die Karte so falten können, dass Runde und mein momentaner Standpunkt gleichzeitig zu sehen sind.

Auch für den Tunnel vor Maurstad gibt es eine alte Route um den Fels, registriere ich beim Näherkommen. Mein Hurra erstirbt mir jedoch auf den Lippen – eine Schranke versperrt sorgfältig die gesamte Breite des Weges. Unmöglich, sich schiebend vorbei zu quetschen. Auf einem kaum leserlichen Schild wird gefaselt, man solle auf eigene Verantwortung irgendetwas ... was auch immer. Vielleicht verblasste die Anweisung bei den zahllosen Flüchen, die ihr wütende Radler entgegen geschleudert haben. Bei meinem Schimpfen müsste eigentlich das ganze Schild herunterfallen. Gruppen können einander helfen, die Räder über die Schranke zu wuchten, jungdynamische Biker schaffen das natürlich alleine. Aber ich? Will ich vielleicht meine sechs Gepäckteile ab- und wieder anmontieren, um zwanzig Zentimeter Strecke zu machen? Und was am anderen Ende der Umgehung auf mich wartet, ahne ich schon. Also stehe ich erst mal da, ärgere mich, dass ich nicht auch Supermuskeln habe und gucke sauer aus der Wäsche. Wie üblich, wenn man allein auf Tour ist: Die Emotionen kochen besonders hoch. Es gibt kein Ventil, um Luft abzulassen, niemanden, für den Ruhe oder gute Laune ausgestrahlt werden müssen. Jedes Detail des Problems dreht sich durchs eigene Hirn.

Da hilft nur abwarten. Nach einer Weile habe ich zwar immer noch nicht damit begonnen, die Taschen abzunehmen, aber ich bin ruhiger geworden. Um mich selbst davon zu überzeugen, dass diese Umgehung eben viel Zeit und Umständlichkeit kosten wird, sage ich mir: Probieren kann ich´s ja. Vorsichtig, damit es nicht auf dem Sand wegrutscht, lege ich das Rad schräg. Immer schräger, obwohl es eigentlich kein ernsthafter Versuch werden soll. Aber ich mache weiter, solange das zunehmend schwerere Gewicht noch zu halten ist – die Räder rutschen auf dem Sand immer noch nicht weg. Ich habe doch die Kraft, oder? Dann passt der Lenker tatsächlich unter der Stange durch. Auf der anderen Seite der Schranke halte ich sofort genauso gegen. Es klappt! Die Sache fordert höchsten körperlichen Einsatz – jeden Augenblick fürchte ich, das Rad stürzt zu Boden ...

offensichtlich besitze ich jedoch irgendwo versteckt mehr Power als gedacht. Ein Gefühl von „So leicht hält mich keiner auf!" durchströmt mich.
Es hält nicht lange an. Beim Weiterfahren, wieder mal zwischen Fels und Wasser, meldet sich die vorsichtige Mutter zu Wort. Seit Innvik hat sie mich mit ihrer Skepsis verschont, nun pocht sie hartnäckig auf die Berechtigung von Verbotsschildern. Es sei stets besser, sie zu befolgen, vor allem im Ausland. Die Schranke sei bestimmt nicht umsonst errichtet worden, und wovor warne das verblasste Schild? Steinschlag, abgebrochene Kanten, der längst fällige Erdrutsch zum Nordfjord hinunter? Ein Unglück käme selten allein, schwadroniert die nervige Glucke.
Rechts und links sieht alles friedlich aus, aber wer weiß, vielleicht sind gefährliche Stellen bloß schlecht zu erkennen. Mal wieder kriecht mir die Angst in den Hals. Bei einem Unfall findet mich hier keiner. Umkehren streiche ich, denn einzig der R 15 kommt für die Weiterreise in Frage. Die Berge machen eine größere Auswahl an möglichen Routen zunichte. Also weiter. Schließlich erreiche ich die andere Schranke. Ich unterquere sie auf die gleiche Art. Keine Ahnung, wo die Gefahr lauerte.
An einem Rastplatz packe ich die eingekauften Vorräte aus. Ausgestandene Angst macht hungrig. Kirschen aus dem Sonderangebot in Nordfjordeid – da mochte ich nicht widerstehen. Ein Schweizer Wohnmobil stoppt am Nachbartisch. Zum Mittagessen des älteren Ehepaares gibt es Spaghetti. Danach verschwindet der drahtige Mann zum Fjordufer hinunter, die Frau macht die Küche. Na, typisch. Als sie alles aufgeräumt hat, steuert sie zu mir herüber: „Möchtest du einen Kaffee mittrinken?", bietet sie ganz unkompliziert an. Ups, damit hätte ich ja nun nicht gerechnet. Wohnmobilisten, so meine bisherige Erfahrung, bringen ihre Alublechgehäuse mit, um stets für sich bleiben zu können. Ich nicke also etwas verdutzt. Die Frau klettert wieder in ihr Gefährt, um dann mit heißem Wasser, Nescafé, zwei hellgrünen Henkelbechern sowie einem Tetrapak mit *fløte*, der norwegischen Kaffeesahne, zurückzukehren. Ihr Gesicht unter den kurzen dunkelbraunen Locken ist von der Sonne gebräunt, sie lacht fröhlich und stellt sich als Rosmarie aus dem Berner Oberland vor. Ich rücke meine Kirschen in die Mitte des Tisches, aber

Rosmarie schüttelt den Kopf. Sie will nur quatschen.
„Ich mache das öfter", erklärt sie, „denn mein Mann geht gern Angeln. Damit mir nicht langweilig wird, gucke ich mich um, ob ich jemanden zum Plaudern finde."
Keine schlechte Idee, denke ich, andere würden vielleicht ein Beziehungsproblem daraus machen.
„Uns zieht es immer wieder nach Norwegen. So eine Ruhe und Weitläufigkeit wie hier, das gibt es bei uns nicht." Dass die Schweizer von Norwegen so begeistert sind! Ich habe das ja schon auf dem Rallarveg erlebt.
„Siebenmal waren wir bislang hier, zum ersten Mal auf unserer Hochzeitsreise 1974 und später mit den Kindern. Da war alles ganz anders als heute. Es gab nur Fisch, Kartoffeln und Kohl zu kaufen. Nicht gerade das, was Kinder jeden Tag essen mögen. Deshalb hatten wir immer Vorräte mitgenommen, um ein wenig Abwechslung in die Mahlzeiten zu bringen. Nun sind die Kinder erwachsen, inzwischen sind sie bereits mit dem eigenen Nachwuchs nach Norwegen gereist. Mein Mann wurde vor Kurzem pensioniert. Und nun -", Rosmarie strahlt, „ sind wir das erste Mal ohne festes Rückreisedatum hier. Das genießen wir ganz besonderes. Sonst musste mein Mann ja immer Urlaub nehmen."
Zugegeben, darum beneide ich Rosmarie etwas. Sie unterbricht ihr fröhliches Schwatzen, denn der Mann kommt den Abhang hoch gekraxelt. Nein, er hat leider nichts gefangen. Es wird also keinen Fisch zum Abendbrot geben. Ganz, wie man es von einem älteren Schweizer erwartet, ähnelt er dem Almöhi aus Johanna Spyris Jugendroman „Heidi": Grauer Bart im gebräunten Gesicht, und im Vergleich mit seiner Frau darf man ihn getrost schweigsam nennen. Er verzichtet darauf sich vorzustellen, zeigt aber, als seine Frau ihn darum bittet, bereitwillig Fotos von den Orten, die sie auf dieser Reise besucht haben – wie zum Beispiel den Strand von Måløy.
„Traumhaft", schwärmt Rosmarie.
Das Rondane-Gebirge. „Wir sind da einfach einen Weg reingefahren und haben tatsächlich einen Elch gesehen!"
Auf Runde waren sie natürlich auch. Während ich mich mühsam von Pass zu Pass abrackere, düsen die beiden hin und her durchs Land. Hätte ich den Elch nicht mehr verdient? – Immerhin haben sich die

zwei mächtig über die Begegnung mit dem Tier gefreut. - Beim Radfahren erlebt man dafür alles viel intensiver, tröste ich mich, um das neidische Grummeln in meinem Bauch zu besänftigen.
Intensiv erlebe ich zum Beispiel die Steigung hinter Maurstad. Das Gros des Verkehrs rauscht jedoch weiter auf Måløy zu, und so gelange ich, ohne weitere Benzindünste einatmen zu müssen, auf die Anhöhe. Zu spüren, wie die eigenen Kräfte wachsen – dieses erhebende Gefühl müssen sich Rosmarie und ihr Mann auf jeden Fall woanders holen.
Ein Hochplateau mit kratzbürstiger Vegetation und Seen liegt vor mir. Von einem Inselchen grüßt eine kleine rote Hütte herüber, ansonsten ist es eine öde Landschaft – ein radikaler Umschwung nach der lieblichen Fjordregion. Hier oben ist es windig und schweinekalt. Zwei blaue Tafeln verschandeln die Gegend. Ich bin trotzdem angetan: „Møre og Romsdal *fylke*" steht auf ihnen zu lesen. Also habe ich den Bezirk Sogn og Fjordane durchfahren und lerne nun die Welt schroffer Küstenlandstriche kennen.
Wegen der Kälte ziehe ich meine rote Regenjacke an und radle gleich weiter. Auf der grauen Straße durch das *fjell* bin ich so als Farbtupfer für Autofahrer gut zu erkennen. Kurvig geht es nach Åheim hinunter, einem Ort mit niedrigen Fabrikanlagen und ohne erkennbares Zentrum. Was viel wichtiger ist: Ich sehe das Meer! Verwaschenes Blaugrau, sodass der Horizont in rätselhafter Ferne verschwimmt. Von Höhenzügen flankiert, die den völlig freien Blick verstellen und dahinter einen geheimnisvollen Giganten vermuten lassen. Felsgrate spitzen naseweis zwischen Wellen hervor. Mit „unserer" Ostsee hat der Nordatlantik außer Wasser wenig gemeinsam. Dieses Meer flutet an einer zerklüfteten, von Bergen bewachten Küste ins Land.
Von der Hardangervidda zu den Fjorden und nun zum Meer. Allein seit dem Busrondell in Vadheim 250 Kilometer durch die Berge. Schweiß, vom Lenkerhalten schmerzhaft verkrampfte Schultern. Aber es hat sich gelohnt durchzuhalten. Auf meine langsame Art per Fahrrad habe ich vielfältige, wunderbare Landschaften angetroffen. Mit dem Auto hätten sie nur einen flüchtigen Eindruck hinterlassen, wandernd hätte ich mich auf eine von ihnen beschränken müssen. Erst angesichts dieses fremden Meeres verinnerliche ich, was für eine Strecke ich zurückgelegt habe. Der Gedanke überwältigt mich.

Es liegt bestimmt am Alleinsein, dass mir der Anblick des Nordatlantiks Tränen in die Augen treibt.
Jetzt wird aber nicht geheult, lieber nehme ich die Abfahrt in Angriff. An einer Kehre treffe ich einen Tourenradler, den ersten seit den beiden jungen Schweden auf dem Rallarveg. Ein weiterer Nordlandfahrer aus dem Ländchen mit dem löchrigen Käse – wen wundert es noch? Groß, schlank und obwohl er rund 15 Jahre jünger sein dürfte als ich, besitzt er ein strenges Gesicht. Die Kurven hochzuschieben, das würde diesem jungen Mann nicht im Traum einfallen. Also reden wir besser von etwas anderem. Sein Gepäck türmt sich erstaunlich hoch, vielleicht braucht er das, weil er sonst in einem Ruck durch bis Oslo saust.
„Von wo kommst du heute?"
„Von Runde." Das interessiert mich natürlich.
„Superschöne Insel. Außer mir waren noch andere Radler da. An einem Abend bin ich zum Leuchtturm gegangen und habe dort lange gesessen – eine ganz besondere Stimmung", berichtet er und guckt ein bisschen weniger ernsthaft-zielstrebig. „Ich war ein paar Tage dort, nachdem ich mit dem Bus von Oslo bis Alesund gefahren bin, was übrigens sehr gut geklappt hat. Nun will ich auf möglichst geradem Weg nach Süden radeln, denn mein Flugzeug geht in zehn Tagen." Wer diese Kurven hoch radelt, braucht keine Gebirge zu umrunden.
„Kann man da, wo du heute herkommst, demnächst irgendwo wild zelten?", fragt er mich. An die 90 Tageskilometer hat er schon auf dem Buckel. Wenn auch mit Rückenwind.
Ich überlege. „Mmh, es ist alles ziemlich besiedelt oder steil. An der Tunnelumgehung vielleicht."
Ich schildere die Örtlichkeit. Gerne wäre ich ein Mäuschen, um zu beobachten, wie ein so ehrgeiziger junger Mann elegant die Schranken managt. Ob er stark genug ist, das beladene Fahrrad darüber zu heben? Oder führt er in seinem reichhaltigen Gepäck ein Buschmesser mit und schlägt seitlich eine Bresche? Der Schweizer steigt wieder in den Sattel. Ich sehe ihm dabei zu, wie er stetig eine Kurve nach der anderen meistert.
Ehrlich gesagt, beneide ich ihn nicht wirklich um seine Kraft. Mir scheint, sie treibt ihn zu rasch seinem Ziel zu. Ein spontaner Plausch

darf nur wenige Minuten dauern, sonst wird er kalt oder verpasst sein Flugzeug. Keine spontanen Stopps für Kirschbäume am Wegesrand, einen Kaffee mit Rosmarie oder saumselige Überlegungen zum Lichteinfall auf einen Fjord. Seine Art zu reisen, ist sicherlich effizient. Aber ich mag meine lieber.

Åheim macht aus der Nähe keinen interessanteren Eindruck, aber die Norwegische See, zu der dieser Teil des Nordatlantiks gerechnet wird, frisst sich förmlich in die Küste hinein, als ob die Verhältnisse zwischen Wasser und Land noch längst keine beschlossene Sache wären. Zum ersten Mal sehe ich, wie sich das Meer ins Land flutend zum Fjord verjüngt. Am Nordufer hat man eine Lachsfarm eingerichtet. Mehrere kreisrunde Gehege liegen wie ins Wasser geworfene Olympiaringe nebeneinander. Die Massenhaltung ist international umstritten, denn die Tiere erhalten Kunstfutter und Medikamente – beides verflüchtigt sich in die natürlichen Gewässer. Ebenso bringen erfolgreiche Ausreißer das Erbgut der Wildfische durcheinander.

Leider ist der Campingplatz in Åheim unauffindbar, womöglich hat es nie einen gegeben. Ich radle weiter nach Vanylven. Ein Kirchdorf, von Weiden und landwirtschaftlich genutzten Wiesen umgeben, alles ganz ordentlich. Wild zu zelten wäre in dieser Umgebung ein Fauxpas. Also fragen. Eine Frau beschreibt mir aus ihrem Autofenster heraus den Weg zum *eier*. Mir ist unwohl dabei zumute, an seinem roten Haus zu klingeln, aber es hilft ja nichts. Wie immer wird mein Anliegen ganz selbstverständlich aufgenommen. Der *eier* ist ein drahtiger grauhaariger Mann. Laut Aussage der Autofahrerin gehört ihm ein guter Teil des Landes ringsum. Wie er auf der Treppe steht, die Kinder hinter seinem Rücken hervorlugend, als ob er sie notfalls vor der dubiosen Fremden beschützen würde, schätze ich ihn als Familienoberhaupt ein. Drei Generationen wohnen in dem roten ebenerdigen Holzhaus.

„Wie viele seid ihr?", fragt er. Es klingt anders als das Norwegisch, das ich bisher gehört habe. Wahrscheinlich einer der Dialekte, die sich von Alters her in den voneinander abgeschotteten Tälern entwickelt haben.

Schade, der *eier* schickt mich nicht auf eine seiner schönen Wiesen. Stattdessen weist er mir die letzte Ecke des großen Gartens zu. Nett von ihm, auch wenn das natürlich kein Wildzelten ist. Aber anschei-

nend findet er mich in Sichtweite seines Hauses am besten aufgehoben.
An den Garten schließt ohne Zaun ein Wäldchen an. Es reicht bis hinunter ans Wasser. Wellen klatschen in den spärlichen Strahlen der Abendsonne an das sandige, mit Haufen von Algen bedeckte Ufer. Es ist kalt geworden. Betonblöcke und Treibholz liegen herum, für gemütliches Sonnen ist dieser kleine Strand offenbar auch bei schönem Wetter nicht gedacht. Wundert mich eigentlich, denn so ein hauseigener Strand wäre doch prima. Fröstelnd klettere ich auf einen der Blöcke, um mir an tieferem Wasser die Zähne zu putzen.
Vorhin spielten mehrere Kinder halb im Garten, halb zwischen den Bäumen. An einem Ast hängt ein Lastwagenreifen zum Schwingen. Es waren bestimmt fünf Kinder, vielleicht noch Freunde der Enkel. Jetzt hat sich die Familie in ihr Haus zurückgezogen – und ich in meines. Ich male mir aus, wie Erwachsene und Kinder zusammen in einem behaglichen Zimmer beim Abendessen sitzen. Das Bild irritiert mich, denn eigentlich führe ich ja ein ähnliches Leben. Nun aber kampiere ich in ihrem Garten, wie eine arme Schluckerin. Ob die da drin sich vorstellen können, dass ich selber drei Kinder habe? Heute Abend bereitet mir die Verknüpfung von Familienmutter und Vagabundin Kopfzerbrechen. Bin ich in eine unpassende, mir nicht zustehende Rolle geschlüpft? - Zum ersten Mal befallen mich solche Überlegungen. Ich glaube, es würde mir besser gehen, wenn die Familie sich kurz mit mir unterhalten hätte. An ihrer Stelle hätte ich mir die Mühe gemacht, schon allein um zu wissen, wen ich da aufgegabelt habe.
Aber logisch, *allemannsretten* verpflichtet nicht die Bohne, sich für gestrandete Existenzen zu interessieren. Meinerseits verhalte ich mich so, als ob es mir völlig egal ist, bei wem ich gastiere. Hauptsache, ein Platz zum Schlafen. Schließlich möchte ich niemanden mit unwillkommenen Fragen nerven.
Ich krieche ins Zelt, den Eingang habe ich so ausgerichtet, dass man mich vom Haus her nicht sofort beobachten kann. Nur eine Nacht bleibst du, tröste ich mich, morgen fährst du nach Runde. Sei´s drum. Den restlichen Frust baue ich beim Schreiben ab. Es ist spät geworden. Wenigstens brauche ich in der Nacht keine Angst zu haben. Neben dem halb im weichen Grasboden versunkenen Stoß von abge-

schnittenen Ästen schlafe ich ruhig wie in Abrahams Schoß. Am nächsten Morgen bin ich wieder fröhlicher, denn es geht ans Einpacken. Soll ich mich verabschieden? Bei den Engländern war das selbstverständlich, aber hier scheint es mir überflüssig.

7. Insel-Hopping nach Runde
77 km

Erleichtert lasse ich Vanylven hinter mir. Ein sanfter freundlicher Morgen hüllt mich ein, das kann ich brauchen. Die Straße führt am Ufer des Syltefjords entlang. Aus den meisten Blickwinkeln ist sein Zugang zum Meer nicht einsehbar, so wirkt er wie ein romantischer See. Bunt spiegelt sich die Häuserreihe von Eikreim darin, ein Fischer zieht gemächlich die langen Holzruder durch. Mit leuchtend rotem Bauch dümpelt ein herrenloser Kutter an seiner Ankerkette.

Nach der armseligen Übernachtung taucht das Werbeschild für ein *tilbud-frokost* gerade im richtigen Augenblick auf. Ich suche mir aus dem Frühstücksangebot ein Krabben-Sandwich aus. Auf der Terrasse des Selbstbedienungsrestaurants genießt man einen herrlichen Blick über den Syltefjord sowie auf Vanylven. (Wäre der Ort nicht so weit entfernt, könnte ich meinen Zelt-Garten sehen.) Weiter hinten ragen die Berge auf, von denen ich nach Åheim hinuntergerollt bin.

Ich stelle das Tablett auf einen Tisch, um die Terrassentür zu schließen. In diesem Moment stößt eine Möwe im Sturzflug auf mein *rekesmørbrød* nieder. Mit Karacho poltere ich an den Tisch zurück – mehr als eine Krabbe hat die Möwe wohl kaum erwischt, bevor sie sich kreischend vom Aufwind davontragen lässt. Möge sie ihr geschmeckt haben, ich bin zu hungrig, um mich vor Parasiten zu fürchten.

Nachdem mich der Kaffee sozusagen schock-geweckt hat, gehe ich zum zweiten Anlass für den Restaurant-Besuch über: Auf noch eine Klettertour über Betonblöcke hatte ich keine Lust, deshalb ist die Morgenwäsche ausgefallen. Die hole ich jetzt nach. Wer weiß, wem ich heute beggne. Vielleicht, vielleicht schaffe ich es sogar bis Runde? Ein Gedanke, der mir zunehmend durch den Kopf geistert ... das würde auf jeden Fall ein langer Tag.

Ich schlage ein tüchtiges Tempo an, während ich die Halbinsel, eine aus der Landmasse gereckte Faust, überquere. Sie bildet eine der zahlreichen Fjordmündungen, die die Küste zerfransen. Der Wind weht von vorn, aber im Gegensatz zu sonst lasse ich mich weder durch ihn noch durch spannende Ausblicke aufhalten. Strecke machen zählt. Ungeduldig sause ich Richtung Koparnes. Dort legt die Fähre ab - die einzige, die in der Gegend übrig geblieben ist, seitdem der Eiksundtunnel die Inseln mit dem Festland verbindet. So zumindest behaupten es die Karte und der Reiseführer. Auch das treibt mich voran, ich drücke mir selbst die Daumen: Wenn bloß die Fähre noch betrieben wird! Den Schweizer von gestern vergesse ich vor lauter Aufregung. Dabei muss er dieselbe Route wie ich in der Gegenrichtung genommen haben.

Auf der anderen Seite des Syvdsfjords fallen die Hänge wie überdimensionale Zeltleinwände steil zum Wasser ab. Wer hier lebt, muss weite Wege in Kauf nehmen, denn meistens umrunden Straßen die einzelnen Landformationen nur, das Landesinnere bleibt weitestgehend unzugänglich. Für Radfahrer ein Vorteil: Es ist zwar weit, aber flach.

Die Fähre ist zu erkennen! Glücklich beobachte ich das Fahrzeug, das weit draußen durch die kabbeligen Wellen pflügt. In diesem Irrgarten von Felsküsten, Meer und Fjorden wirkt es winzig und deplatziert. Aber ich bin froh, dass es da ist und auf Koparnes zuhält. Damit rückt mein Ziel näher. Ein besonders schönes Ziel, nicht nur wegen der Vogelwelt dort oder der exponierten Lage, sondern auch weil die Insel zwar der nördlichste Punkt, aber keinesfalls das Ende meiner geplanten Route sein wird. Aufgedreht fange ich eine Unterhaltung mit einem jungen Tschechen an. Seine Freundin oder Frau sitzt derweil mit unbeteiligter Miene im Auto – wie hält sie das durch?! Hier am Kai zu stehen mit dem Vibrieren im Bauch, ob alles so weitergehen wird, wie man es sich wünscht, die Geruchsmischung von Meer und Diesel in der Nase, an einem Flecken auf der Welt, der an Bizarrem und Gewaltigem schwerlich zu übertreffen ist – das ist doch Reisen! Und sie hockt da auf dem Beifahrersitz. Aber vielleicht, ermahne ich mich, geht's ihr schlecht, oder sie haben eine Beziehungskrise. Letzteres wenigstens kann mir zur Zeit auf keinen Fall passieren. - Mir geht es blendend! Zuhause sah das anders aus. Morgens stand ich häufig mit schmerzhaft verspanntem Rücken auf. Wie soll das bloß werden, sorgte ich mich dann - vier Wochen lang auf einer Isomatte. Du bist schließlich keine 20 mehr ... aber hier krabble ich jeden Morgen unternehmungslustig aus dem Zelt.

Der Tscheche springt ins Auto, ohne langen Aufenthalt legt das Schiff ab und tuckert über den Sund. Was soll es, ehrlich gesagt, auch sonst machen – untergehen vielleicht? Für Norweger ist eine solche Überfahrt das Normalste der Welt, wie ein Bus auf dem Wasser, nur praktischer, denn man kann sogar das eigene Fahrzeug mitnehmen. Bloß ich bin völlig fasziniert von allem, flippig, als ob ich gleich abhebe, denn nun führt mein Weg tatsächlich, wie ich es mir erträumt habe, auf die Inseln. Eilande, die wie Trittsteine im Meer Richtung Färöer-Inseln weisen – was wird mich dort erwarten? Seit zwei Wochen krieche ich auf dem Papier täglich ein Stück weiter nach Norden ... mittlerweile wäre die Strecke sogar im Atlas, wenn ich einen hätte, immerhin ein halber Finger!

An der Häuserzeile von Årvik haben wir wieder festen Boden unter den Reifen. Hier auf Gurskøya besiedeln Fischerfamilien die Küste seit vielen Generationen. Heute gilt die Insel, mit Abstand die größte der ganzen Kette, als gute Adresse für Leute, die zum Angeln in den Urlaub fahren. Sogar Robben werden in den hiesigen Gewässern gejagt – auch von Touristen. So makaber das klingt, reisen Jäger gern eigens zu diesem Zweck auf die Insel.

Im Hafenort Larsnes verproviantiere ich mich gründlich in einem joker-Supermarkt – eine gute Maßnahme, wie sich herausstellen wird. Zwar schleppe ich die Vorräte nun über die ganze Inselkette mit, aber da es auf Runde nur äußerst begrenzt Lebensmittel zu kaufen gibt, bin ich dort froh über meine vollen Tüten.

Es hat sich offenbar so eingespielt: Mittags steht eine saftige Steigung auf dem Programm. Auch auf den Inseln herrschen von einem dicken Teppich aus *fjell*-Flora bedeckte Felsmassive vor. Schließlich haben sie in grauer Vorzeit zum Festland gehört. Wie kantige Rücken von Riesenechsen ragen die Eilande aus dem Meer. Siedlungen bleibt nur ein schmaler Streifen zwischen Hang und Wasser.

Zwar umrundet die Straße Gurskøya, aber wegen einer vorwitzigen Landzunge sind doch 232 Höhenmeter zu bewältigen. Zwei junge Tourenbiker sausen an mir vorbei abwärts. Nach ihren Gesichtern zu urteilen, gehen sie völlig in der traumhaften Abfahrt zum Meer auf, fliegen kann nicht schöner sein. Tief unter mir liegen zwei, drei Hütten an einem kleinen Gewässer, das Verbindung zum Meer hat. Wer

dort Urlaub macht, hat alles auf einem Fleck: See, Berge, Wald und Meer.
Steigungen kenne ich ja bereits zur Genüge. An der Luvseite von Gurskøya begegnet mir ein anderes Hindernis – Wind, Wind und nochmal Wind: Wundervolle Ausblicke auf blau glitzerndes Meer und Inseln, ein Sommertag, wie er im Buche steht - dennoch braust es mit Gewalt direkt vom Nordatlantik herein. Dabei handelt es sich um für hiesige Verhältnisse ganz normales Wetter – selber schuld, wer mit dem Rad in der falschen Richtung unterwegs ist. Ich beneide die beiden Radler von eben.
Ich ergaunere mir Pausen, um Kirschen und Cashewkerne zu essen. Oder ich stoppe für das Inhalieren des magischen Blaus. Genau genommen, spüre ich das beim Strampeln genauso intensiv. Ich bade förmlich die Augen darin – und keuche weiter. Aber es muss ja unbedingt heute Runde sein, das habe ich mir in den Kopf gesetzt. Außerdem sieht es mit Zelten bis dorthin mager aus; der einzige Campingplatz liegt derart kurz vorm Ziel, dass ein extra Aufbau kaum lohnen würde.
Hoppla, da ist ein *ferist*. Direkt am Wasser hatte ich eigentlich nicht damit gerechnet. Diese Roste unterbrechen die Straße auf ganzer Breite und verhindern, dass Weidetiere auf fremden Grund und Boden wechseln. Hier steht zum Glück ein Schild, das mich auf die Viehsperre aufmerksam gemacht hat. Für Radfahrer kann ein *ferist* gefährlich werden: Die quer verlaufenden Eisenrohre sind in Abständen verlegt – übel, sollte ein Vorderrad in voller Fahrt dazwischen geraten.
Als ich aus dem Windschatten der Insel Sandsøya herausfahre, wird es richtig heftig: Ungehemmt traktieren Böen Gurskøyas Westflanke und reißen mir quasi den Atem aus dem Mund. Wie soll man hier bloß Rad fahren! Ich bemühe mich, an reizvollere Dinge als die minimalen Abschnitte, die ich zurücklege, zu denken – oder gar an die lange Strecke vor mir. Leider sperrt sich mein Hirn gegen jegliche Ablenkung, es kennt nur ein quälendes Mantra: Ankommen, Ausruhen, Ankommen, Ausruhen. Den Kopf in Kombination mit schweißtreibender Anstrengung zu steuern, solche Selbstdisziplin hat bei mir noch nie funktioniert. Im Moment denkt mein Kopf, was der Körper ihm gegen den Wind zuschreit: Nimmt diese Tortur denn nie

ein Ende! Trotzdem bemühe ich mich um eine Art Ausstieg des Geistes aus dem Körper: Der klobige Felsen weiter draußen muss Skorpa sein, versuche ich mich für die Umgebung zu interessieren. Von der Gestalt her erinnert er mit etwas Fantasie an ein ruhendes Walross. Rau und schön ragt die Insel aus der Norwegischen See. Aber die Menschen haben klein beigegeben – wer will schon auf Dauer am Fuß eines 432 Meter hohen Felsens wohnen? So bleibt Skorpa meistens einer Herde wilder Ziegen überlassen.
Stupide treten. Wie ich auch schalte, ich komme bloß schwergängig vorwärts. Zum Glück erwischt mich die volle Breitseite nur über drei, vier Kilometer, dann biege ich, der Rundung Gurskøyas folgend, nach Osten ab. Das Schlimmste ist geschafft.
Ich passiere Moltustranda und erreiche eine geschützte Bucht. Hier und verteilt auf sieben weitere Inseln leben die knapp 8350 Einwohner der *kommune* Herøy. Sechs der Eilande sind durch Brücken miteinander verbunden. Ich überquere die erste und sehe bereits aus der Distanz zwei weitere. Eine davon schwingt sich in die Höhe wie die Aufwärtsstrecke einer Achterbahn. Nicht gerade mein Fall. Aber es existiert kein anderer Weg nach Runde. Also schiebe ich die Sache ein bisschen auf und setze mich in eine hallenartige *kafeteria* am Straßenrand. Das Angebot würde jedem Imbiss für Trucker einen guten Ruf verschaffen; allerdings werden in diesen entlegenen Winkel der Welt vermutlich begrenzt Waren transportiert. Hinter den Scheiben der Theke wartet von Fisch & Chips bis zu Koteletts, Würsten und Knödeln alles, was den Magen schwer macht, auf Abnehmer – und findet sie auch: Familien sind hier ebenso zu Gast wie alte Männer.
Inzwischen habe ich den Überblick verloren, auf welcher der Herøy-Inseln ich mich gerade befinde. Angesichts all der Verkehrswege will sich in dieser Gegend sowieso kein rechtes Inselgefühl einstellen.
Ein wenig erholt radle ich über die erste Brücke. Sie ist eigentlich nur ein Damm und führt auf einen Holm, von dem aus die hohe Brücke sich über das Wasser spannt. Offensichtlich haben die norwegischen Ingenieure die üblichen Strömungen von Wind und Wasser in die Planung mit einbezogen. So erkläre ich mir, warum ineinander übergehend zwei völlig unterschiedliche Bautypen verwendet wurden. Oder richtet sich die Höhe der Brücke danach, ob die Schiffe

der Hurtigrouten darunter durchpassen? Von oben reicht der Blick weit in den Atlantik hinaus. Ich denke an den Winter – mit Stürmen von noch ganz anderem Kaliber, als ich es vorhin erlebt habe, und im Dunkeln. Ich bezweifle, dass ich dann mit dem Auto über eine solche Brücke fahren möchte.

Nun habe ich eine Weile brückenfrei, denn auf der nun folgenden Insel namens Leinøya, die wiederum zu den größeren zählt, habe ich rund sechs Kilometer Land unter den Pedalen. Eine Abzweigung taucht auf. Ich bremse und überlege sorgfältig, welche Straße die richtige ist. Der Kaffee hält nämlich nur bedingt vor, allmählich ist die Energie einfach im Eimer. Wenn der Körper anfängt, schlapp zu machen, fällt es gleichermaßen schwer sich zu konzentrieren. Deshalb jetzt bloß auf keine Abwege geraten!

Die nächste Brücke schwingt sich hinüber nach Remøya, und ich habe keine Kraft mehr, über was auch immer nachzudenken, ich fahre und schiebe einfach hinauf und rolle auf der anderen Seite hinunter. Das Zentrum der Inseln habe ich ohnehin hinter mir gelassen und werde den Weg wohl kaum mehr verfehlen. Häuser mit Blumengärten davor, eine Straße, die sich fast ohne Verkehr über das Eiland schlängelt – auf Remøya ruht eindeutig der Abendfrieden.

Er erfasst auch mich, gemischt mit totaler Erschöpfung und der guten Gewissheit, dass nun nur noch eine weitere Brücke zu überqueren ist. Kutter und kleine Yachten schaukeln an Molen, eine Reihe roter Bootshäuser schaut aufs Meer.

Von einem Tunnel, bevor ich über die Runde-*brua* fahre, schweigt die Karte heimtückisch! Ich habe keine Kraft mehr, mich darüber aufzuregen. Manchmal, stöhne ich schlapp, erweist es sich als besser, ahnungslos mit Schwierigkeiten konfrontiert zu werden. - Also ein Überraschungstunnel als dickes Ende zum Schluss. 900 Meter lang, gähnt er mir als ein unheilverkündendes Loch entgegen, etwa so attraktiv wie der Blick in ein Plumpsklo. Auf der Suche nach einer Umgehung gerate ich in eine verwinkelte Fischersiedlung; sie zieht sich den Berg hoch, durch den die Autos fahren. Vielleicht ging mit dem Bau der Häuser der alte Weg um den Felsen herum verschüttet. Oder es gab nie einen, weil die Brücke zwischen Remøya und Runde erst 1982 eröffnet wurde – übrigens als im Verhältnis zu den wenigen Einwohnern teuerste Brücke Norwegens. Bis dahin fuhr man per

Schiff zur Vogelinsel.
Ein Mann läuft mit seinen Kindern auf der Straße herum. Er spricht Englisch, für Norwegisch hätte ich auch keine Kraft mehr. Mein Problem versteht er trotzdem nicht:
„Es gibt keine Umgehung. Alle Biker benutzen den Tunnel."
Damit ist die Sache für den Vater geklärt. Er stellt seinem Jüngsten das Dreirad auf, und sie wandern zusammen die Straße hinunter. Alles klar. Ich radle schon mal los, Licht eingeschaltet und den Vorsatz im Kopf, wenn ein Auto von hinten heran brummt, so weit wie möglich an die Seite auszuweichen. Es kommt aber keins – auf Remøya ist schließlich längst der Abendfrieden ausgebrochen.
Auf Runde ebenso. 30 Meter hoch wölbt sich die Brücke über den Sund, um dann nach Osten in einen Damm, wie ich ihn bereits kenne, auszulaufen. Ich strample einer Reihe blasser Häuser unter alles dominierenden Berghängen entgegen, viel zu erschöpft für irgendwelche Rührseligkeit - Mensch, ich habe mein Ziel erreicht, ich bin hier! Hunderte von Kilometern bin ich mit dem Rad gewandert - über Bergpässe und um Fjorde herum, habe in der Nachbarschaft von Eisschollen kampiert und mich neben gesprengten Felswänden, auf denen man hätte Spiegeleier braten können, Straßen hochgearbeitet. Vor lauter Glück müsste ich doch wenigstens mal anhalten, einen Fuß auf den Boden setzen, mich umschauen. Aber ich verspüre weder Erleichterung noch Freude darüber, angekommen zu sein. Die zwei Kilometer zum Campingplatz, die muss ich noch schaffen, das Zelt aufstellen, duschen. Dann bin ich vielleicht da.
Den kleinen Ort Runde habe ich schnell passiert, die schmale Straße schmiegt sich an den Fels, ein paar Schafe hoppeln mir voraus. Der Himmel hat sich bezogen. Ein Paar in bunten Regenjacken spricht mich an. Sie sind erstaunt, dass ich von so weit her gekommen bin. Dürfen sie auch, mir geht es ebenso. Unterhalb der Straße schäumt die See gegen vom Wasser rund gewaschene Felsen. Dann lehnt sich der Hang weit vor, für das Sträßchen ist wirklich kein Platz mehr - also erwartet mich ein letzter kleiner Tunnel vor Goksøyr, dem zweiten Inseldorf. Vergleichsweise hell und sauber grinst er mir entgegen.
- Macht es mir bloß nicht zu einfach!
Aber auf Runde ticken die Uhren anders. Ein Wohnmobil wartet am gegenüberliegenden Ausgang, bis ich den Tunnel durchradelt habe.

Ich bremse, um mich zu bedanken. In welcher Sprache? Ein Blick auf das Autokennzeichen – ich habe Landsleute vor mir: „Sie kommen gerade an? Ja, das ist toll, herzlich willkommen", begrüßt mich der Mann. „Wir müssen heute leider abfahren, es ist schon spät genug. Aber wir hatten wunderbare Tage hier. Die Insel ist ein Erlebnis, und die Leute ausgesprochen nett. Es wird Ihnen gefallen."
Er und seine Frau werfen mir einen wehmütigen Blick zu, dann rollt das Wohnmobil langsam durch den Tunnel.
Wenn das kein Empfang ist!

8. „Wie schön, dich zu sehen!" - Im Reich der Vögel

Ich melde mich am Kiosk an, das zugleich der einzige Lebensmittelladen auf Runde ist. Autofahrer fahren mal schnell die 20 Kilometer nach Fosnavåg, um sich mit Gemüse und Obst einzudecken, aber ich? Gut, dass ich einigen Proviant mitgebracht habe. Zwischen den beiden Wiesen zum Zelten steht ein Ferienhaus sowie das Haus des Campingplatzbetreibers Knut. Die Wohnmobile parken auf der anderen Seite, mit Blick aufs Meer. Wenn ich so kaputt bin wie jetzt, fällt es mir häufig schwer, mich für eine Sache zu entscheiden: Diesmal weiß ich sofort, dass mir die Wiese neben dem Ferienhaus besser gefällt. Kuschelig eingerahmt von Hecken und Bäumen, finde ich sie heimeliger als das große Areal auf der anderen Seite der Gebäude. Dafür muss ich es mir in leichter Schräglage mit dem Zelt gemütlich machen, denn die ebenen Plätze sind alle belegt. Aber das ist eigentlich nebensächlich neben der riesengroßen Erleichterung, endlich abends um acht Uhr mein Quartier am Ziel aufzuschlagen - nach fast 80 Kilometern Fahrt, mit Gegenwind. Ich werde auf Runde bleiben, bis ich mich erholt habe, nehme ich mir vor und sammle meine Sachen zum Duschen zusammen.

Es tut gut, sauber zu sein. Hunger verspüre ich keinen, dafür bin ich wohl zu erschöpft. Ich merke, jetzt muss ich mir viel Zeit geben für alles, sonst komme ich aus dem Ruder, seelisch und kräftemäßig. Die Tour soll schließlich weitergehen. Ich verstaue die Sachen im Zelt, sehe mich ein wenig auf dem Platz um. Erst jetzt fällt mir das langgezogene wehklagende Vogelgeschrei auf. Es begleitet einen überall hin, eigentlich habe ich es schon auf der Herfahrt über die Insel gehört. Das Wetter trübt sich ein, feuchte Nebel kriechen den mit Gestrüpp bewachsenen Hang Richtung Wiese hinunter. Hinter der dunstigen Wand jammert und kreischt es aus zahllosen Kehlen, gespenstisch durchschneiden riesenhafte Schwingen das Grau. Es sind Mantelmöwen und Skuas, die auf der Suche nach Beute die Abhänge entlang streichen. Noch mehr als das Urwüchsige der Insel fasziniert mich die Selbstverständlichkeit, mit der die Vögel das

gesamte Terrain beherrschen.
Unter der Veranda des Besitzers entdecke ich eine geräumige Küche und beschließe, nun doch etwas zu essen. Im Zelteingang kniend stelle ich einiges, was ich zur Küche mitnehmen möchte, schon mal auf die Wiese. - Nur um gleich eine Möwe zu verjagen, die sich schrill zeternd darauf stürzt. Zum zweiten Mal an diesem Tag muss ich mein Essen verteidigen. Ich werfe einen Blick zu den anderen Zelten – da liegt nichts herum.
Gerade jetzt, wo das Wetter schlechter wird, habe ich Glück, dass eine Alternative zu den Mahlzeiten am Zelt zur Verfügung steht. Die Küche beherbergt eine Sitzecke, eine Waschmaschine mit dazu gehörigem Trockner sowie Waschbecken für Wäsche. Ich bin nicht die Einzige, die mit einer Plastiktüte voller Vorräte erscheint, jedoch die einzige Single-Frau sowie die einzige Person per Fahrrad. Eine Familie hat ihre Ausrüstung ordentlich in Stapelboxen verpackt. Männer haben zur Gesellschaft Laptop sowie Kameraausrüstung mitgebracht; über den Tischen schweben ein, zwei Stromanschlüsse. Statt Hochseefische und Robben zu töten, jagen diese Einzelgänger nach Fotos und Filmen von Seevögeln. Das ist allerdings wesentlich sympathischer. Ein Bamberger studiert gerade die Ausbeute des Tages, aber ich will ihm gar nicht über die Schulter gucken, hoffe ich doch, morgen selber interessante Vögel zu beobachten. Ob mir wohl ein Papageitaucher beschert werden wird?
„Das Wetter soll die nächsten Tage schlecht bleiben, habe ich im Internet gesehen", meint der Fotograf, „da haue ich morgen ab. Ich bin sowieso schon fast eine Woche hier, und bessere Bilder werde ich nicht mehr kriegen."
Na super! Anscheinend bin ich ein bisschen zu spät gekommen. Das tolle Sonnenwetter ist vorbei. Aber ich bin zu müde, um mich darüber zu ärgern. Außerdem – bestimmt habe ich von allen die abenteuerlichste Anreise hinter mir.
In dieser Küche findet man früher oder später alles Nötige. Der Herd, ein Kühlschrank, Kochplatten und Mikrowellengeräte wurden wohl im Lauf der Jahre zusammengewürfelt. Bei der Doppel-Spüle ist ein Becken merkwürdig tief ausgeschnitten. Wofür soll das gut sein, auf diese Weise hält es ja kaum Wasser?! Irgendein Sinn steckt sicher dahinter, denn ich habe solche Spülbecken hierzulande schon häufi-

ger gesehen. Auf dem gemauerten Absatz darüber versammelt sich alles Mögliche von einer Sprühflasche mit Putzmittel über Dosen, Töpfe, eine hellblaue Plastikwanne bis hin zu Bestimmungstafeln für Fische und anderes heimisches Getier. Im Unterschrank entdecke ich einen Wasserkessel mit Pfeiftülle – damit ist der Tüten-Eintopf gesichert. In das Buch, das ich mitgebracht habe, gucke ich gar nicht hinein, denn das Sammelsurium von Menschen und Dingen liefert Abwechslung genug. Ich schnappe norwegische, englische, deutsche und holländische Sprachfetzen auf. Die Stimmung ähnelt der in einer Jugendherberge – die Einen unterhalten sich, andere waschen stillschweigend ab, packen zusammen und verschwinden.

Zwei junge Holländer brutzeln unbeholfen, aber stolz ihren Tagesfang aus dem Meer. Ich helfe ihnen, die Kochanleitung für die Tütensauce vom Norwegischen ins für sie wenigstens etwas besser verständliche Deutsch zu übersetzen – mit *dem* Vokabular kenne ich mich ja inzwischen aus. Wetterjacken, feste Schuhe, robuste Hosen und Pullover sind die vorherrschende Kleidung. Runde, so sieht es aus, haben sich alle aus dem gleichen Grund als Reiseziel ausgesucht – um hinauf zu den Vogelklippen zu wandern.

Die Nacht war eine ziemliche Rutschpartie. Außerdem habe ich wohl gestern nicht richtig aufgepasst, als ich das Zelt aufgestellt habe, und beim Zukleben des einen Klettverschlusses eine Naht überstrapaziert; nun tröpfelt Regen durch. Ich habe das Klettband von der Stange gelöst – der Schaden scheint behoben. Wenn ich allein unterwegs bin, beunruhigen mich solche Vorkommnisse sehr stark. Tief im Bauch lagert wohl so eine Unruhe, die Ausrüstung könne ernsthaft beschädigt werden, und ich, wo auch immer, stranden. Bislang habe ich Glück gehabt. Nicht mal einen Platten musste ich flicken. Nobody is perfect, ermahne ich mich energisch und ziehe mit meiner Plastiktüte durch den Regen zur Küche hinüber, verfolgt von den beklemmenden Schreien aus dem Nebel.

Dann wasche ich ein paar Sachen aus und hänge sie zum Trocknen auf die Stromkabel über dem Waschbecken. Es tut gut, alleine an einem richtigen Tisch sitzend zu schreiben. Hoffentlich packe ich es bis Runde, lautete der Tenor meiner Gedanken in den letzten Tagen –

jetzt ist es an der Zeit, mich neu zu orientieren. Auf Solo-Touren ist es besonders wichtig, ab und zu innezuhalten, um zu analysieren, wie es um den Gesamtzustand steht. Schließlich gibt es keinen Begleiter, der mich notfalls mitzieht, in der Krise auffängt oder einfach wieder „auf Linie" schubst. Umso wichtiger ist eine Bestandsaufnahme: Wie fühle ich mich? Bin ich guter Dinge? Wird mir alles zu viel? Wie soll es weitergehen? Erst danach bringt es etwas, neue Pläne zu schmieden.

Mein „mentaler Check" sagt mir, dass ich dringend Erholung brauche. Ein, zwei Gänge runterschalten, sonst mache ich auf der weiteren Tour schlapp. Also bloß nicht sofort ein Gewaltmarsch hoch zu den Vogelfelsen und die ganze Insel erforscht! Ich setze Wasser für einen zweiten Kaffee auf, packe Knäckebrot, *fårepølse* (Schafssalami), Frischkäse und Tomaten aus.

Gegen elf Uhr hört es auf zu regnen, und ich mache mich auf den Weg zu den Vogelfelsen. Steil geht es hinter dem Dorf Goksøyr hinauf, hier ist der Weg noch mit Kies angelegt, verschmälert sich aber bald zum Trampelpfad durch die Bergwiese.

Bis in die 70er Jahre hinein gerieten Urlauber eher vereinzelt nach Runde. „Sie klopften an unser Haus und fragten, ob sie auf der Wiese zelten dürften", erzählt mir Knut später. Ganz normales *allemannsretten* also. Als er ein Junge war, kam auch schon mal ein Filmteam, das die Kinder dann stolz zu den Brutplätzen der Seevögel führen durften. Passierte ja sonst nicht allzu viel auf dem 6, 4 km² großen Eiland.

Seitdem Runde aber zunehmend von Touristen besucht wird, mehren sich die Ansatzpunkte für notwendige Veränderungen – und wenn es nur darum geht, einen von vielen Füßen ausgetretenen Weg mit einer auf der urigen Insel auffälligen Kiesaufschüttung zu befestigen.

Auf dem Pfad ist es dann weniger steil. Die Nebelschwaden haben sich verzogen, und ich sehe ganz genau die Skuas über mit winzigen Blumen gesprenkelten Wiesen kreisen. Wie sie mit ausgebreiteten Schwingen dicht über den Boden gleiten, wirken die gedrungenen braunen Raubvögel beeindruckend. Als Mäuslein, das eben schnell von einem Loch zum anderen huscht, hätte ich große Angst vor ihren Argusaugen und dem scharfen Schnabel. Es ist niemand außer diesen Jägern auf dem Berg. Wieder kommt es mir so vor, als wäre

es ein Privileg, hier zu Gast zu sein, weil Runde in Wahrheit den Vögeln gehört.
Nach einer Weile erreiche ich die Klippen – und wer sitzt da auf einem Stein? Ein Papageitaucher. Zahllose Male habe ich mir vorgestellt, tatsächlich auf einen dieser kleinen Kerle mit den orangefarbenen Füßen und quietschbunten Schnäbeln zu stoßen. Kaum so groß wie eine Stockente, scheint er für sein Outfit sowohl beim Papagei als auch beim Pinguin Anleihen getätigt zu haben. Gelassen guckt der komische Vogel in meine Richtung. Ich bin fassungslos. Es ist so ein Moment, in dem keine Wünsche mehr offen sind, kein Wenn und Aber. Tierfilme und Fotos sind ein guter Ersatz für solche exotischen Begegnungen. Dieses Wesen mit eigenen Augen in freier Wildbahn erleben zu dürfen, empfinde ich als Geschenk. So weit bin ich gereist, wie schön, dich hier zu sehen, murmele ich ihm in Gedanken zu.
Ich trete ein paar Schritte vor, vorsichtig, damit ich nicht die oben mit Gras bewachsenen Klippen hinunter stürze ... und der weihevolle Augenblick ist vorüber. Habe ich etwa eben gedacht, was für ein Glück, einen Papageitaucher beobachtet zu haben? Ja, ganz wundervoll, bloß - hier fliegen sie zu Tausenden wie Mückenschwärme herum. Grüppchenweise hocken sie auf Vorsprüngen und gucken aus ihrem schwarzweißen Frack souverän zu diesem Menschen, der sich perplex ins Gras hat fallen lassen. - Hast du gemeint, wir seien so wenige? Ich meine, fröhliches Gelächter zu hören, als sie sich mit kurbelnden Flügelschlägen in den atlantischen Aufwind schwingen. Quatsch natürlich, die meisten Vögel nehmen mich überhaupt nicht zur Kenntnis, das ist ja gerade das Fantastische! Wer weiß, wie viele in ihren selbst gegrabenen Höhlen mit Brüten beschäftigt sind. Der Mensch gilt in dieser Welt von umher schwirrenden Papageitauchern, Tordalken, Grylteisten, Eissturmvögeln und wie die 240 registrierten Arten sonst noch heißen, auf jeden Fall als die Nebensächlichkeit schlechthin. Soll er doch gucken!
Von Ende Mai bis Ende August dauert die Saison für Rundes gefiederte Gäste. Ich genieße es, dass sie sich zwar von relativ nah beobachten lassen, aber keiner hergehüpft kommt und um Futter bettelt. Offensichtlich reisen hierher nur wirkliche Naturfreunde, die wissen, dass man mit solchen scheinbaren „Wohltaten" mehr durch-

einander bringt als nützt. Diese Welt an den steil ins Meer stürzenden Felsen kommt eindeutig mit sich selbst am allerbesten zurecht. Bis Rundes Vogelkolonien 1957 unter Naturschutz gestellt wurden, päppelten die Insulaner ihren etwas eintönigen Speiseplan ab und zu mit einem Seevogel-Braten auf. Eier und Daunen ließen sich ebenfalls verwerten. Diese Zeiten sind längst passé – Schilder oben an den Klippen weisen die Schutzgebiete aus; sie dürfen nicht betreten werden. Letztlich gilt diese Schutzgrenze auch für Menschen, denn es geht jäh abwärts ... ein paar Schafe hoppeln ebenfalls nur auf der Landseite herum.
Irgendwann höre ich auf zu fotografieren. Ich sitze einfach nur im Gras. Allein dieses Wirbeln und Kreisen – es ist unmöglich, einem Vogel mit Blicken zu folgen. Er verliert sich sofort zwischen den anderen. Ein holländisches Pärchen gesellt sich für ein Weilchen zu mir. Wir entdecken nur ein Stückchen entfernt zwei Tordalke; ihre dunklen Schnäbel sind mit einer feinen weißen Zeichnung verziert. Und ist das hoch oben im grauen Himmel nicht ein Seeadler? Möglich wäre es, aber es ist kaum von Bedeutung; ich bin ja schon wunschlos glücklich.

Nachmittags unternehme ich einen Ausflug in den Ort. Vielleicht auch wegen des trüben Wetters ist hier weniger los als in der Goksøyrschen Camping-Küche. Im Marina-Hafen schaukeln Boote träge vor sich hin – ein englisch sprechender Mann hatte in der Küche erzählt, es sei irgendjemandem gelungen, im Hafen einen Otter dabei zu fotografieren, wie er einen Fisch verspeist.
Das Dorf bestätigt meinen Eindruck, dass auf der Insel die 500 000 bis 700 000 Seevögel das Wichtigste sind. Ihnen ist das brandneue Miljøsenter, ein Umweltzentrum mit angeschlossener Touristinformation, gewidmet. Hinter Stapeln von Prospekten und Flyern mit Vogelbildern sitzt Marie, so skandinavisch, als wäre sie gerade einem von Berte Bratts Junge-Mädchen-Romanen entsprungen. Mit ihren blauen Augen, den blonden Haaren und einem Norweger-Pulli wirkt sie wie geschaffen für ihren *sommarjob*, die Besucher mit ihrer Heimat vertraut zu machen. Über ihr wachen zwei stattliche Basstölpel – ausgestopft natürlich. Ihre Verwandten habe ich heute Vormittag schon lebendig gesehen.

Die Prospekte der 25-Jährigen finde ich eigentlich weniger spannend als sie selbst. Marie, die ich ein paar Jahre jünger geschätzt hätte, ist sichtlich konsterniert, dass ich sie nicht um eins ihrer Faltblättchen bitte, sondern ihr mit neugierigen Fragen auf den Pelz rücke. Aber ich denke an die blässliche Laune einiger Einwohner auf der Nordsee-Hallig Hooge, wo ich einmal im Februar eine Woche verbracht habe und wüsste wirklich gern, wie man es hier auf Dauer aushält.
„Ich lebe absolut gerne hier."
„Ist es denn nicht manchmal langweilig?", frage ich erstaunt. Eine ganze Kindheit und Jugend auf diesem Außenposten, unter knapp hundert Leuten. Es fällt mir schwer, das attraktiv zu finden. Erst recht, wenn man jung ist. Nachdem die mit Internetzugang und eigener Werkstatt ausgestattete Schule trotz ihres guten Rufes 2002 geschlossen wurde, zog eine Reihe von Familien weg, in die Nähe anderer Schulen für ihre Kinder. Die Insulaner werden also im Schnitt immer älter und mehr oder weniger sind sie alle Maries Nachbarn. Aber die junge Norwegerin denkt in anderen Kategorien als ich:
„Ich habe ja meine Familie und meine Freunde. Und jetzt im Sommer kommt noch der Job in der Touristinformation dazu. Außerdem ist im Haus und draußen immer etwas zu tun."
Wenn sie nicht gerade einen *sommarjob* übernimmt, studiert Marie Nordische Sprachen in Volda. Durch den neuen Unterseetunnel zwischen den Inseln und dem Festland lässt sich die Stadt von Runde aus ganz gut erreichen – etwas mehr als eine Stunde mit dem Auto, schätze ich. Was fängt man mit einem Diplom in Nordischen Sprachen auf der Insel an? Wer weiß, vielleicht hat die junge Frau Pläne – oder Träume, die sie mir nicht unbedingt auf die Nase binden will.
Unverfänglicher ist da die Frage: „Wie verbringt ihr die Wintermonate – wenn es kalt und dunkel ist? Was zum Beispiel macht ihr an Weihnachten?"
„Also, auch im Winter haben wir zwischen zehn und sechzehn Uhr volles Tageslicht. Am ersten Sonntag im Dezember, stellen zwei Männer vor der Kirche einen großen Tannenbaum auf. An Weihnachten tanzen wir dann alle um den Baum und singen Lieder – und am 26. Dezember findet ein Fest in der Kirche statt."
Ich versuche, mir so ein Weihnachten mit der ganzen Inselgemein-

schaft vorzustellen.
„Schmückt ihr den Baum auch gemeinsam?"
Marie schüttelt den Kopf. „Es werden nur Lichter an diesen Baum gesteckt. Weihnachtsschmuck würde in Nullkommanichts wegwehen." Ach, ja. Den Wind habe ich ganz vergessen. Der pfeift im Winter bestimmt ohne Pardon.
Ein bisschen besser verstehe ich Maries starke Bindung an die Insel, als sie von ihrer Schulzeit hier erzählt. „Wir haben viel über Rundes Flora und Fauna gelernt, der Unterricht war eng mit der Natur verknüpft. Aber die Lehrer haben auch manchmal ältere Einheimische eingeladen, damit sie uns Handwerkstraditionen zeigten oder für die Region typische Gerichte mit uns zubereiteten. Außerdem wurde von der Landwirtschaft und der Fischerei, wie man sie früher ausgeübt hat, erzählt. Als meine kleine Schwester Elise ungefähr zehn war, beschäftigte sie sich in der Schule zum Beispiel eine Zeitlang ganz viel mit einem bestimmten Vogel – jedes Kind eignete sich Wissen über eine Art an und berichtete schließlich allen anderen, was es gelernt hatte. In diesem Zusammenhang wurden auch Vogelzählungen durchgeführt und Bootsfahrten unternommen."
Es hört sich an, als wären Lehrer und Schüler viel zusammen draußen gewesen und hätten überhaupt eng zusammengearbeitet – die Kinder als kleine Forscher, die Pädagogen als Helfer, die beim Lernen unterstützen, wenn sie gebraucht werden. Lehrer also, die sich nicht bloß als Spender täglicher Wissensportionen begreifen. Solchen Unterricht würde ich mir für meine Kinder wünschen.
Ich bedanke mich bei der Runderin und verlasse das Umweltzentrum. Draußen riecht es nach Meer, mit einem Hauch Verwesung. Das Schlagen der Brandung an vorwitzig in die See ragende Felsen höre ich bis zur Dorfstraße. Es ist keine große Entfernung. Hier liegt alles nah beieinander. Nur das Meer dehnt sich unendlich. In den Gärten entdecke ich keine Menschenseele. Zufällig gerät mir ein Fenster ins Blickfeld, hinter dem eine alte Frau sitzt. Sie hält eine Tasse in der Hand, und auf dem Tisch brennt eine Kerze. Ich schaue schnell weg. Die Stufen vor ihrem Haus sind mit Schienen überbrückt. - Fährt sie im Rollstuhl durchs Dorf? Dann ist ihr Aktionsradius sehr beschränkt. Es gibt nur eine ebene Straße.
Die jüngeren Erwachsenen arbeiten auf anderen Inseln mit mehr

Infrastruktur. Und die Kinder? Die meisten sind mit ihren Eltern weggezogen. Kinder brauchen einen Kindergarten, eine Schule – und einander. Aber wie lange bleibt eine Insel besiedelt, wenn es keine Nachkommen gibt? Außer Marie. Denkt überhaupt sonst jemand wie sie?

6, 2 Millionen Euro für eine Brücke, 1999 wurde die Schule auf Gemeindekosten renoviert, zwei hervorragende Lehrer sollen dort unterrichtet haben, heißt es ... und anstatt Kinder von diesem Kleinod profitieren zu lassen, wird die Schule geschlossen? Was, frage ich mich, hat sich die norwegische Regierung denn dabei gedacht? Fleißig investiert sie in die Besiedelung unwirtlicher Regionen sowie in das Verkehrswesen – eine kluge Politik, schien mir, um dem Königreich seine „Untertanen" zu erhalten. Und dann so eine Verschwendung!

Was für eine eigentümliche Insel. Ich erinnere mich an heute Vormittag, an die unüberschaubare Vielzahl von Vögeln. Munter beschäftigt mit dem Kreislauf von Nahrungsbeschaffung, Kommunikation, Paarung, Brüten und Aufziehen der Jungen machten sie einen äußerst fidelen Eindruck. Als sei hier noch eine „heile Welt", so gelingt ihnen das seit einer Ewigkeit an den Klippen von Runde. Seit Jahrhunderten ist es Generationen von Menschen ebenfalls gelungen, und nun - in unserem angeblich so intelligenten Zeitalter – auf einmal nicht mehr?

Gedankenverloren steuere ich das „Runde Kafé" am Hafen an. Ich bestelle mir einen Kakao, und schnell stellt sich heraus, dass das Café von einem Deutschen geführt wird. Für den Betreiber Roman gibt es einen guten Grund, warum er auf einem Eiland im Nordatlantik Kaffee und Kuchen verkauft:

„Ein Fotograf wie ich entdeckt auf Runde unendlich viele Motive. Seit 1995 bin ich immer wieder hierher gekommen, um vom Meer und den Vögeln Bilder zu machen. Als dann der alte Betreiber des Cafés 2006 starb, habe ich gesagt: `Wenn es keiner macht, dann mache ich es´."

An den Wänden des „Runde Kafés" hängen Bilder, die der 44-Jährige auf der Insel aufgenommen hat. Extreme Wechsel von Wetter und Jahreszeiten – die kleine Insel, so ist zu erkennen, könnte für Roman zu einem langfristigen Arbeitsthema werden. Bei ihm erkenne ich

das Muster wieder, das frühere Generationen auf Runde gehalten hat: Nicht nur auf der Insel zu wohnen, sondern mit und von ihr zu leben. Aber für wie lange? Bleibt ein Zugereister nicht sowieso immer Außenseiter in dieser gewachsenen, aufeinander eingeschworenen Gemeinschaft? Roman widerspricht:
„Hier findet man leicht Freunde."
Einer davon ist Knut. Als ich hereinkam, war er gerade hier, um Romans Tagesgericht zu probieren. Dass die beiden sich verstehen, liegt quasi auf der Hand: Der Campingplatz-*eier* spricht hervorragend Deutsch. Vereinsamen wird Roman auf diesem Außenposten Norwegens also kaum.
Außerdem nehmen sie hier Zugvögel mit offenen Armen auf. Nicht nur gefiederte, sondern auch andere. Klüngelei oder Fremden die kalte Schulter zu zeigen, wäre unklug – schließlich braucht die Insel dringend „Nachschub" an Männern, aber genauso an Frauen, die es sich zutrauen, am Fuß eines von Meer und Wind umtosten Bergmassivs glücklich zu werden.
So wie Steffie. Die 32-Jährige war aus Deutschland ausgewandert und arbeitete in einem Restaurant in Stranda, auf dem Festland. Wie sollte es anders sein, besuchte sie Runde wegen der Papageitaucher. „Aber dann bin ich bei Roman hängen geblieben." Nun führen die beiden das Café zusammen.

Zusammen mit einem knappen Dutzend anderer Passagiere klettere ich nachmittags auf die „Aquila". Das Fischerboot wird von Johan gesteuert. In einem früheren Leben leitete er die Runder Schule. Mit seinem freundlichen Gesicht und der Brille kann man sich den großen Mann, der ruhig auf alle unsere Fragen eingeht, gut als Lehrer vorstellen. Da die Schule Rationalisierungsmaßnahmen zum Opfer gefallen ist, tuckert er jetzt im Sommer mit Touristen zu den Vogelfelsen. Es geht am Dorf vorbei, dessen längliche Grundstücke sich den Berghang hinaufziehen, dann unter der Brücke hindurch. Wie das Ungeheuer von Loch Ness stemmt sie sich auf starken Beinen und mit rundem Buckel aus dem Wasser. Durch den Sund fegen im Winter geballt orkanartige Stürme, da muss die 428 Meter lange Konstruktion natürlich einiges aushalten können. Trotzdem, dass Eltern ihre Kinder dann nicht im Schulbus auf der Brücke wissen

möchten, verstehe ich.
Wir haben die Insel nun von der anderen Seite vor uns. Als Landratte frage ich mich, ob die nächste der kabbeligen Wellen über den Bootsrand schwappen wird – und was, bitteschön, machen wir dann? Wenigstens verspüre ich diesmal keine Angst, das ist gut. Nicht immer dieses Mutterzittern, diese ständige Befürchtung, alles könne im nächsten Augenblick in eine Notfallsituation umschlagen. Der Kapitän hat die „Aquila" sowieso bestens im Griff, und es geht eigentlich nur darum, das gleiche mit dem eigenen Magen zu schaffen. Ich höre lieber damit auf, Fotos zu machen und setze mich still hin.
Basstölpel fliegen über uns, mit riesigen markanten Schwingen. So ähnlich sind wohl ihre Vorfahren aus der Urzeit durch die Lüfte geglitten – majestätisch und friedlich zugleich. Die kleineren Möwen schafften es häufig, ihnen die Eier zu stehlen, erzählt unsere Begleiterin Kaja. Wohl nur unwesentlich jünger als ich, wirkt Kaja mit ihren kurzen blonden Locken und dem markanten Profil sympathisch und bestimmt. Sie unterrichtete ebenfalls die Inselkinder, nun bereichern wir uns auf dem Boot an ihrem fundierten Wissen.
Das kleine Schiff taucht in die Welt der Vögel ein. Ringsum schwimmen die verschiedensten Arten – unter ihnen auch scharenweise Papageitaucher. Ab und zu paddelt einer wie ein Wilder los und hebt ab. Von der „Aquila" zeigen sie sich jedoch gänzlich unbeeindruckt. Wieder freut es mich, dass niemand nach Futter bettelt – nicht einmal die gierigen Möwen. Keiner an Bord zieht irgendwelche Brotreste aus der Tasche. Wir sind alle nur als stille Beobachter gekommen. Die Vögel ignorieren uns völlig. Oder behalten sie uns heimlich im Auge?
Kaja zeigt uns die zierlichen Eissturmvögel. Die den Möwen ähnlichen Tiere sind, so zart sie aussehen, alles andere als wehrlos: Im Fall eines Angriffs würgen sie Verdautes hervor – weniger aus Angst, sondern um den feindlichen Vögeln die Flügel damit derart zu verkleben, dass sie diese Verteidigungsstrategie meist nicht überleben.
Kaja blickt besorgt aufs Wasser: „Lummen und Tordalke finden dieses Jahr nicht genügend Futter auf See. Und Dreizehenmöwen haben wir bisher kaum entdeckt."
Offensichtlich beobachten manche Runder das Leben auf dem Meer

regelmäßig. Das Thema Seekrankheit haben sie da sicher längst abgehakt. Kaja verteilt inzwischen die ersten Kampferbonbons. Sie sind das hiesige Geheimrezept gegen diese Übelkeit, von der ich bisher nur in Romanen gelesen hatte. Wäre es doch dabei geblieben! Die Realität fühlt sich keineswegs so an, als dürfe sie einen literarischen Anspruch erheben. Es ist einfach nur mies. Einem Basstölpel ergeht es allerdings noch wesentlich schlechter. Hilflos treibt er auf dem Wasser, ein Flügel scheint gebrochen.

„Die Mantelmöwe da drüben wartet schon", macht uns Johan auf den Zyklus von Leben und Gefressenwerden aufmerksam. Den verletzten Basstölpel vor seinem Schicksal zu retten – das schlägt niemand an Bord vor. Einmischung wäre fehl am Platz und hätte mit Naturschutz nichts zu tun.

Die Kampferbonbons helfen. Wir klammern uns an die Reling und zücken gleichzeitig die Ferngläser, um Kajas Zeigefinger folgend hoch am Himmel einen Seeadler zu erspähen.

Mit gedrosseltem Motor schaukeln wir auf den Rundebranden, einen massigen Felsen, zu. Werden uns die Wellen gleich an eine der Felsnasen drücken? Mittlerweile vertraue ich fest auf Johan, er wird im wahrsten Sinn des Wortes das Ding schon schaukeln.

Es ist kaum zu glauben, aber das Pfeifen und Kreischen nimmt in Klippennähe noch erheblich zu. Knut, auf dessen Vorschlag hin ich auf der „Aquila" mitgefahren bin, hatte mir die Stimmung schon beschrieben. Über uns sind die Klippen in dichten Nebel gehüllt, aber unten auf dem Wasser bleibt die Sicht überraschend klar; „trollsk" nennen die Norweger das. Behutsam steuert Johan das Boot in eine Grotte. Bereits am Eingang ist der Lärm ohrenbetäubend. Möwennester stapeln sich wie Hochhausappartments übereinander, Krähenscharben hocken auf einem Felsen – dank Kaja halten wir sie nur im ersten Moment für Kormorane. Die im Norwegischen, Englischen und Deutschen verschiedenen Namen der Arten sind kein Problem. Irgendjemand an Bord kann immer übersetzen.

Zu meiner Erleichterung verzichten wir wegen des Wellengangs auf die sonst übliche Umrundung der Insel. Besser so, schließlich ist Kajas Bonbontüte fast leer.

„Kommst du wieder?", fragt mich der Kapitän. Er sagt etwas, was ich nicht verstehe, und alle Norweger auf dem Boot lachen – aber auf

die nette Art. Trotzdem wüsste ich gern, was er gesagt hat.
Zurück im Hafen, wanke ich von der „Aquila". Noch nie hat es so gut getan, festen Boden unter den Füßen zu spüren. Mein ohnehin labiles Gleichgewicht fühlt sich gründlich durcheinandergewirbelt an. Alle anderen Passagiere sind schon vom Kai verschwunden, da sitze ich noch ganz erledigt neben meinem Fahrrad, unfähig aufzusteigen. Johan hat inzwischen das Boot ordnungsgemäß versorgt und tröstet mich:
„Im Winter, wenn ich auf Frachtern arbeite, geht es mir zuerst ganz genauso. Merkwürdig - gerade auf den großen Schiffen werde ich seekrank, auf kleinen wie der „Aquila" hingegen nicht. Aber es dauert nur kurze Zeit, dann geht die Übelkeit vorbei, und ich habe mich an das Leben auf dem Schiff gewöhnt."
Ich lächele schwach. Da mir bereits auf einem simplen Kettenkarussell hundeelend wird, verzichte ich lieber auf weitere Abenteuer in Sachen Balance. Eine Exkursion auf der „Aquila" muss reichen. Dennoch behält Johan Recht – mein Magen beruhigt sich genauso schnell, wie mir schlecht geworden ist. Mit einer 350-Gramm-Tüte Chips aus dem Kiosk (die mich bereits gestern angeblinzelt hatte) und meinem Buch ziehe ich mich zu einer Pause ins Zelt zurück. Es hat wieder begonnen zu regnen.

„Westnorwegen war früher ein Land ohne Bäume. Auf Runde gab es nur niedrige Vegetation. Um 1950 herum fing mein Vater dann an, Bäume, Sträucher und Hecken anzupflanzen. Ab 1970 ging man dazu über, die Inseln zu bewalden – unter anderem mit Nadelbäumen", erzählt Knut. Ich möchte ein bisschen mehr über Runde erfahren und habe mich an ihn gewandt. Da bin ich an den Richtigen geraten, denn der drahtige Mann mit den blauen Augen, die mich scharf mustern, lässt einen wachen Denker vermuten. Er hat sich in den 58 Jahren seines Lebens, die er im Großen und Ganzen hier verbracht hat, eine sehr eindeutige Meinung zu Rundes derzeitigem Zustand und seiner Zukunft gebildet. Bäume spielen dabei eine wichtige Rolle.
„Wozu sind sie gut? - Für nichts."
Ich zucke leicht zusammen. Bäume zu pflanzen, das habe ich bislang immer zu den guten Maßnahmen in der Ökologie gezählt. Aber auf

Runde ist das anders. Da können sie langfristig zu einer Gefahr werden, erfahre ich:
„Irgendwann – vielleicht erst in 200 Jahren - sind die Anpflanzungen derartig weit verwurzelt, da reißen sie dann die ganze Felswand hinunter." Solche Folgen würden die Leute nicht bedenken. Dauernd müsse etwas verändert, den aktuellen Bedürfnissen angepasst werden.
„Ich habe mich immer dafür eingesetzt, solche Entwicklungen zu bremsen. Manche Leute aus meiner Branche wollen alles ausbauen – ich möchte, dass die Insel so urig und einfach bleibt, wie sie ist."
Der Blick aus den blauen Augen wirkt nicht mehr streng. Sondern sorgenvoll. Natürlich, auch Knut treibt die Frage um – was wird aus einer Insel, auf der niemand mehr leben mag außer einer Handvoll Leute, unter denen er selbst zu den jungen zählt? Die Seelotsen-Station wurde 1996 nach Alesund verlegt, allein von Fischerei und Schafzucht kann hier heutzutage niemand existieren.
Können Bus-Gruppen oder vielleicht eine Ferienanlage gegenüber von Rundes kleinem Bade-Sandstrand die Insel retten? Selbstverständlich nicht – ein zum Ferienressort ausgebautes Runde könnte niemals mit den Top Ten der europäischen Urlaubsinseln konkurrieren. Der Campingplatzbetreiber gibt sich da keinen Illusionen hin. Letztes Jahr hat er die Kanareninsel Teneriffa besucht, was ihn erneut in seiner Einschätzung bestätigte. Die Vögel würden ihre langjährigen Brutplätze aufgeben, sie aber sind Rundes touristisches Kapital. Deshalb muss, so betont Knut in seinem eindringlichen Deutsch, die Natur erhalten werden.
Und das schlechte Wetter?
„Die Vögel sind ja hier, weil sie unser Klima mögen. Sie haben eher bei den 25°C, die wir in letzter Zeit oft hatten, gelitten." Wie häufig er das wohl schon alles erklärt hat?
„Ich weiß, ich bin ein alter Querkopf", fügt er hinzu. Aber gleichzeitig ärgert es ihn, wenn „Studierte aus Oslo" alles besser wissen wollen. Da sieht er schwarz für die Zukunft seiner Heimat. „Die Insel wird verwildern", ist sein Fazit. Womit wir wieder bei den Bäumen wären. Und bei meinem Gedanken, warum bei der norwegischen Regierung für Runde nicht gilt, was im Flåmsdal längst praktiziert wird.

Am liebsten würde Knut mit seinen beiden jüngeren, zwölf und 13 Jahre alten Söhnen einen Vertrag in seinem Sinn über das Land abschließen. Aber er bezweifelt, dass daraus etwas wird. Wahrscheinlich werden die beiden ebenso wie sein Ältester wegziehen. Es hört sich so an, als würde auf Runde niemand darum bangen müssen, dass Wurzeln das Erdreich lockern und Felsen ausheben, weil es schon lange, bevor die 200 Jahre um sind, keine Menschen mehr geben wird.

„Manchmal ist man traurig deswegen", meint Knut, „aber eigentlich ist das verkehrt. Besser sollte man versuchen, diese Entwicklung etwas zu verzögern."

So freut er sich über die „Insider", wie er sie nennt, von denen manche regelmäßig im Juni wiederkehren, um die Vögel zu beobachten. Und ganz selten bleibt eben (zumindest für eine Weile) jemand hängen – so wie Steffi vom Kafé Runde. Oder Inguna, die sich mit um den Campingplatz kümmert.

Knut nimmt sich viel Zeit, mir Rundes Problematik begreiflich zu machen. Inguna erkundigt sich für mich nach Details zur Brücke (anstatt mich aufs Internet zu verweisen). Als ich mir im Kafé Runde schnell einen Schokoriegel kaufe, begrüßt Steffi mich, als seien wir Bekannte. Und der Kapitän muntert mich auf, als ich nach der Bootstour verdrießlich und schlapp bin – jetzt verstehe ich den Wohnmobilfahrer, der mich bei der Anreise am Ende des Tunnels begrüßte. Dieses leicht melancholische Timbre in seiner Stimme hatte bestimmt damit zu tun, dass seine Zeit auf der Insel zu Ende ging. Runde verlässt man nicht einfach und peilt die nächste Station der Reise an. Vielleicht ging es ihm wie mir, dass die Stimmen und Bilder von der Insel im Herzen durcheinander purzeln, und es Zeit brauchen wird, sie im Geist zu sortieren.

Tourismus bedeutet hier mehr, als Geld mit den Urlaubsgästen zu verdienen und von daher einen guten Service anzubieten. Auf Runde geht alles eine Nummer familiärer und ungeschminkter zu. Schön, dass ich das erleben durfte!

Als Alleinreisende habe ich es natürlich besonders geschätzt, mich länger zu unterhalten. (Wo ich doch schon angefangen hatte, mit Seen und Vögeln zu reden.) Die Gespräche mit den Einheimischen, ihre direkte Art, gleichzeitig nüchtern und freundlich zu sein, rumoren mir intensiv im Kopf herum. Mit einer komischen Schwere im Bauch belade ich das Fahrrad. Selbstverständlich fühle ich mich nach zwei Tagen nicht zuhause auf der Insel. Schließlich habe ich ein Zuhause, und ich freue mich bereits jetzt darauf, meine Familie wiederzusehen.

Heimweh ist es also nicht, was ich verspüre, als ich auf der anderen Seite des Tunnels herausfahre. Trotzdem, als ob es doch welches wäre, beruhige ich mich mit dem Gedanken wiederzukommen, eines Tages.

9. „Tusen takk, Kristian!" – In die Sunnmørsalpen und nach Geiranger
68 km

Nun bin ich also wieder auf Tour. Darf gespannt sein, wo ich heute Abend mein Zelt aufschlage. Ausgeruht trete ich in die Pedale. Vorläufig stellt sich allerdings die Frage, wie ich wieder runterkomme von den Inseln. Nach dem fürchterlichen Gegenwind, den ich auf der Herfahrt hatte, ist mir die Lust vergangen, den gleichen Weg zurück zu nehmen. Nicht mal auf die Hoffnung hin, diesmal mit Rückenwind zu radeln. Alles sträubt sich in mir dagegen.
Die Alternative, der Eiksund-Tunnel, ist für Radfahrer verboten. Allerdings käme ich sowieso schwerlich auf die Idee, über siebeneinhalb Kilometer lang durch einen Untersetunnel zu strampeln. Ein Albtraum. Aber kann mich nicht einer der Busse, die täglich an mir vorbei brummen, durch den Tunnel bringen? Schließlich hatte das beim Lærdaltunnel prima geklappt.
Ein bisschen kenne ich mich nun eben schon aus, freue ich mich und esse erst mal am Kiosk der *kafeteria* mit Wartesaalcharakter, in der ich beim Herkommen den rettenden Kaffee getrunken hatte, ein Würstchen mit Brot. Kein wirkliches Geschmackserlebnis, deshalb kaufe ich noch ein paar Naschis für unterwegs, um den Gaumen zu besänftigen. Was den Lebensmittelvorrat betrifft, bin ich ziemlich blank. Heute ist Sonntag, also heißt es, das Essen einteilen. Immerhin habe ich mich am Kiosk auf dem Campingplatz noch mit zwei Joghurts sowie einem Paket *lomper* versorgt. Und der Rest der 350 Gramm Chips? Habe ich, da es ja trotz allem so etwas wie Lebensmittel sind, schweren Herzens weggeworfen. Ich konnte keine Chips mehr sehen.
Das Augenmerk auf die nächste Bushaltestelle gerichtet, geht es weiter Richtung Eiksund. Offensichtlich verkehrt hier eine Linie. Fahrpläne erspähe ich allerdings nirgendwo, weder an den Bushäuschen noch an den Haltestellen. Dass meine Pläne von dieser Seite her durchkreuzt werden könnten, damit habe ich nicht gerechnet. Hätte

ich doch bloß denselben Weg zurück genommen! Es geht mir wie in Stryn: Ich habe keine Lust dazu. Da niemand ernsthaft protestiert, dreht sich der Lenker wie von selbst Richtung Eiksund.
Anzeichen von schrulligem Eigenbrötlertum? Zeigt die große Freiheit des Alleinseins erste Risse? Ich bremse neben einem Jüngling – schätzungsweise so alt wie unser Ältester. Der Junge führt einen Golden Retriever an der Leine, und ich denke insgeheim – wie nett, dass er es seinen Eltern abnimmt, mit dem Hund spazieren zu gehen. Zu mir ist er auch nett.
„Entschuldigung – *Unnskyld* (Sprich: „Ünschüll")! Wann fährt denn hier der nächste Bus?"
Der gut erzogene junge Mann zückt gleich sein Handy, um sich bei einem telefonischen Busservice zu erkundigen. Aha, so läuft das hier. Seine anschließende Auskunft ist niederschmetternd – erst nach halbacht wird diese Strecke wieder bedient. Ich gucke dumm aus der Wäsche. Regelmäßig haben mich Busse überholt ... offenbar jedoch nicht sonntags. Ich bedanke mich ziemlich ernüchtert und biete an, die Handykosten zu übernehmen; wer weiß, wie viel Taschengeld er kriegt.
Aber das Angebot wird abgelehnt, Junge und Hund ziehen ihrer Wege. Ich bleibe vorläufig stehen – was soll ich, derart abrupt gestrandet, tun?
„Excuse me!", ruft es plötzlich hinter mir.
Ich drehe mich sofort um, habe ja sowieso nichts Besseres vor. Die beiden haben kehrt gemacht. Was kommt jetzt?
Kristian, so heißt er, will mich mit dem Auto durch den Tunnel bringen. Dass der überhaupt schon einen Führerschein hat. Für alle Fälle ziere ich mich nicht lange und mache nur zur Bedingung, dass ich die finanzielle Seite übernehme. Ich schiebe neben ihm her – was für ein superfreundlicher und großzügiger Mensch. Der Hund auf der anderen Seite mag etwas enttäuscht sein über seinen radikal gekürzten Spaziergang. Zwar bin ich eine Hundeliebhaberin, aber im Moment geht mir meine Mobilität vor. Rasch gelangen wir bei Kristians Zuhause an. Ich hoffe, nicht auch noch den Eltern meine Blamage schildern zu müssen. Aber davon bleibe ich verschont.
„Ich hole nur eben den Führerschein", sagt Kristian.
Wahrscheinlich hat er den Lappen noch ganz neu. Ich lade schon mal

neben dem roten Kombi der Familie die Taschen ab.
Über eine Brücke geht es dann ganz schnell auf eine neue Insel, Richtung Hareid. Kristian spricht es wie „hotdog" aus. Obwohl nicht übermäßig gesprächig, erstaunt er mich weiterhin. In dem eingeschossigen Holzhaus lebt er nämlich keineswegs mit den Eltern, sondern mit seiner Freundin!

„Vor zehn Jahren bin ich mit meiner Familie nach Fosnavåg gezogen, weil mein Vater dort eine neue Stelle bekommen hatte. Letztes Jahr habe ich hier das Haus gekauft."

Und ich dachte, er geht noch zur Schule! Ausnahmsweise bin ich froh über die sprachlichen Barrieren, die mich davon abgehalten haben, impulsive, mütterliche Vergleiche mit meinem Sohn zu ziehen.

Vom Ort Eiksund nehme ich nichts wahr, aber mittlerweile bin ich gewohnt, dass nicht zu allen Ortsnamen wie bei uns zuhause ein Ort gehört. Der Eiksund-Tunnel ist ein Maul auf der vorher beschaulich durch Wälder führenden Landstraße. Gruselig. 287 Meter tief „taucht" er unter dem Vartdalsfjord hindurch. Die nächsten 7, 765 Kilometer verbringen wir in der Röhre.

„Neulich gab es einen schlimmen Unfall, bei dem fünf Menschen im Tunnel ums Leben gekommen sind", berichtet Kristian zu allem Überfluss.

Auch am anderen Ende des Tunnels befindet sich keine Mautstation. Die Fahrzeuge werden mittels Kameras erfasst und die Rechnungen später zugestellt. So braucht niemand anzuhalten.

„Ørsta oder Volda – wo soll ich dich hinbringen?"

„Ich kann doch hier aussteigen", antworte ich.

Kristian war wirklich hilfsbereit genug. Immerhin sind wir eine halbe Stunde unterwegs, zurückfahren muss er schließlich auch. Bestimmt hat er für diesen Sonntag noch etwas anderes vor als eine gestrandete Frau mittleren Alters durch die Gegend zu kutschieren. *Tusen takk –* tausend Dank also, Kristian! Aber offensichtlich ist er der Typ „Wenn-ich-etwas-mache-dann ordentlich". Also entscheide ich mich für Ørsta.

Dort regnet es. Man kann nicht immer Glück haben. Schnell finde ich in dem Städtchen die Ausfallstraße, die mich Richtung Bondalen bringen wird. Sie verläuft sogar weitestgehend flach, zumindest anfangs. Höfe und Wiesen liegen links und rechts. Später wird es bergig, dafür hört der Regen auf. Lupinen in feurigen Rot- und Violetttönen leuchten hinter einer Halde. Was für Farben! Die Samen sind natürlich noch nicht ausgereift, trotzdem nehme ich ein paar mit. Vorbei an Seen und verwunschen liegenden Ferienhütten gelange ich ins Bondal.

Die Sonne kämpft sich durch tief hängende Wolken, widerwillig geben sie die Sicht auf eine Kette von hohen Gipfeln frei. Habe ich solche Berge schon gesehen? Eigentlich bin ich ja dauernd von Felsen und runden Kuppen umgeben. Diese hier sind jedoch anders. Sie gleichen, wenn schon, denen am Syvdsfjord, an dem ich auf dem Weg zur Fähre auf die Inseln entlangfuhr. Kantige Spitzen und lang herabgleitende Hänge, wie für Riesen gemacht, die dort auf dem Hosenboden herunterrutschen möchten. Sunnmørsalpen nennen die Norweger diese Region. Die Straße neigt sich entgegenkommend, uneingeschränkt bewundere ich die Szenerie rechts und links. Der mächtige Brekketind, auf den ich zuhalte, misst 1578 Meter, verhüllt sich allerdings halbwegs mit einem Nebelgürtel.

Ein Fluss rauscht neben der Straße her, ein Stückchen weiter begleitet ihn ein von Büschen und Bäumen gesäumter Kiesweg. Der Verkehr hält sich sehr in Grenzen, trotzdem ziehe ich den Wanderweg vor. Am Ufer entdecke ich mehrere Angler, von der Straße aus wären sie mir entgangen, denn sie sind in Tarnfarben gekleidet und bewegen sich naturgemäß eher sparsam.

„Was angeln Sie?", frage ich einen graubärtigen Mann mit Schirmmütze und hohen Gummistiefeln.

„Lachs. Aber heute will keiner anbeißen", antwortet er.

Es klingt eher sachlich statt frustriert. Wenn man nach so edler Beute jagt, muss man Pleiten einkalkulieren. Einfach draußen sein, Zeit haben ist bereits für sich genommen schön. Auswerfen, Abwarten, Aufrollen. Eine beruhigende Tätigkeit, wie ich selbst vorletzten Sommer in einem Ruderboot mitten auf einem schwedischen See festgestellt habe – so etwas von entspannend ... ich war damals sogar froh darüber, keinen Fisch an den Haken zu bekommen. Das wäre nur ungemütlich geworden.

Und ein bisschen spannend ist Angeln ja trotzdem. Der Graubärtige hat wider Erwarten den Standort gewechselt. Jetzt steht er auf der

Brücke und wirft den Köder, einen armen aufgespießten Regenwurm, immer wieder in eine bestimmte strudelnde Stelle. Vielleicht mögen Lachse solche Whirlpools; bei einem anderen Angler beobachte ich die gleiche Vorgehensweise. Warten, Schnur aufrollen. Auf das Brückengeländer gestützt, starre ich gemeinsam mit dem Petrijünger gebannt auf das sichtbare Ende der Schnur. Ringsum wirbelt das Wasser, es gischtet, schießt glatt dahin oder sucht sich eine Auszeit zwischen Steinen am Ufer. Es gibt viel zu sehen in einem Fluss, da dürfen von mir aus die *lakser* gern am Leben bleiben. Im Bondalselv soll es eine Menge von ihnen geben. Aber heute verstecken sie sich. Ist es ein lustiger Zufall, dass ich in Norwegen zwar wiederholt Fischer beobachte – aber keinen einzigen, der einen Fisch fängt?
(Die Vermieterin unserer Winterhütte traf ich einmal auf der Straße zwischen den Häusern. Sie wickelte einen winzigen Fisch aus einer Plastiktüte; er war fast zwischen den Falten verloren gegangen. Den hatte sie beim Eisfischen gefangen - einem beliebten Zeitvertreib im Winter, bei dem man mit Schnüren in der Hand auf Stühlchen um ein zuvor gebohrtes Eisloch hockt.
„Der ist für die Katze", war ihr Urteilsspruch für den kleinen Kümmerling.)

Sæbo begrüßt mich als nette kleine Ansiedlung mit mehreren Läden und einem niedrigen Hotelkomplex am Wasser, dessen Dächer größtenteils mit Gras bedeckt sind. Schräg gegenüber verlässt der Norangsfjord zwei seiner Brüder, um sich wie eine neugierige Schlange ins Gebirge zu tasten. Gründlich geduscht in dem nach frisch verbautem Holz duftenden Waschraum auf dem Campingplatz, sitze ich auf einer Bank am Kai. Vor meinen Füßen wiegt sich sanft der Fjord. Neben mir steht mein Fahrrad. Mit ihm in diesen entlegenen Winkel gelangt zu sein (und mit Kristians Hilfe), übertrifft meine kühnsten Pläne. Was hätte ich alles versäumt, wäre ich zuhause geblieben! Welche Experimente hätte ich mir mein Leben lang niemals zugetraut, wäre ich nicht stur immer weiter nach Norden geradelt.
So viel Gutes ist mir passiert, den ganzen Weg lang. Karis Philosophie fällt mir ein – das Gute im Leben sehen. Irgendwie bin ich direkt darauf zugeradelt. Lange habe ich gezögert und meine Route

mit Bleistift auf der Landkarte vorgezeichnet. Immer auf dem Sprung, alles auszuradieren. Plötzlich war dann doch der Tag da. Nun los, versetzte ich mir selbst einen Puff, die Chance kommt nie wieder. Ich bin aufgebrochen und irgendwann im Paradies gelandet. Von Kopf bis Fuß fühle ich mich eins, als sei ich aus einem Guss gemacht und auf den Weg geschickt worden. Gibt es Schöneres? Keine Erwartungen piesacken mich, dass mein Schicksal oder ich selbst anders sei. Wie ich bin, ist es gut. Diese Reise fordert mich seelisch und körperlich bis an meine Grenzen, da muss mein gesamtes Wesen - Glieder, Charakter, Herz, jede Fiber von mir – zusammenarbeiten, einander annehmen. Ich glaube, das ist es, was mich mit tiefer Zufriedenheit erfüllt. Ich fühle mich aufgehoben in der Welt.

Die schroffen Gipfel auf der anderen Seite umsäumen Wolkenfische, gleichzeitig erleuchtet sie das Abendlicht. Norwegen ist ein atemberaubendes, gewaltiges und immer wieder erstaunliches Land. Nach zweieinhalb Wochen, denke ich dankbar und glücklich, muss solch ein Statement einfach mal sein.

Eine Fähre biegt um die Ecke – sie sichert meine Weiterreise! Für morgen habe ich mir das Norangsdal, das hinter dem gleichnamigen Fjord ansteigt, vorgenommen. Es wundert mich, so gut wie keine Urlauber im Ort zu sehen. Vielleicht sind sie vom Bergsteigen in den Sunnmørsalpen derart müde, dass alle bereits in ihren Betten und Schlafsäcken liegen. Ich krieche jetzt auch gern ins Zelt. Kaum zu glauben, dass ich heute Morgen noch auf Runde war. Ich werde fest schlafen, bewacht von lauter hohen Bergen.

Du meine Güte, werde ich es denn nie kapieren? Kurz will ich die Karte aus dem Zelt holen, da schnappt sich eine der allzeit bereiten Möwen die Scheibe *fårepølse*, die ich in einen *lomp* zum Frühstück eingewickelt hatte. Der *lomp* dreht einen Looping durch die Luft, die Möwe verzieht sich mit der Wurst auf einen Laternenpfahl. – Du blöde Möwe, ich habe selbst fast nichts mehr! Das ist der Möwe natürlich egal. Soll sie sich den *lomp* auch noch holen? Das beschäftigt sie mehr, aber sie traut sich nicht. Oder sie meint, es sei kein lohnendes Risiko. Ich hebe den Kartoffelpfannkuchen aus dem Gras auf und lege ihn auf dem Tisch vor der Rezeption beiseite, wo ich mich in der

Sonne zum Frühstücken niedergelassen habe.
Es ist ein wunderbarer Morgen. Gerade passiert das, was ich mir gestern Abend vorm Einschlafen sehnlichst gewünscht habe: Wie ein Bühnenvorhang vor den gespannten Zuschauern langsam aufgezogen wird, verschwinden allmählich die Nebelschleier am anderen Ufer des Hjørundfjords. Sie geben den Blick frei auf eine fantastische Felskulisse. Wulstige Steilwände, tiefe Einschnitte, im Vordergrund blaugrünes Wasser und bunte Boote – es scheint mir der Tag der Tage zu sein. Was für ein Glück, dass ich eben diesen Morgen in Sæbo verbringe.
Da schmerzt eine verlorene Scheibe Schafssalami wenig, außerdem öffnen bald die Läden. Der kleine dicke Campingplatzbesitzer sieht die Sache anders: *Lomper* zum Frühstück? Das geht doch nicht, die arme Frau. Er schüttelt den Kopf und watschelt in sein Häuschen zurück. Ich schenke ihm keine weitere Beachtung und weide mich an dem Panorama sowie der Aussicht auf einen neuen sonnigen Radeltag. Plötzlich erscheint er wieder und steuert, in der Hand eine dampfende Wurst mit Brot, auf mich zu. Die ist für mich. Ihr Geruch kräuselt sich süßlich-fettig in meine Nase. Ich bin ziemlich perplex und schaffe es gerade noch, mich angemessen enthusiastisch zu bedanken, gleichzeitig aber den Kaffee, den er mir außerdem spendieren will, abzulehnen. Den habe ich nun wirklich selber. – Dass die Leute immer so nett sind! Offensichtlich bedeutet, die Privatsphäre anderer zu respektieren, was ja wohl *typisk norsk* ist, nicht, eventuelle Schwierigkeiten von Mitmenschen zu ignorieren.
Eine spezielle Aufmerksamkeit gegenüber Leuten, die allein reisen? Steckt dahinter der Wunsch, sie ein bisschen aufzumuntern, weil sonst keiner diese Aufgabe übernimmt? Darüber zu spekulieren, was dieser Freundlichkeit zugrunde liegen könnte, kommt mir mal wieder typisch deutsch vor – sie sind einfach nett und damit basta! Dass ich *pølser*, Würstchen, bereits gestern von der kulinarischen Liste norwegischer Köstlichkeiten gestrichen hatte, finde ich jetzt völlig nebensächlich.
Eins steht auf jeden Fall fest: *Lomper* sind das Letzte! Ab sofort steige ich endgültig auf Knäckebrot und Brötchen um. Wenn sogar Vögel die Kartoffellappen verschmähen!
Zwar ist Montagmorgen, aber in den wenigen Straßen von Sæbo

herrscht beinahe die gleiche Ruhe wie am Abend vorher. Kein quirliger Touristenort. In einem Kirchenfenster stehen Liliensträuße. An Wohnhäusern entdecke ich ebenfalls hübsche Stillleben in den Fenstern. Eine Haustür am Anleger ist mit Spitzkörben voller Petunien, Hornveilchen und Margeriten geschmückt. Nach so vielen, eher nüchternen Orten empfinde ich Sæbo direkt als malerisch.
In der Kaffeeecke neben dem Joker-Lebensmittelmarkt haben sich drei Männer, offensichtlich Einheimische, zum Frühschoppen getroffen. Einer von ihnen sieht wie ein richtiger norwegischer Seebär aus, in dieser Gegend wäre er also ein Fjordbär. Im Laden schiebe ich den Einkaufswagen behutsam durch die engen Gänge. Ich kaufe einen *pæreskinke* im Sonderangebot. Der Name Birnenschinken rührt, wie ich bei genauerer Begutachtung erkenne, von der Form her. Mit so einem Schinken brechen bestimmt keine mageren Zeiten an. Und bei dem Gewicht schleppt ihn mir vorläufig keine Möwe ab!
Der Fjordbär stapft hinüber zu einem zweistöckigen Gebäude am Anleger und verschwindet dort hinter einer Holztür. Die ersten Autos knattern in Erwartung der nächsten Fähre nach Lekneset auf den Vorplatz. Gleich ist es weniger friedlich im idyllischen Sæbo. Eigentlich mag ich mich noch gar nicht trennen, will auf die Berge ringsum wandern, abends dem Kreischen der Möwen und dem Klatschen des Wassers an den Kaisockel zuhören und dabei zu den hohen Sunnmøre-Gipfeln am anderen Ufer hinüber träumen.
Einige Autofahrer sind ausgestiegen.
„Weiß der Himmel, warum die Leute immer nach Geiranger durchbrettern", meint ein Wanderfreak aus Bergen.
Wir sind ins Gespräch gekommen, weil ich mit dem Fahrrad einen Platz hinter ihm in der Warteschlange stehe. Das Kopfschütteln, das seine abschätzige Bemerkung unterstreicht, gilt ausnahmsweise nicht mir, denn ich verschweige, dass der berühmte Geirangerfjord auch ein Etappenziel meiner weiteren Reiseroute ist.
„Dieser Teil der Sunnmørsalpen ist nämlich eindeutig schöner, finde ich. Ich bin schon als Kind hier gewandert, daher kenne ich mich mit den Wegen aus. Anstrengende Touren, denn es geht ja meistens wegen der Fjordlage bei Null los. Meine Tochter besitzt eine Hütte in den Bergen, da fahren wir jetzt hin."
Er zeigt mir die Gipfel, deren Besteigung für dieses Mal geplant ist.

„Die Sunnmørsalpen zwischen Sæbo und Norangsdal, das ist die schönste Ecke Norwegens", behauptet er. Ich glaube ihm sofort. Geiranger kann einfach nicht schöner sein. Vom Bug der Fähre sehe ich zum Norangsfjord hinüber. Links der Slogen (1507 m), rechts das Massiv des Skårasalen (1523 m), und ich werde zwischen beiden hindurch radeln. Ob es klamm und eng wird? Ich bin gespannt.
Sogar für kleine Wiesen und Dörfer bleibt noch Platz zwischen Berg und Fjord. Die schmale Straße führt direkt am Ufer des Norangsfjords entlang. Gegenüber liegt der Weiler Stenes, ein Fahrweg verbindet ihn mit der Außenwelt. Soweit ich erkennen kann, besteht er höchstens aus zwei, drei Hofstellen. Dahinter ein Stück Weide, ein Streifen offenbar angepflanzten Waldes. Allmächtig scheint sich der Skårasalen über das Fleckchen menschlicher Existenz zu beugen. Ein Erdrutsch, und er würde Stenes in den Norangsfjord fegen. Wie mag es sein, zu Füßen eines so gewaltigen Berges aufzuwachsen? Der Bedrohung ständig ansichtig?
Ohne Ambitionen, das auszuprobieren, radle ich weiter zum mit Holzschnitzereien und Blumen verzierten Hotel Union. 1891 erbaut, sollte es die Gelüste der europäischen Crème de la crème auf eine Abenteuerreise nach Westnorwegen befriedigen. Kaiser Wilhelm II., der wohl berühmteste deutsche Norwegen-Fan, hat die Westküste insgesamt 25-mal besucht. Er war Stammgast im Hotel Union. Erstaunlich: Sein Pflichtpensum hat doch bestimmt so schwer gewogen wie das einer dreifachen Mutter. Dennoch hat er sich diese Auszeiten genommen. Gut bekommen ist ihm seine häufige Abwesenheit letzten Endes allerdings nicht. Ich hoffe, meine Geschichte geht besser aus. Mit einem Tross an Personal und Gepäck zu reisen, stelle ich mir außerdem unerquicklich vor. Da steige ich lieber wieder auf mein Rad und finde, dass ich damit weitaus komfortabler dran bin als der letzte deutsche Kaiser.
Wenige Kilometer später stoppe ich an einem kleinen See. Das Auto am Ufer gehört zwei Tauchern. Warum haben sie sich für ihr Hobby ausgerechnet diesen kleinen Weiher ausgesucht? Eine Tafel liefert die nötige Erklärung. Der See, der Lygnstølvatn, ist nämlich noch relativ jung. Vor rund 100 Jahren stürzte hier eine Steinlawine zu Tal. Die neun Almhütten an dieser Stelle blieben zwar verschont, die

Steinbrocken schütteten jedoch einen Wasserlauf zu, sodass sich ein Damm bildete.
Die Talsenke lief voll und ertränkte nach und nach das kleine Almhüttendorf. Die übrig gebliebenen Grundmauern der aus aufeinander gelegten Steinen erbauten Häuschen, sind im klaren Wasser deutlich zu erkennen. Die Taucher wollen unter Wasser dem alten Weg zwischen den Hütten folgen. Für die junge Frau, die mit ihrem älteren Begleiter aus Stryn hergefahren ist, erweist sich das als schwierige Übung – aber der Mann spart nicht an Tipps. Da hat sie bestimmt früher oder später den Bogen heraus. Bei einem Blick auf die Karte bin ich überrascht, wie nah Stryn per Luftlinie liegt. Fast ein Katzensprung, wenn man mit dem Auto durch die Berge fährt, statt wie ich auf Umwegen möglichst darum herum.
Moderat steigt die stille Straße an, der Wald bleibt bald zurück, stattdessen breiten sich niedriges Gestrüpp, Gräser und Flechten aus – *fjell*-Pflanzen eben, die sich auf dem Grund eines ziemlich sonnenarmen Tals wohlfühlen. Ich lege einen Kaffee-Stopp ein, um den Anblick der bis zu 1700 Meter hohen Felswände, die dunkel und ernst über dem Tal aufragen, in mich aufzunehmen. Mit Genießen hat das weniger zu tun. Nach all dem Licht, dem warmen Sonnenduft unten am Fjord rieselt mir ein Schauer über den Rücken angesichts dieser steinernen Schweigsamkeit. Ein klammer Geruch weht herüber. Unheimlich – und ganz bestimmt kein Lagerplatz für die Nacht. Im Kontrast zum blauen Himmel mit seinen weißen, gemächlich schwebenden Wolken scheinen sich die riesigen Wände zu neigen. Man kennt dieses Trugbild, mit dem man spaßeshalber manchmal vor hohen Kirchtürmen spielt. Angesichts dieser dunkelgrauen Eminenzen vergeht mir jedoch die Lust auf optische Raffinessen. Die Luft riecht nach drohendem Zeigefinger: Wenn wir umfallen, senden die kantigen Burschen ihre stumme Botschaft, bist du lediglich ein Stäubchen unter unseren Massen.
Natürlich fallen sie nicht um, und die Kühe, die hinter einem seichten Bächlein ihre Verdauungssiesta halten, sparen sich solche albernen Gedanken. Wegen mir finden sie es ebenfalls unnötig aufzustehen. Am Hang gegenüber stoße ich auf alte, wie mit Erdreich und Fels verschmolzene Sennhütten mit Grasdächern; zu viert oder fünft schmiegen sie sich aneinander. Heute werden sie nur noch ausnahms-

weise genutzt – niemand braucht mehr einen Sommer lang Kühe zu hüten. Schließlich brummt man im Auto schnell das Tal herauf, um zu melken. So denke ich bedauernd … aber andrerseits - hier Sennerin sein? Da müsste man schon sehr gute Bücher dabei haben.
Der Wind frischt auf. Weiterziehen. Vollständig einsam ist das Norangsdal doch nicht, stellt sich bald heraus. Leute winken mir zu, die weiter oben eine Hütte als Feriendomizil bauen. Auf der Höhe parkt ein Wohnmobil. Froh, dem Rummel in Geiranger entronnen zu sein, wollen die Besitzer, ein norwegisches Ehepaar um die fünfzig, von hier aus wandern. Wir unterhalten uns über die leeren Hütten und die Kühe.
„Sämtliche Hütten im Norangsdal sind außer Betrieb", bestätigt der Mann meinen Eindruck. „Die Kühe, die hier oben weiden, sind zu jung, um gemolken zu werden. Deshalb können sie gut alleine bleiben."
Ich radle weiter, vorbei an Wiesen voller Wollgras, begrenzt von neuen Felswänden. Bäche rinnen dort hinunter und lassen den Stein wie von Silberadern durchzogen glänzen. Dann erreiche ich die ersten Häuser. Zwischen all den Grün- und Grautönen sind sie echte Farbtupfer. Zum dauerhaften Wohnen finde ich es hier trotzdem unattraktiv. Im Winter weißt du ab dem späten Nachmittag nicht mehr: Gehe ich bloß in die Dunkelheit oder pralle ich im nächsten Moment gegen einen Felsen?

Anscheinend habe ich bei all dem Staunen über diese kompromisslose Szenerie versäumt, dass ich einen Pass überwunden habe. Es geht nun tüchtig abwärts, zu schnell eigentlich. Das Empfinden bleibt zurück, eine Gegend, die ich gerade erst kennen gelernt habe, voreilig zu verlassen. Warum habe ich nicht dort oben gezeltet, zum Beispiel in der Nähe der Wohnmobilleute? Schwer zu sagen. Sind das erste Anzeichen von „Abenteuermüdigkeit", weshalb ich lieber den gewohnten Zeltplatz aufsuche? Habe ich Angst vor der großen Stille? Vielleicht spielt von beidem etwas eine Rolle. Aber mit von der Partie ist ebenso das nebulöse Bewusstsein, dort fehl am Platz zu sein. Passen das Norangsdal und Menschen überhaupt zusammen? Spontan zweifle ich daran. Das Wohnmobil, die Hüttenbauer wirkten wie Fremdkörper. Was will ich nun noch mein Zelt zwischen das flauschige Wollgras pflanzen?! Zu viel Scheu. Zu viel Respekt. In Hellesylt hat mich die Zivilisation wieder. Mein kleines olivgrünes Zelt hätte oben im Tal womöglich am allerwenigsten gestört. Aber es ist wohl wahr: Allmählich werde ich der fragwürdigen spannungsgeladenen Aktionen müde. Ich ziehe es vor, auf die leichte Art weiterzureisen. Liegen aufregende Highlights sozusagen am Wegesrand, freue ich mich natürlich. Andrerseits bedeuten Zeltplätze Sicherheit sowie einige Annehmlichkeiten. Oder? - Wie man sich bettet, so liegt man: Nun sehe ich dem schwedischen Besitzer eines monströsen Wohnwagens dabei zu, wie er seine Abwässer in den Bach hinter dem von ihm belegten Stellplatz leitet. Klasse ausgesucht, Mann. Die Campingwartin ist mäßig an dieser Neuigkeit interessiert.

Eigentlich gibt es sonst nichts zu meckern, denn Zelte stehen auf dem Hellesylter Campingplatz in der ersten Reihe, direkt am Sunnylvsfjord. An einem Tisch in meiner Nähe zelebriert ein junges belgisches Pärchen sein Abendessen. Das geht mit viel hausfraulichem Brimborium seitens der Frau vor sich. Der große, schlanke Mann schiebt, trägt und räumt mit, aber eindeutig nur in Form von nebenrangigen Hilfsdiensten. Endlich sitzen sie sich hinter ihren Plastiktellern gegenüber, ein bisschen gezwungen sentimental bei Kerzenschein. Die junge Frau sieht aus, als sehne sie eine Zeit herbei, in der dieses Ritual allabendlich stattfindet. Unter ihrer ordentlichen brünetten Frisur schaut sie besorgt, ob alles recht ist, und es ihm schmeckt. Der junge Mann schaufelt innerhalb kürzester Zeit sein Essen in sich hinein, viel gesprochen wird nicht, dann verläuft schon die ganze Prozedur retour, sie verstauen die romantische Ausrüstung in Plastikkisten im Kofferraum des Autos, das der Mann zu diesem Zweck extra heranfährt. - Mädchen, das kommt noch früh genug! So möchte ich ihr zurufen. Aber was weiß ich schon? Vielleicht gehören solche Dinge einfach zum derzeitigen Stand ihrer Beziehung, vielleicht haben sie sich dieses Rollenspiel liebevoll für den Urlaub aufgespart, weil sie zuhause mit beiden Beinen im Berufsleben stehen.

Auf Reisen läuft man ständig Gefahr, die Umgebung oder Verhaltensweisen vorschnell zu beurteilen. Alles, was wir sehen, muss benotet werden. Wieso eigentlich? Oh, ich fürchte, das ist ebenfalls typisch deutsch. Schon wieder!

Es regnet. Missmutig äuge ich aus dem Zelt. Mangels Küche, in die ich mich setzen könnte, frühstücke ich zum ersten Mal im Zelt. Die Luft ist mächtig feucht hier drinnen, weil ich beim Aufbau gestern Abend mit Wind zu kämpfen und deshalb vergessen hatte, die Belüftungsluken zu öffnen. Wie wichtig das gewesen wäre, merke ich jetzt. Die Streichhölzer sind unbrauchbar.

Dank meines First-class-Platzes beobachte ich aus dem Zelteingang heraus ein Kreuzfahrtschiff, das über Nacht in den Sunnylvsfjord eingelaufen ist und nun direkt vor mir ankert. Es ist wiederum die „Costa Mediterranea". In meinen Augen ist seit meinem Aufenthalt in Flåm, wo ich das Schiff zum ersten Mal gesehen habe, eine Menge Zeit vergangen. Wie haben die Passagiere die knapp zwei Wochen an Bord verbracht?

Sie werden mit kleinen Booten an Land verfrachtet. Zur Begrüßung stehen zwei als Bären kostümierte Gestalten am Pier bereit. Ein bisschen auf die Kreuzfahrer zu spannen, vertreibt die Zeit, bis es aufhört zu regnen – ich kann Zähneputzen gehen! Während Zelt und Bodenplane in der Sonne trocknen, radle ich durch Hellesylt. 680 Menschen leben hier, trotzdem gibt es zwei Supermärkte, mehrere kleine Geschäfte sowie eine Jugendherberge. Liegt das daran, weil Gäste von Hellesylt aus in einem Tagesausflug bequem das Superziel Geiranger erreichen? Auch per se gilt das Dorf mit der Fährstation jedoch als beliebter Ferienort.

Ich schreibe an der hübschen Kirche, die über dem Ort thront, eine Postkarte. Auf dem Rückweg gerate ich in eine Gasse und dort in ein „Gespräch" mit einem lustigen alten Mann. Die Häuser und Gärten sind hier eng zusammengerückt, er steht oben am Aufgang zu seinem Haus und hält dort von der Treppe aus einen längeren Monolog für mich. Ich grinse freundlich zurück. Mehr brauche ich zum Glück nicht beizutragen. Der kleine Opi strahlt und erzählt und erzählt – ich glaube, es handelt sich um seine Lebensgeschichte oder zumindest einen Teil davon. Darin kommt vor, wie er geheiratet und sich einen Volkswagen gekauft hat. Klar, dass ihm Letzteres bei der Begegnung mit einer Deutschen einfällt. Nach meiner Interpretation seiner Rede war ihm der Autokauf fast noch wichtiger als die Hochzeit.

Mittags stehe ich auf dem Deck der Fähre nach Geiranger. Nun werde ich ihn also erleben, den Schönsten der Schönen, den Fjord, der seit 2005 zum UNESCO-Weltnaturerbe gezählt wird. Ein paar Deutsche, die sich gute Plätze am Heck gesichert haben, bieten mir den letzten freien Stuhl an. Aber zum Sitzen komme ich kaum. Wie auf der „Aquila"-Bootstour vor Runde gibt es ständig von einer anderen Position aus wieder Neues zu sehen. Nur dass ich auf diesem großen Schiff zum Glück nicht seekrank werde. Wasserfälle stürzen aus Hunderten von Metern Höhe in den Fjord, wie die berühmten „Syv søstre" – die „Sieben Schwestern". Tatsächlich sind sieben Wasserfälle zu bewundern. Das ist heutzutage keinesfalls mehr selbstverständlich, denn oben in den Bergen schneit es weniger – folglich nimmt das für die Wasserfälle nötige Schmelzwasser ab.

Wie bei der Loreley am Rhein wurde auch am Geirangerfjord eine Legende zu diesem beeindruckenden Naturphänomen ersonnen: Ein Mann wollte eine der sieben Schwestern heiraten, aber sie gaben ihm allesamt einen Korb. Warum, verschweigt die Sage, oder ich bin gerade durch ein anderes Fjordwunder von der Stimme aus dem Lautsprecher abgelenkt. Persönlich vermute ich, sie hätten es vorgezogen, jede als individuelles Wesen betrachtet anstatt x-beliebig ausgewählt zu werden. Den tragischen Ausgang der Geschichte erfahren wir auf der gegenüberliegenden Seite: „Friaren" – „Der Freier" heißt der einsame Wasserfall dort. In seiner birnenförmigen Mündung lässt sich mit Fantasie eine Flaschenform erkennen – der Freier endete als Trinker. Ob am Rhein oder hier, die Geschichten gleichen sich wie ein Ei dem anderen.

Spannender, da mit mehr Authentizität behaftet, finde ich den kleinen Hof auf halber Höhe der Felswände. Nur mit Hilfe von Leitern, von denen einige sogar noch erkennbar sind, konnte er überhaupt bewirtschaftet werden – und das bis in die 60er Jahre hinein. Die Kinder wurden festgebunden, damit sie nicht abstürzten. Die einzige Verbindung zur Außenwelt bildete der Fjord. Wie arm müssen manche Norweger gewesen sein! Ich kann mir schlecht vorstellen, dass sich Bauern in diesen Lagen allein wegen des milden Klimas ansiedelten. Selbst wenn sogar der Anbau von Aprikosen erfolgreich gewesen sein soll, weil die Früchte an Schönwettertagen intensiv von der Sonne bestrahlt wurden.

Paddler streichen unterhalb senkrecht aus dem Wasser ragender Felsmassive entlang. Ich möchte gern mit ihnen tauschen. Keine Frage, der Geirangerfjord ist faszinierend, gewaltig, atemberaubend – alle Superlative passen. Trotzdem versetzt er mich nicht in die überschwängliche Begeisterung, die ich für manches andere auf der Reise empfunden habe. Den Vorwurf, eitel oder verwöhnt zu sein, lasse ich gern auf mir sitzen – aber das Erlebnis scheint mir einfach weniger erhebend, wenn 150 andere genauso über die Reling glotzen wie ich. Das berauschende Gefühl, etwas entdeckt zu haben, das irgendwo in den Nischen der Welt verborgen ruht, den Schwung, den das ins Herz trägt - solche Impulse werden zwischen den nach Sonnencreme, Rauch und Schweiß riechenden Leibern einfach nicht gesendet.

Die Reiseliteratur hat mich ja vorgewarnt. In Geiranger trifft mich der Nepp – norwegische Souvenirs vom Troll bis zur Nationalflagge – trotzdem mit voller Wucht. Jede Menge Volk spaziert die Promenade entlang, die Arbeitsfähigen unter den rund 300 Einwohnern sichern eifrig das Jahresgeschäft. Nach drei Wochen mit einer überschaubaren Anzahl von Kontakten befremden mich diese Menschenmassen. Von der früheren Fischersiedlung ist so gut wie nichts übrig geblieben. Deshalb peile ich direkt einen der Campingplätze an. Er liegt ein wenig außerhalb an einer Fjordbiegung. Die Straße führt weiter in steilen Kehren den Hang hinauf. Ørneveien – Adlerweg – wird sie genannt, was mich hinreichend warnt, auf den „Adlerblick" von oben besser zu verzichten.

Mein Elan, Steigungen zu bewältigen, hat seinen Höhepunkt inzwischen eindeutig überschritten. Damit geht es mir ähnlich wie mit dem Erlebnishunger: Eigentlich will ich nur noch meine Etappen schön friedlich und trocken hinter mich bringen. An Abenteuern fühle ich mich gesättigt. Eine ziemlich lahme Einstellung zum Reisen! Wo bleibt die Neugier auf Neues! Zufrieden, neben dem Zelt eine Bank vorzufinden, packe ich auf dem Tisch dazu meinen *pæreskinke*, Brötchen und die Kaffee-Utensilien aus. Eine gemütlich lange Pause, die sich von Mittag bis in den Nachmittag hinein zieht – das ist mir jetzt gerade recht. Und vielleicht das Beste, um die Lebensgeister wieder zu wecken.

Es ist ruhig auf dem Platz: Abreisende sind schon fort, die Neuen trudeln später ein. Der Firlefanz-Tsunami aus Geiranger scheint nicht bis zu dieser Biegung geschwappt zu sein. Die Leute hier freuen sich

wohl einfach darüber, am berühmten Geirangerfjord zu sein, denke ich. Das trifft zumindest auf eine deutsche Familie zu: Auf Runde hatte ich bereits die Küche mit ihr geteilt. Der Mann ist mit seinen beiden Söhnen begeistert in das Boot eines Camping-Nachbarn gestiegen. Übers Wasser wollten sie zum Ausgangspunkt einer Wanderung gelangen. Die Mama wirkt zwar ebenfalls sportlich, ist jedoch zuhause geblieben, um die „Männer" abends per Auto auf der anderen Seite in Humlun abzuholen. Sie rückt meine Illusion von fröhlichen, zufriedenen Norwegen-Reisenden zurecht:
„Es hat gestern Streit darum gegeben, wer auf den Plätzen in der ersten Reihe direkt am Wasser stehen darf", klärt sie mich auf.
Auch um die beste Stromversorgung werde gezankt. Sie selbst hat allen Grund, die Querelen der Nachbarn ganz gelassen zu betrachten. „Wir konnten mittlerweile von Gästen, die abfuhren, einen Platz ganz vorn übernehmen. Da sitzen wir zum Frühstück richtig schön in der Sonne."
Dennoch macht sie sich Gedanken über dieses touristisch verbratene, aber nach wie vor mystische Gewässer, an dessen Ufer sie in ihr Marmeladenbrötchen beißt. „Ich habe gehört, dass einmal im Jahr der Fjord in einer großen Aktion quasi abgekämmt wird, um ihn von seinem Ölfilm zu befreien."
Ob das stimmt? Es wäre kein Wunder, bei dem regen Fährverkehr und den über 160 Kreuzfahrtschiffen, die im Sommer anlegen. Nachdenklich gucken wir auf den Schönsten der Schönen.
„Tja", meint die Camperin, „unser Nachbar hier hat uns neulich ein paar Fische geschenkt. Die haben gut geschmeckt."
Ich kehre in die friedliche Ecke mit den Zelten zurück. Es stört mich wenig, dass Wohnmobile nahezu komplett die Sicht aufs Wasser verstellen. Ich kann ja zum Fjord hinüber gehen, wenn ich will. Mangels Aussicht fällt mein Blick auf eine niederländische Mutter. Ihr Wohnmobil parkt zwar auf einem der heißbegehrten Logenplätze, aber sie hat reineweg nichts davon. Die ganze Zeit über, während ich auf der Holzbank lümmle, rummelt sie mit zwei Kleinkindern herum. Die müssen essen und unterhalten werden. So nah am Wasser darf die Mutter ihre beiden Sprösslinge natürlich keine Sekunde aus den Augen lassen – und das auf engstem Raum um das Wohnmobil herum. Obendrein beschäftigt sie sich mit einer Familienladung

Wäsche. Sie tut mir leid. Ob es sie wohl urlaubsmäßig zufrieden stellt, ihre Wäsche am Geirangerfjord zusammenzulegen? - Und ganz große Frage: W o i s t d e r P a p i ? Zu seinen Gunsten bemühe ich mich, ihn mir dabei vorzustellen, wie er mit drei älteren Kindern einen Ausflug macht. Aber dafür wirkt die Niederländerin zu jung und das Wohnmobil zu klein.

Um halb vier raffe ich mich auf, radle nach Geiranger und betrete mutig den größten Souvenirshop des Ortes. Zugegeben, es gibt schlimmeren Plunder – vieles von dem, was angeboten wird, ist mehr oder weniger interessant oder witzig. Das meiste scheint sogar von stabiler Qualität zu sein, soweit ich das einschätzen kann – seien es Norwegerpullover, Mützen, Landkarten, Bücher oder Gläser. Viel Holz und Buntes. Trotzdem irre ich zwischen den Gängen umher und empfinde bloß eine widersprüchliche Mischung von Reizüberflutung und Langeweile. Kein Wunder, denn in diesem Geschäft Andenken für meine Lieben zu kaufen, erübrigt sich. Ich will keine zum Bersten gefüllten Radtaschen mitschleppen. Also hebe ich mir diesen Einkauf für das Ende meiner Reise auf.

Als Nächstes absolviere ich meinen üblichen Besuch in der Touristinformation. Hier herrscht, wie draußen, ein Riesengedränge. Diesmal gerate ich an einen sehr freundlichen geduldigen Mann. Mein Reisebuch empfiehlt Radlern, per Bus aus dem Tal die rund 1000 Höhenmeter hinaufzufahren. Eine hervorragende Idee. Geduldig spricht mir der Angestellte den Namen der Haltestelle auf dem Pass mehrmals vor, bis ich ihn auf der Karte wiedererkenne: Djupvasshytta. Nichts leichter als das. Da ich inzwischen ja weiß, dass dies hierzulande als nebensächlich erachtet wird, spare ich mir die Frage nach dem Preis für die Busfahrt. Ich bezwinge diese Distanz sowieso nicht per Fahrrad.

Zurück am Zelt bekomme ich abends gegen sieben plötzlich einen Energieschub – meine vermisste Neugier meldet sich zurück. Na, denn los. Die deutsche Mama hatte mir den Weg zum Storseterfossen, einem Wasserfall, hinter dem man durchgehen könne, beschrieben. Hinter Geiranger geht es eine Reihe der Serpentinen hinauf, die ich morgen im Bus auszusitzen gedenke. Ohne Gepäck drehe ich zügig eine Kurve nach der anderen. Auch wenn ich dabei natürlich ins Schwitzen gerate, genieße ich es doch, wie mein Körper das mit-

macht. Und ich spüre, wie immer beim Radfahren, weder das wackelige Gleichgewicht noch den Rücken. Stattdessen bestes Körperfeeling auf der ganzen Linie.
Trotzdem finde ich es schön, den Wanderweg zum Storseterfossen zu erreichen. Von Geiranger und dem Fjord ist nichts mehr zu sehen, tief eingeschnitten liegt das Tal zwischen den hohen Bergen ringsum. Ein Stückchen schiebe ich das Rad mit, dann wird der Pfad zu unwegsam dafür. Ich verstecke es abseits vom Weg im hohen Gras und schließe sorgfältig ab. Als ob jemand nichts anderes im Sinn hätte, als mein Rad zu klauen! – Aber es ist mir einfach zu kostbar. Schrecklich die Vorstellung, ohne fahrbaren Untersatz dazustehen – und das mit sechs einzelnen Gepäckstücken.
Der Wanderweg steigt stetig bergan, ein Gatter ist zu durchqueren. Ganz ähnlich wie in den Alpen. Bloß dass ich dort nie abends allein herumgekraxelt bin. Wenn mir etwas zustößt, bin ich ganz auf mich gestellt.
Die Sonne bescheint den Hang mit weichem Licht. Es könnte später Nachmittag sein, aber ich weiß es besser. Es geht auf acht Uhr zu. Während ich überlege, ob mein Vorhaben noch zur Kategorie „vernünftig" zählt, höre ich Stimmen von weiter oben. Eine ganze Familie wandert an mir vorbei. Ich hätte es mir ja denken können. In Norwegen lebt man natürlich im Sommer mit den langen hellen Tagen.
Den Storseterfossen erreiche ich bald. Tatsächlich, mit gigantischem Schwung stürzt das Wasser über die Felsen. So lebendig und guter Dinge. Die Sonne sorgt für die richtige Beleuchtung des Schauspiels. Ich bin froh, den guten Tipp erhalten zu haben, gleichzeitig wird mir bei dem Dröhnen der Wassermassen unheimlich zumute. Denn hier treffe ich nun wirklich keine Wanderer mehr – und schlimmer noch: Das Gehör fällt sozusagen komplett weg. Bei einer solchen Solo--Tour möchte ich mich jedoch lieber auf alle Sinne verlassen können. Meine Fantasie treibt sofort Blüten, ein brisanter norwegischer Kriminalfall spukt mir durchs Hirn: Mord am Storseterfossen. Niemand hörte ihre Schreie.
Kein Plot, über den ich genauer nachdenken will. Nach einer Weile mache ich mich auf den Rückweg. Bald umfängt mich wieder abendlicher Frieden mit Vogelgezwitscher und der letzten Wärme des Tages. Eigentlich wundervoll, die Berge „ganz für mich zu haben",

während ich abwärts wandere. Trotzdem freue ich mich sehr, als mein Mann auf dem Handy anruft. Er tut das alle paar Tage, aber in diesem Moment passt es ganz besonders gut. Telefonisch begleitet er mich quasi den Rest des Berges hinunter. Immer fällt uns etwas Neues ein, was wir uns erzählen müssen, und wir vergessen die Rechnung, die später ins Haus flattern wird. – Und dann finde ich mein Fahrrad nicht wieder! Bin ich vor lauter Quatschen glatt daran vorbeigelaufen? Oder ist es doch geklaut worden? Nun müssen wir in Verbindung bleiben, bis ich das Rad endlich in seinem Grasversteck entdecke. Denn das muss Dirk doch wissen!
In bester Laune rolle ich die Kurven hinunter, auf Geiranger zu. Mit einem hartnäckigen erdig-lebendigen Geruch in der Nase. Schwer zu sagen, wo er herrührt: Blumenwiese, Schafpipi, Holz? Vielleicht von jedem etwas. Außerdem habe ich ganz unvermittelt einen wahnsinnigen Jieper auf Milch. Milch steht nie auf meinem Touren-Versorgungszettel, denn ich habe ja keine Möglichkeit, sie zu kühlen. Also ersetzen Joghurt und Käse diesen Mangel. Dachte ich. Jetzt jedoch ruft alles in mir: Milch, Milch, Milch! Seltsam, denn ich bin sonst gar keine große Milchtrinkerin. Aber anscheinend verlangt mein Körper nun genau dies – als ob er schwanger wäre und ein Anrecht auf die Erfüllung abstruser Begierden hätte.
Zum Glück hat ein Supermarkt am Fjord noch geöffnet. Schnurstracks visiere ich das Kühlregal an, um zum ersten Mal die Tetra Paks mit den unterschiedlichen Sorten Milch zu studieren. Weil ich so dünn geworden bin, entscheide ich mich für einen Liter *melk hel*, die Sorte mit dem höchsten Fettgehalt. Ich klemme mir die Packung auf den Gepäckträger und düse ohne weiteren Aufenthalt zum Campingplatz. Nicht nur, dass ich dort gleich einen halben Liter hinunterstürze – es ist jetzt auch Zeit für *rømmegrøt*, die norwegische Nationalgrütze. Sie wird aus saurer Sahne, Mehl sowie eben Milch gekocht und anschließend auf dem Teller mit Zimt und Zucker bestreut.
Natürlich verfüge ich bloß über eine Tütenversion von *rømmegrøt*. Das Endprodukt, das ich mir auf einer Herdplatte in der Campingküche zubereite, schmeckt wie Milupa-Babybrei. Aber in meinem augenblicklichen Zustand finde ich das toll, meine Gelüste sind vorläufig befriedigt.

Der Papi ist mittlerweile heimgekehrt. Er sieht muffelig aus. Das überrascht mich nicht. Eine Flasche Rotwein und zwei Gläser stehen auf dem Tisch vorm Wohnmobil. Aber bald sind er und seine fleißige Frau in ihrem Gehäuse verschwunden.
Schlechte Noten – schon wieder? Aber für mich selbst auf jeden Fall kaum bessere, denn hätte ich nicht heute Mittag zu der Frau hinüber gehen können, auf ein paar Worte und ein bisschen Hilfe?

10. Das Wetter wird schlechter – Über den Pass ins Ottadal
105 km

Am besten setze ich mich ganz ans Ende der Bank, denke ich mit Blick auf das niedrige Zelt, das gestern, als ich vom Storseterfossen wiederkam, neben meinem aufgestellt war. Von der Milch habe ich extra einen Schwaps übrig gelassen, und stelle die Packung mit einem Gefühl von Luxus auf den regenfeuchten Tisch. Heute Morgen wird es statt Kaffeeweißer echte, frische Milch geben. Ich bin neugierig, ob sich die beiden jungen Frauen aus dem Nachbarzelt zu mir an den Tisch setzen werden. Genau genommen, ich möchte, dass sie sich zur mir setzen. Ein bisschen zu schwatzen wäre schön.
Allmählich regt sich etwas im Zelt. Eine der Frauen erscheint und stellt einen Topf Wasser auf ihren Kocher. Kurz darauf nehmen sie tatsächlich am Tisch Platz. Mit höflichem Abstand selbstverständlich, und übermäßig gesprächig sind sie auch nicht. Meine Beiträge halten sich ebenfalls in Grenzen, aber das liegt an meinem holprigen Französisch. Die beiden wohnen in einem Pariser Vorort, sind zum ersten Mal in Norwegen und machen den Eindruck eines gut aufeinander eingespielten und sich selbst genügenden Teams.
Spannend wird es erst wieder, als ich im Bus nach Djupvasshytta sitze. Meine Rückreise beginnt, es geht ab jetzt allmählich wieder nach Süden. Solange die Zeit reicht, bleibe ich beim Verkehrsmittel Fahrrad, zumindest nach dieser Busfahrt, die mich aus dem Talkessel herausbringen soll. Nach mir steigt eine große Gruppe junger Asiaten ein. Geiranger hat der Bus schnell hinter sich gelassen, dann schraubt er sich Kehre für Kehre in die Höhe, fast in den Himmel, möchte man meinen. Nicht unbedingt mein Ding, aus dem Fenster zu schauen. Es geht mir zu nah „an der Kante" entlang. Aber ich gucke doch. Für mich überraschend hält der Bus an einer Aussichtsplattform. Die Asiaten haben offenbar damit gerechnet, denn sie stürmen alle nach draußen. Oder werden sie hier von einem anderen Bus abgeholt? Vorsicht ist die Mutter der Porzellankiste ... ich erkundige mich

beim Fahrer, damit er nicht ohne mich weiterfährt.
Die Pause lohnt sich. Von der Plattform fällt der Blick tief ins Tal auf den Geirangerfjord. Sogar „meinen" Campingplatz mache ich aus. Ob die beiden Französinnen sich dort noch einen zweiten Becher Tee gegönnt haben, nachdem sie davon befreit waren, der Deutschen jeden zweiten Satz wiederholen zu müssen? Und die Mutter der beiden Jungen bedauert es bestimmt, dass heute zum Frühstück nicht die Sonne scheint. Die Niederländer waren bereits abgefahren.
Nach etlichen weiteren Kurven überqueren wir den Pass. Der Bus spuckt mich nach insgesamt nur 17 Kilometern Strecke als einzigen Fahrgast in Djupvasshytta aus, samt Rad und eins, zwei, drei ... sechs Gepäckstücken. Das Durchzählen ist Routine geworden. Die „Hütte" am Djupvatn-See entpuppt sich als klotziger Steinbau – sicher angebracht auf 1030 Metern Höhe. Ich sehe mich um: Aus der vergleichsweise lieblichen Welt der Fjorde bin ich in die Szenerie von nacktem Fels, Schnee und Wasser zurückgekehrt. Eisigem Wasser, wie ich kurz darauf feststelle, als ich für eine nachträgliche Morgenwäsche bis über die Schultern in den Djupvatn eintauche. Jetzt fühle ich mich wieder frisch und schlüpfe gern in ein paar warme Klamotten.
Bald gibt es erneut einen Stopp. Die schmale Straße ist wegen Bauarbeiten am Hang über ihr gesperrt. Es hat sich bereits eine Schlange von Autos und ein paar schwedischen Motorrädern gebildet. Eine junge stämmige Frau mit blonden Haaren hat das Sagen. Sie trägt sozusagen amtliche Outdoor-Kleidung, wozu eine neonfarbige Weste, Bergstiefel und ein Sprechfunkgerät gehören. Weder ihr robustes Auftreten noch der eintönige Job hindern sie daran, strahlend zu lächeln und trotz der Wartezeit, bis die Sperre aufgehoben werden wird, gute Laune zu verbreiten:
„ Fahr du mal ruhig ganz nach vorne", schickt sie mich an den Anfang des Schwanzes von motorisierten Fahrzeugen. Brav folge ich dieser Aufforderung und bin sicher, dass sie nur das Beste mit mir vorhat. Während wir alle warten, schauen wir uns die Landschaft an: Höhenzüge, bedeckt mit der entsprechenden hartleibigen Pflanzenwelt, die einem überall dort begegnet, wo außerhalb des Sommers harsche Winde pfeifen, oder Schnee alles unter sich begräbt. Kein Baum wagt hier zu wachsen. Wie eine dünne graue Schnur zieht sich

die Landstraße durch diese unfreundliche Gegend.
20 Minuten sind vergangen. Nach einem knappen Wortwechsel über Funk schickt mich die Verkehrswächterin auf die Reise. – Was, ich soll den Anfang machen, mit der ganzen Meute im Nacken, die nur darauf aus ist, mich auf der schmalen Straße zu überholen, um die verlorene Zeit wettzumachen? Rechts geht es bergab, auch das noch.
Die junge Frau lächelt:
„Die anderen warten, bis du durch bist."
Darf ich glauben, dass sie all die wilden Raser zurückhält, bis ich das von hier aus unsichtbare, andere Ende der gesperrten Strecke erreicht habe? Da lege ich mich ordentlich ins Zeug, um ihrer Vorstellung davon, in welcher Zeitspanne man zur anderen Seite radelt, zu entsprechen. Vielleicht zwei Kilometer lang habe ich die Berge für mich. Meine Ankunft an der anderen Seite wird ebenfalls per Walkie-Talkie gemeldet. Wow!
Ich behalte das Tempo bei. Statt flach geht es ganz sanft abwärts. Dafür bläst der Wind von vorn. Die Straße ist bald besser ausgebaut, die Autofahrer brummen bequem an mir vorbei.
Von einem Rastplatz, der etwas abseits der Straße liegt, winken mir die Motorradfahrer zu.
„Willst du einen Kaffee?", brüllt einer von ihnen übers *fjell*.
So kann nur ein Schwede brüllen. Bestimmt ein direkter Nachfahre der Wikinger.
„No, thank you!", rufe ich zurück, so laut ich kann.
Warum nehme ich nicht an? Wäre sicher nett, mit den Ledergesellen einen Kaffee zu trinken. Aber da ich so gut drauf bin, liebäugle ich (leider) mit dem Gedanken, die 80 Kilometer bis Lom in einem Rutsch durch zu düsen.

Kaum Grün, lange Seen, graue Wolken. Die Straße verliert sich im kalten dunstigen Nirgendwo. Mit 35, 40 Stundenkilometern drehen sich die Reifen bestimmt. Konzentriert halte ich den Lenker unter Kontrolle. Falls ich bei dieser Geschwindigkeit ins Trudeln gerate, gute Nacht. Außer einem Parkplatz mit Klo oder einem Gebäude des staatlichen Verkehrswesens gibt es wenige Fixpunkte in diesem schier endlosen Landstrich. Entfernungen beherrschen den weiten Raum.

Nichts, was man im Gedächtnis behalten müsste. Stopp. An der Einfahrt zu einem Selbstbedienungsrestaurant erspähe ich einen Golf mit deutschem Kennzeichen „PLÖ" – mein Heimatkreis! Das Auto hält sogar. Ein Mann im Rentenalter mit sorgfältig gescheitelter Frisur steigt aus, seine Frau bleibt sitzen. Das ist die Gelegenheit! Egal, wenn ich mich lächerlich mache. Ich kurve seit drei Wochen allein durch Norwegen, und der Mann verkörpert, ob er will oder nicht, ein Stückchen Zuhause. – Er will nicht. Anstatt freudig seine Frau dazu zu holen, damit wir einen kurzen Klönschnack unter Landsleuten halten, zeigt er sich eindeutig desinteressiert an diesem wundersamen Treffen. Schade.
Ich setze meinen Weg fort. Er führt immer deutlicher bergab. Schließlich treffe ich auf die Otta. Dieser Fluss ist den Seen entsprungen. Bei Pollfoss tobt sie über die Steine, ganz ein echter Gebirgsfluss. Später beruhigt sie sich und wartet stattdessen stellenweise mit zwei verschiedenen Farben auf: mintfarben und durchsichtig blau. Die Berge werden grüner, die Luft wärmer. Ehemalige Sennhütten gucken auf die Straße hinunter, Glöckchen von Ziegen oder Schafen bimmeln von irgendwoher. Schön, wieder die Geräusche des Almlebens zu hören. Im Billingsdal umgibt mich Wald, die Otta rauscht parallel zur Straße.
Auf einem Rastplatz packe ich meinen Proviant aus und koche Kaffee. Von der Sonne beschienen, duftet der Tisch intensiv nach Holz. Dazu genieße ich die Aussicht auf den Fichtenwald und den Fluss. Was für ein Gegensatz zu der arktischen Szenerie am Djupvatn. Kaum zu glauben, dass ich heute Morgen noch an einem Fjord aufgewacht bin.
Ein Autofahrer stoppt ebenfalls, schnappt sich seinen Thermosbecher mit Kaffee und nimmt an einem Tisch etwa 25 Meter von mir entfernt Platz, um Zeitung zu lesen. Ganz, wie es sich in einem Land, wo man die Privatsphäre anderer respektiert, gehört. Eine liebenswürdige Sitte, finde ich erneut und fühle mich weiter wohl. Kurz darauf bremst ein ausländisches Wohnmobil direkt hinter mir. Dies ist offensichtlich ein beliebter Rastplatz. Die beiden etwas älteren Insassen stellen Stühle vor die Blechwand ihres Fahrzeugs zum Sonnenbaden auf. Fast könnten wir uns die Hand reichen. Sie lassen sich jedoch ohne Andeutung eines Grußes genüsslich in die Polster sin-

ken, ihre Blicke schweifen träge durch mich hindurch und über den Wald. Ihre Gedankenlosigkeit berührt mich unangenehm. Was nehmen sie eigentlich wahr? Genau genommen spulen sie ihren Urlaubsalltag ab, als sei ich eine der Fichten im Flusstal.
Später setze ich mich auf Steine an die recht breit gewordene Otta. Ewig möchte ich dasitzen und dem Fluss zuhören. Warum stelle ich nicht an dieser Stelle unter den Kiefern das Zelt auf? Es liegt daran, dass ich meinen Entscheidungen mittlerweile weniger Gewicht beimesse. Ich bin es müde, mich ständig zu etwas entschließen zu müssen. Ein Rasttag in Lom klingt vielversprechend. Basta. Die Energie, bequeme Entschlüsse spontan umzustoßen, ist verpufft. Anstatt zu bleiben, wo ich es schön finde, versteife ich mich auf dieses alberne Ziel Lom. Was zieht mich eigentlich in einen weiteren Touristenort, wo ich doch viel lieber mit dem Wasser Zwiesprache halte?
Ich versuche, die einzelnen Tonfolgen des Flusses voneinander zu unterscheiden. Aber es sind viel zu viele, mir gelingt es gerade bei einer. Zu schnell mischen sich andere Klänge hinein, Musik, helles feines Klackern einer Perlenkette, weiches Rauschen. Ich gebe auf, denn letztendlich verschmilzt alles zu einem großen, wunderbaren, komplizierten Lied.
Mitten im Wasser auf einem Stein steht wieder einer der kleinen Vögel, die so gerne unerkannt bleiben. Ich werde Norwegen wohl verlassen, ohne herauszufinden, zu welcher Art sie gehören. Herausfordernd klingt sein vertrautes fiependes Pfeifen über das Rauschen der Otta. Nur wenn er sich bewegt, nehme ich ihn überhaupt optisch wahr. Ich sollte das Fernglas heraussuchen, aber dann ist er bestimmt schon weggeflogen. Also bleibe ich faul sitzen, lasse das Wasser statt meiner eilig unterwegs sein. Vielleicht sind Flüsse nebenbei auch dazu da, uns Menschen aus der Hektik zu holen. Man sitzt eine Weile bei ihnen und ob man es spürt oder nicht, wir werden die Wirbel in uns, die grundsätzliche Ungeduld auf magische Weise los. Als würden sie alles wegschwemmen, mitnehmen in ihrem eigenen stetigen Unterwegssein. Die Zeit fühlt sich anders an in der Gesellschaft der Otta.
Habe ich mehr Ruhe in mir als zu Beginn der Reise? Ich denke schon, auch wenn es mich jetzt nach Lom weiterzieht. Stress und Zweifel, die mich am Anfang dauernd beschäftigten, habe ich irgend-

wo auf der Strecke gelassen. Zwar reise ich nach wie vor mit körperlicher Anstrengung, aber dafür ohne Hast von Ort zu Ort. Ein Teil von mir möchte dem Lied des Flusses zuhören – andrerseits liebe ich es zu spüren, um wie viel meine Kraft gewachsen ist, während ich längere Strecken hinter mich bringe. Dieses Fahren macht Spaß. Mit Kilometerzahlen werde ich trotz allem niemals punkten können. Das macht aber nichts, denn stattdessen habe ich gesehen und erlebt, was ich mir in meinen kühnsten Träumen ausgemalt habe. Statt bloß der Nase nach, bin ich auch meinen Herzgespinsten nachgefahren ... und das in einer Lebensphase, die man üblicherweise für andere, vernünftigere Dinge reserviert. Als Mutter sowieso, denn da trägt man ja bekanntlich Verantwortung für kleine Leute, die das noch nicht selber können.
Zuhause bin ich erleichtert, wenn abends alle heil zurückgekehrt sind. Wenn das Tatütata, das ich tagsüber aus der Ferne gehört habe, niemandem von uns gegolten hat. Ich freue mich, wenn meine Kinder guter Dinge sind, in der Schule zurechtkommen, Freunde haben. Das sind ernsthafte Hoffnungen, und es ist schön, als Begleiterin zuzusehen, wenn sie sich erfüllen.
Träume sind etwas anderes. Ich habe mich auf die Reise gemacht, um sie zu verwirklichen. Tatsächlich haben sie mich in den letzten Wochen durchs wirkliche Leben geführt. Alles durfte ich tun und erleben, was ich mir von ganzem Herzen gewünscht hatte. Dass das geklappt hat, kann ich immer noch kaum glauben. Gern würde ich mich ein paar Tage lang an dieser Stelle aufhalten, um dieses Geschenk zu verinnerlichen. Die Otta wäre ein guter Fluss für solch eine Auszeit vom Reisen. Andrerseits wird sie mich bis zu ihrer Mündung in den Lågen begleiten.

Bis nach Lom zieht es sich hin. Graue Wolken verbergen die Sonne, es herrscht nach wie vor Gegenwind. Feine Regensträhnen machen das Radeln zur stupiden Treterei. Noch einmal schafft es die Sonne für ein Weilchen. Um die 600 Meter tiefer befinde ich mich mittlerweile. Eine neue Szenerie eröffnet sich. Lange grüne Kämme erheben sich rechts und links, alles Karge, Schroffe ist verschwunden. Von der Straße, die teilweise sogar über einen Radweg verfügt, zweigen Auffahrten zu großen Höfen ab. Besonders bei älteren Gebäuden

sind die Holzstämme entweder, abgesehen vom Schälen, im Naturzustand verbaut oder braun gestrichen worden. Es sieht gemütlich aus und passt in die Landschaft. Um Skjåk herum halte ich jeweils bei zwei kleinen Kirchen, zu denen die Schlüssel in den Türen an der Friedhofsmauer umso größer sind.
Ich bin müde und zähle die Kilometer nach Lom runter. Das 1000-Einwohner-Städtchen gehört erfreulicherweise zu den regenärmsten Gebieten Norwegens. Bergketten umgeben das mittlere Ottadal und halten Unwetter fern, habe ich gelesen. Weiterhin gibt es einiges anzuschauen, unter anderem eine über 800 Jahre alte Stabkirche. Zwei Übernachtungen habe ich deshalb dort eingeplant, schon allein, um den Ort ohne Gepäck besichtigen zu können. In Lom wird alles gut, da strenge ich mich eben jetzt nochmal an. Also lasse ich mich nicht von einem gemütlich aussehenden Campingplatz an der linken Straßenseite verführen, sondern radle bis in die Stadt.
Es ist mittlerweile halb neun Uhr abends und regnet Bindfäden, aber das wird hoffentlich bald aufhören in dieser angeblich so trockenen Gegend. Den von mir avisierten Zeltplatz suche ich vergeblich, womöglich hat er geschlossen, oder ich verpasse ihn, nass und erschöpft, wie ich bin. Folglich lande ich in der Rezeption eines anderen Platzes mit angeschlossenem Hotel. Hier zu campen, kostet mit 155 NOK fast das Doppelte von dem, was ich üblicherweise sonst bezahlt habe. (Sogar am Geirangerfjord wurden nur 105 Kronen verlangt.)
Wütend füge ich mich in mein Schicksal. Andrerseits, was soll's? Es ist wirklich das erste Mal, dass ich solches Pech habe. Was heißt Pech? Es könnten viel schlimmere Sachen passieren – Hauptsache, ich habe ein Fleckchen, wo ich das Zelt aufstellen kann. Ein nasses Fleckchen für ein nasses Zelt auf einer nassen Wiese, die lieblos von einigen Zäunen unterteilt ist. Der Kochraum ist einfach trostlos. Zu dem schicken Hotel- und Hüttenkomplex gegenüber passt er wie die Faust aufs Auge.
Im regenarmen Lom schüttet es während meiner Inspektion des Campingplatzes beharrlich weiter. Sauer setze ich mich ins Zelt – dafür habe ich mich so abgestrampelt! Wehmütig erinnere ich mich an die schöne Fahrt durch das obere Ottadal – da hätte es Möglichkeiten zum Zelten gegeben!

Reisen bedeutet eben bis zu einem gewissen Grad auch, von einer Überraschung zur nächsten zu tingeln. So erwartet mich immerhin ein erfreulicher Aspekt auf diesem Campingplatz. Man kann umsonst heiß duschen! Das ist tatsächlich etwas Besonderes. Bislang war das Duschen meistens eine etwas hektische Angelegenheit - wie lange würde die eingeworfene Münze reichen? Selbst wenn drei oder fünf Minuten angekündigt waren ... ich zumindest trage unter der Dusche keine Uhr. Nun jedoch bin ich gewaschen wie seit Langem nicht mehr.
Nachts scheinen Kolonnen von Lastern durch das Zelt zu röhren. Die Hauptstraße ist gleich nebenan, und der Motorenlärm klingt, als sei mit der Dunkelheit die 50-Stundenkilometer-Beschränkung aufgehoben. Ich wache wiederholt auf und spüle am nächsten Morgen diesen Frust ebenfalls mit einer schönen heißen Dusche in den Abfluss. Danach sehe ich alles wieder etwas gelassener, auch die Tatsache, dass es noch immer regnet. Ich unterhalte mich mit ein paar anderen Campern – weiterer Schlechte-Laune-Abbau.
Siehe da, es hört auf. Vermutlich habe ich gerade den Jahresregen erwischt. Zweimal möchte ich hier dennoch keinesfalls übernachten. Deshalb beschließe ich, das Zelt einfach etwas länger stehen zu lassen und radle hinüber zur *stavkirke*, der Stabkirche. Wie der Name schon sagt, wurde sie nicht aus aufeinander liegenden Balken, sondern mit senkrecht stehenden „Stäben" errichtet. Diese Bauweise hat man sich damals von den Schiffen der Wikinger abgeguckt: Das norwegische Wort *stav* bedeutet Mast – so stabil wie ein Schiffsmast mussten auch die Pfeiler der Kirche in ihren Fundamenten verankert werden. Überhaupt, so dachten sie wohl zu jener Zeit in Norwegen, warum auf Altbewährtes verzichten: Insofern ist die Kirche wie ein Wikingerschiff mit Drachenköpfen, Symbolen des skandinavischen Glaubens vor der Verbreitung des Christentums, geschmückt.
Mit Schutzzeichen zweier Religionen ausgestattet, hat sich das Kirchlein bis in die heutige Zeit gerettet. Schutz kann das irgendwie rührende Holzgebäude mit den schiefen Türmchen nach wie vor gebrauchen. Im heimeligen Inneren unter der bemalten Chordecke ist wenig Platz - und der wird bis zum letzten Fußbreit von Besuchern belagert. Es heißt allgemein, die zahlreichen Besichtigungen würden manchen Schaden in den Stabkirchen anrichten.

Das Zelt ist tatsächlich getrocknet. Ich packe rasch alles ein, bevor der Himmel anderen Sinnes wird. Es scheint sich jedoch einzupendeln, dass es morgens regnet. Lom macht da keine Ausnahme, abschirmende Berge hin oder her. Mit einem riesigen Milchbrötchen sowie einer Rosinenschnecke suche ich mir einen freien Platz an einem der Tische vor der berühmten Bäckerei von Lom. Es ist dort ebenso voll wie in der Kirche. Die Leute stehen Schlange für üppiges Gebäck, lecker aussehende Brote mit Tomate oder Olive sowie Getränke.

Am späten Mittag radle ich über die Brücke am Ostende des Städtchens. Die Otta hat sich bereits weit vor Lom zu riesigen Seen geweitet. Jedes Auseinanderdriften der Ufer trägt einen neuen Namen. Erst später wird dieses Gewässerband wieder ganz offiziell Otta heißen.

Diesmal habe ich es richtig gemacht. Auf der Karte wiesen die Strecken rechts und links des Wassers so ziemlich das gleiche Höhenprofil auf. Also wagte ich mich auf die alte Strecke nach Vågåmo anstatt eine weitere unangenehme Fahrt auf dem *riksvei* zu riskieren. Diese Nebenroute ist einfach wunderbar, so macht Radfahren wieder Spaß. Im Handumdrehen habe ich die Unbilden von Lom vergessen. Neuer Tag, neues Glück, summt es in mir. Autos überholen mich nur vereinzelt. Ab und zu tauchen alte Bauernhöfe auf, ihre Balken sind im Lauf des ständigen Wechsels von Regen, Sonne und Schnee fast schwarz geworden. Nur die Dachschindeln glänzen silbern in der Sonne. Auf dem höchsten First reitet ein Glockentürmchen. Durch das Läuten rief man früher das Gesinde zusammen – meistens zu den Mahlzeiten. Aber im Notfall, zum Beispiel bei einem Feuer, konnten ebenfalls alle rasch alarmiert werden.

Die Straße verläuft größtenteils hoch über der gegenwärtigen Metamorphose der Otta, einer nicht allzu breiten Passage. Eine märchenhafte Flusslandschaft tut sich vor meinen Augen auf. Silbern umrandet leuchten Sandbänke – wie kann die sanfte Symbiose von Wasser, Sand und Sonne solche kunstvoll wellenförmigen Borten zaubern? Bewundernd schaue ich auf die lanzenförmige Spitze einer langen Insel hinunter, auf Prärien von grünem, sachte tanzendem Wassergras. Kurz darauf verwandelt sich der Strom zum ersten Mal in eine leuchtend türkisfarbene Schleppe, wie sie hinter einer Königin her wallt.

Wie weit ich tatsächlich nach Süden zurückfahren werde, kann ich später planen. Für den Rest der Strecke bis nach Göteborg, von wo aus ich per Schiff nach Deutschland zurückreisen will, beabsichtige ich sowieso, Busse oder Züge zu benutzen. Jetzt folge ich gerne ein paar Tage lang geruhsam dem Fluss. In meinem kleinen Zelt zu schlafen, schmälert mein Bedürfnis nach Bequemlichkeit dabei keineswegs. Es ist ja längst mein Zuhause, mein Fixpunkt während dieses Nomadendaseins geworden. Alles hat inzwischen seinen festen Platz darin, bis hin zum Buch und der Taschenlampe. Dieser „Winzlingshaushalt" gefällt mir als ansonsten häufig treppauf, treppab laufender Familien-Sachensucherin natürlich besonders gut.
Als Studentin empfand ich das ganz anders. Da hatte ich nach einer Woche die Nase voll davon, im Schlafsack nachts unbequem auf dem Reißverschluss gelandet zu sein, das Frühstück aus Plastiktüten zu fischen und die ganze Zeit über zu wissen: Gleich geht das große Würgen und Quetschen los, wenn alles in den Packtaschen verstaut werden muss.
Weit hinter mir über dem Talkessel von Lom braut sich eine nichts Gutes verheißende Suppe zusammen; das Sonnenlicht weicht dort zunehmend schwarzgrauen Gewitterwolken. Ich drehe dem heraufziehenden Unwetter eine lange Nase – ohne mich!
Irgendwann endet die asphaltierte Straßendecke. Auf dem vom lokalen Verkehr festgefahrenen Untergrund rollt das Fahrrad jedoch beinahe genauso gut. Sprenger wässern ringsum die Wiesenhänge, ihre langen Schläuche reichen bis hinunter zum Fluss. So praktisch war es nicht immer. Früher wurden, über Weiden und Felder verteilt, Rinnen gegraben. In denen sammelte sich das Wasser aus den Bergen und lief nach unten. Mit breiten Holzschaufeln schleuderten Männer das kostbare Nass über ihr Land. Das muss eine kräftezehrende Plackerei gewesen sein: Auf den Fotos im Freilichtmuseum von Lom sieht diese Methode aus heutiger Sicht wenig effektiv aus. Zeitweise unbenutzte Rinnen im Grabensystem verschloss man mit Steinen. Dann suchte sich das Wasser woanders seinen Weg und war dort vielleicht nützlicher. Offenbar steckt also entgegen meinen Erfahrungen doch ein Quantum Wahrheit in der Behauptung, dieser Abschnitt

des Ottadals sei knapp an Regen.
Bei einem erneuten Blick zurück merke ich: Eben tritt leider der gegenteilige Fall ein. Die Lomer Suppe kriecht durch das Tal hinter mir her. Ein typischer Fall von zu früh gefreut. Aber ich darf mich dennoch freuen. Diese Nacht zelte ich nämlich bei Martinus. Zuerst fallen mir die über einen Staketenzaun gehängten Geweihe von Rentieren auf, dann die eindeutig von Kinderhand gekrakelten Zeilen auf einem in Folie eingeschweißten Blatt Papier: Nicht „No camping", wie ich es schon häufiger gesehen habe, steht darauf, sondern „*Overnatting* 20 NOK". Zu zahlen an Martinus und Syver, die „*eiger*" des Campingplatzes, einer schmalen Uferwiese mit wildem Gras. *Reinshorn*, also die Geweihe, gibt es gratis, lese ich.

Auf dem 70 Meter weiter gelegenen Hof stöbere ich Martinus, einen ungefähr Achtjährigen mit rundem Gesicht und sehr kurzen blonden Haaren auf. Astrid Lindgren lässt grüßen. Gleichermaßen neugierig und schüchtern betrachtet der Junge mich. Ich sehe ihm an der Nasenspitze an, dass er mich irgendwie seltsam findet: Fährt diese Frau auf einem mit bunten Taschen beladenen Rad durch die Gegend, spricht kaum seine Sprache und ist mit ihren grauen Strähnen im Haar bestimmt noch viel älter als seine Mutter – was soll er davon halten? Der Vater übernimmt es, die Sachlage zu klären: „Martinus vermietet die Wiese als Campingplatz und kümmert sich um alles. Eigentlich habe ich damit gar nichts zu tun. Wende dich ruhig an ihn."

Ein bisschen etwas soll Martinus für sein Geld schon leisten, findet der Vater offenbar. Außerdem meint er, bei dem schlechten Wetter reiche es aus, wenn ich seinem Sohn 10 Kronen gäbe. Von diesem Ansinnen bekommt Martinus zum Glück nichts mit, denn wir sprechen Englisch. Zwar lernt er die Sprache, wie in Norwegen ab der ersten Klasse üblich, sicherlich in der Schule – allerdings erst einmal in Form von Spielen und Liedern. Ich habe nicht vor, einen Rabatt auszuhandeln. Vermutlich muss er die Einnahme mit seinem Bruder Syver teilen. Der scheint jedoch abwesend zu sein.

„Willst du Holz haben, damit du ein Feuer machen kannst?", fragt mich der Vater.

Das klingt verlockend. Eigentlich herrscht in Norwegen das Verbot, im Sommer draußen ein Feuer zu entzünden. Zu groß ist die Gefahr

für die Natur. Aber wenn der Besitzer von Haus und Hof es mir selbst anbietet, sieht die Sache natürlich anders aus. Ich bin begeistert – was für ein Gegensatz zur letzten Übernachtung!
Als ich gerade das Gepäck abgeladen habe, schleppt Martinus eine Plastiktüte voller Holz an.
„Was kostet das?", frage ich ihn.
„*Ingenting* – nichts." Mutiger geworden … vielleicht, weil ich nun doch ein paar, ihm verständliche Worte von mir gegeben habe … fügt er noch einen Satz an und guckt zu mir hoch. Da ist es aber schon wieder zappenduster mit dem Sprachverständnis. Er wiederholt seinen Satz. Vergeblich. - Es tut mir leid, denn er ist sich so sicher, dass ich ihn verstehen werde. Habe ich nicht eben selbst norwegisch gesprochen? Also zum dritten Mal das Ganze. Ein bisschen Verzweiflung schwingt mit.
Ich filtere jetzt immerhin das Wort *aviser* heraus. Will er mir Anweisungen geben, wie und wo das Feuer zu entfachen sei? Aber nein, wir befinden uns ja im Outdoor-country, hier wird einem das Wissen über den richtigen Umgang damit in die Wiege gelegt. Martinus öffnet die Tüte und lässt mich einen Blick hineinwerfen – endlich klingelt es bei mir. *Aviser*, klar doch, die Vokabel hatten wir im Anfängerkurs, habe sie bloß nicht gleich wiedererkannt. Der fürsorgliche Martinus hat mir ein paar Zeitungen mit zum Holz gesteckt. „*Takk, aviser*", antworte ich und lächle verständnisinnig, um sein Ausländerbild wieder halbwegs gerade zu rücken. Was mag in seinem Kopf vorgehen?
Wir verabschieden uns: „*Ha det!*"

Ob sich der sprachliche Aufwand gelohnt hat, ist fraglich. Das Gebräu aus Lom trifft eben über dem Vågåmo-See, in den sich die Otta hier verwandelt, ein. Wind und lästige Tropfen sind die Folge. Also beeile ich mich, das Zelt aufzustellen, um erst mal hineinkriechen zu können. Womit die Theorie vom morgendlichen Regen endgültig hinfällig wäre. Nicht gerade romantisches Lagerfeuerwetter. Dafür prunkt über dem anderen Ufer ein Regenbogen. Der überspannt noch den Wald, als die grauen Wolken schon weitergezogen sind. Passend dazu entzünde ich nun doch in einer Mulde am steinigen Uferhang ein Feuer. Es brennt auf Anhieb! Stolz betrachte ich

die prasselnden Flammen. Wenn sie mich jetzt zuhause sehen könnten!
Das muss wenigstens fotografiert werden, zum Beweis am besten mit mir daneben. Ich suche einen geeigneten Stein, um die Kamera zu postieren, ohne dass sie den Hang hinunter purzelt. Alles andere als einfach. Das Feuer will ebenfalls gefüttert werden, lässig werfe ich ein Scheit hinein. Genau das hätte ich bleiben lassen sollen. Der ganze Stapel von aufgeschichteten Hölzern verrutscht, Windböen tun ein Übriges. Flammen züngeln – nein, sie breiten sich im Nu aus, kriechen nach oben in Richtung einer jungen Birke nur ein, zwei Meter über mir. Das ist unmöglich, es hat doch eben noch geregnet! Wie kann sich da ein Feuer so schnell verselbständigen! Schon brennen Gräser, alte Blätter. Mit Austreten ist hier nichts mehr zu machen. Ich verfluche meinen Übermut. Aber vor allem werfe ich hektisch Steine auf die Flammen, schöpfe mit der Aluschüssel immer wieder Wasser aus dem See – wie erschreckend klein sie ist!
Viel zu klein, um mir beim Eindämmen dieses wachsenden Feuers zu helfen. So ein paar Schwaps Wasser sind bloß ein Tropfen auf dem heißen Stein, das weiß jedes Kind. Und ich weiß es auch, deshalb bin ich höchst überrascht, dass es trotzdem gelingt, die Flammen zu ertränken und zu ersticken. Wie viele Schutzengel sind da zu meiner Rettung eingeflogen? Wie auch immer, schließlich kriege ich alles in den Griff. Mit Knien, die sich etwa so stabil wie Gummibärchen im Whirlpool anfühlen, sinke ich erleichtert auf einen Stein. Entsetzlich, wenn ich Grund und Boden von Martinus´ Familie abgefackelt hätte.
Tief durchatmen.
Ich schiebe die Scheite zusammen, kontrolliere die Umgebung, sammle alles Verbrannte ein. Dabei ist mir egal, dass gerade der nächste Schauer seine Tropfen unter die Birke wehen lässt. Dann drehe ich noch eine Runde, um sicher zu gehen, dass sich wirklich kein Funke irgendwo versteckt hält. Wahrscheinlich bin ich der einzige Mensch auf der Welt, der während eines Regens den Boden auf Feuergefahr inspiziert.
Alles in Ordnung. Also das Ganze nochmal von vorn. Bald kocht das Wasser für den Eintopf. Ich suche mir nah beim Feuer einen Platz zum Sitzen, denn die Luft ist feucht und kühl. Die Schauerwolke zieht weiter, während ich die halbe Provianttüte leer futtere. Wohl

auf den Schrecken hin. Der verebbt allmählich – und das, obwohl ich mit niemandem darüber reden kann. Eigentlich untypisch für mich. Normalerweise löst sich meine Anspannung auf, wenn ich die riskante Situation nochmal zusammen mit einem Gesprächspartner in allen Einzelheiten thematisiere. Jetzt jedoch gestehe ich mir einfach ein, dass ich einen Fehler gemacht habe. Aber alles ist nochmal gut gegangen, und ich habe eine Lektion in Sachen Nachlässigkeit bekommen.

Satt und zufrieden sitze ich lange auf den Steinen, höre dem Wasser zu, rieche den Duft des letzten verglimmenden Scheites. Flüchtig frage ich mich, wer da vorhin die Hände im Spiel hatte. Ich brauche nicht lange darüber nachzudenken, denn es war überdeutlich zu spüren, dass jemand da war, um mir aus der Patsche zu helfen. Natürlich war keiner zu sehen - aber die Anwesenheit eines fremden Wesens lag deutlich in der Luft. Diese Erkenntnis ist unmöglich zu begreifen, sie irritiert mich jedoch auch nicht. Ich nehme es einfach hin, gerne sogar. Das Gefühl genügt mir, ab und zu halte jemand eine umsichtige Hand über mich. Zwar allein, fahre ich sozusagen unter Geleitschutz. Das tut gut.

Die Glocken von Weidetieren bimmeln leise und rufen mich in den Schlafsack. Ich schütte noch ein paar Schüsselchen Otta-Wasser über die Glut. Statt Wolken liegt jetzt die Abendsonne auf den Waldbergen gegenüber. Bald beginnt es zu dämmern. So lange bin ich schon in Norwegen, dass ich erlebe, wie es dunkel wird.

Im Zelt komme ich zuerst nicht zur Ruhe, obwohl die dicken langen Grasbüschel mir ein so weiches Bett bescheren, wie ich es seit Wochen nicht mehr hatte. Von draußen dringen merkwürdige Geräusche herein – unbekannte Laute. An Knacksen und Rascheln bin ich ja mittlerweile einigermaßen gewöhnt, an das Rauschen von Wasserfällen sowieso. Dies hier klingt jedoch beängstigend. Als käme jemand über die Wiese gestapft. Und flüstere mit einer rauen eindringlichen Männerstimme. Fast kann ich verstehen, was er sagt. Kommen etwa noch Leute, um ihr Lager hier aufzuschlagen? Ich sehe nach, aber die Wiese ist leer bis auf ein Boot, das am anderen Ende vor sich hin rottet.

Sobald ich wieder im Schlafsack liege, meldet sich die Stimme erneut. Will mir da jemand Angst einjagen? Danke, gelungen. Ich beruhige mich erst, als ich merke, dass sich das Raunen ziemlich regelmäßig wiederholt. Vorhin auf den Steinen plätscherte es sanft und harmlos um mich herum, der Wind fächerte spielerisch die Birkenzweige auf und nieder. Jetzt, kurz vorm Einschlafen klingt alles anders – verdichteter, unglaublicher. Vielleicht, so versuche ich, es mir zu erklären, weil ich im Zelt völlig auf den Gehörsinn beschränkt bin. Zumindest dauert es eine ganze Weile, bis ich begreife, dass all diese Tonfolgen und Sprechmelodien das Wasser hervorbringt. Ob Fluss oder See, auch nachts singt die Otta ihr Lied.

11. Neidisch auf Mülltonnen – Über alte Wege nach Lillehammer
160 km

Martinus' Mutter, eine junge und ebenfalls skandinavisch blonde Frau, könnte genauso aus einer städtischen Mietwohnung gucken. Sie entspricht kaum dem Bild einer Bäuerin, abgesehen davon, dass sich in ihrem Gesicht - zumindest an diesem Morgen - die Spuren eines arbeitsreichen Hausfrauenlebens widerspiegeln. Wenig verwunderlich, denn drei Kinder turnen um sie herum. Martinus ist nicht dabei. Den Hof, zu dem auf jeden Fall Schafe gehören, betreiben sie und ihr Mann offensichtlich „nur" im Nebenerwerb. Er ist zur Arbeit gefahren, und nun muss sie Englisch mit mir reden, obwohl sie sichtlich tausend andere Dinge im Kopf hat.

„Hast du gut geschlafen?", fragt sie der Höflichkeit halber, als ich ihr die Tüte mit dem Rest des Feuerholzes überreiche und mich für das *overnatting* bedanke.

Auf meinem Gras-Isomattenbett habe ich wunderbar geschlafen, nachdem ich alle „Stimmen" zugeordnet hatte. Falls ein Auto über das *ferist*, den Viehrost hinter dem Staketenzaun, gedonnert ist, habe ich es verpasst, obwohl die Autoreifen ein brutales Rattern auf dem Gitter verursachen. Nach einem erfrischenden Bad im See erwartete mich ein gemütliches Frühstück.

All das erzähle ich nicht. Es klingt so nach Luxus. Wer weiß, vielleicht musste sie wegen der Kinder mehrmals raus in der Nacht. Gerne würde ich ihr ein paar Fragen darüber stellen, wie das Leben hier draußen so ist, in diesem Teil des Opplandes, wo das nächste Anwesen außer Sichtweite liegt, und sich die Tage zwischen See und Berg abspielen. Was tun die Kinder während der Sommerferien, wenn sie nicht gerade an Campinggäste vermieten? Zum Glück merke ich rechtzeitig, es wäre ein schlechter Augenblick für solche Neugier. Zu gut erinnere ich mich an die Jahre, als bei mir zuhause die Tage von kleinen Kindern diktiert wurden.

In der Kaffeeecke im coop-Supermarkt von Vågåmo, in der Region kurz Vågå genannt, gefällt es mir sehr. Und nicht nur mir. Alle Tische sind besetzt, vor allem mit älteren Leuten, die sich lebhaft unterhalten. Den Mittelpunkt bildet ein stolzer Vater, der mit seinem Baby für Gesprächsstoff sorgt. Außer mir halten sich hier keine Touristen auf. Schön, nach dem Highlife in Geiranger und Lom ganz normale Einheimische zu erleben, vor allem wenn sie so gut gelaunt miteinander schwatzen wie diese Gesellschaft.

Aufnahmen aus der Umgebung schmücken die Wände, womöglich sind manche der alten Motive dem einen oder anderen unter den Gästen noch aus seiner Jugend vertraut, weil sie Elternhaus oder Heimatdorf zeigen?

Ich sehe mich um. Die Einrichtung ist kaum wertvoll, aber so urgemütlich, wie ich es in einem Supermarkt nicht erwarten würde. Klar, dass man sich hier zum Klönschnack trifft. Es sitzt sich bequem auf den alten, in warmem rotbraun gestrichenen Holzstühlen. Gegenüber auf dem Buffet in der gleichen Farbe stehen ordentlich aufgereiht Pappbecher, Zucker, Löffel und Servietten. Nur den Kaffee gibt es aus einem ultramodernen Automaten mit vielfältigen Wahlmöglichkeiten – per Tastendruck umsonst? Ist das wahr? Der Schlitz fürs Geld wurde zugeklebt. Skeptisch schweift mein Blick über den Apparat. Hält er irgendwo verborgen eine zweite Möglichkeit bereit, um Münzen einzuwerfen? Ich könnte vor diesem Publikum schwerlich erklären, dass ich keine deutsche Schnorrerin bin, sondern schlichtweg unwissend. Es ist jedoch nicht daran zu rütteln: Kaffee kostet *ingenting*. Bei uns wäre diese gute Nachricht sicher noch einmal extra angeschrieben worden. Kuchen soll man sich aus dem Laden mitbringen. Diesem Ratschlag folge ich gerne, denn sie verkaufen dort ein leckeres Gebäck mit Pecannüssen.

Mit dem Gefühl, mich zur Abwechslung unters Volk gemischt und einen kleinen Blick in den norwegischen Alltag getan zu haben, radle ich aus Vågå hinaus. Hat sie nicht schon wieder eine andere Farbe, denke ich, als ich erneut von oben auf die Otta blicke – matt dunkelblau mit Grünstich könnte man diese Nuance nennen. In diesem Augenblick beschließt der Fahrradständer, er habe nun oft genug das schwer beladene Rad gestützt und führt mit einem glatt mittigen

Bruch die ständerlose Zeit ein.
So lange nichts Gravierenderes kaputt geht ... das sollte ich mir eigentlich sagen. Schließlich habe ich doch nach dreieinhalb Wochen eine gewisse Gelassenheit erlangt. - Verdammt, sage ich stattdessen. Ärgerlich bin ich nicht etwa, weil der Schaden so groß wäre - nein, es schmerzt, mein gutes Fahrrad auf diese Weise angeknackst zu sehen. Ich bin selbst überrascht, wie betroffen mich dieser vergleichsweise banale Unfall macht. Was bin ich doch für eine Mimose! Aber Selbstbezichtigung hilft nichts, das Rad sieht mit dem abgebrochenen halben Ständer einfach traurig aus. Ohne dass ich es gemerkt habe, ist mir der Drahtesel anscheinend ans Herz gewachsen. Andere Solo-Radler haben ihren fahrbaren Untersätzen sogar Namen gegeben.
Am Hang liegen etliche Höfe, auf den Weiden grasen Kühe. Milchproduktion wird in dieser Region offenbar groß geschrieben. Dementsprechend treiben sich Unmengen von Fliegen herum. Wieder radle ich auf einer festen Schotterdecke, bergauf, bergab. Früher hätte ich darüber gestöhnt, aber da kannte ich ja noch keine kilometerlangen Steigungen. Obwohl mir ökologische Alternativen ansonsten näher stehen - hierzulande, wo das Leben draußen in der Schräglage stattfindet, macht sich ein Auto schon sehr gut. Für ein wirklich dichtes Busnetz wohnen zu wenige Menschen in den kleinen Weilern, aber ohne Kontakte über die Berge funktioniert das Leben auch nicht mehr.
Von den Zeiten, in denen jeder in seinem Tal für sich wurschtelte, sind nur die Dialekte übrig geblieben. Nicht einmal in unserem alles andere als sprachwissenschaftlich tiefschürfenden Volkshochschulkurs kamen wir an diesen regionalen Unterschieden vorbei. Ohnehin schwierig zu merken, wurden manche Vokabeln mal so, mal so ausgesprochen. Als reiche das noch nicht aus an landessprachlicher Vielfalt, unterscheiden die Norweger darüber hinaus zwischen „Bokmål", einer von etwa 85 Prozent der Bevölkerung benutzten Sprache, und „Nynorsk", das hauptsächlich auf dem Land gesprochen wird.
Eine flüchtige Momentaufnahme vom alten Bauernleben vermittelt ein junger Mann: Mit einer Sichel über der Schulter geht er den Weidehang hinunter. Unterwegs begrüßt er freundlich eine junge Kuh. Die beiden setzen ihren Weg zur Otta hinunter gemeinsam fort. Kühe

mümmeln an allen Ecken und Enden vor sich hin, Menschen sichte ich nur vereinzelt. Ein riesiges, prall gefülltes Euter lockt mich an, es ist eine Pause wert, solchen Eindruck macht es auf mich. Ich sehe nicht die Mistflecken darauf, sondern die dicke sahnige Vollmilch darin. Stripstrap, stripstrap zieht es mir durch den Kopf. Die Aufforderung wandert weiter in die Finger, aber die haben es leider nie gelernt, dieses Ziehen und Drücken im kuhgefälligen Melkrhythmus. Folglich besteht kein Risiko, als Milchdiebin erwischt zu werden. Ein letztes Mal setze ich mich an die Otta. Sie sprudelt und schäumt wieder. Bald gesellt sich das von den Bergen widerhallende Heulen der Autos, die auf der E 6 unterwegs sind, dazu. So intensiv habe ich die vergangenen zwei Tagesetappen erlebt, dass mir dieser Lärm wie aus einer anderen Welt zu kommen scheint. Es folgen die letzten Kilometer an der Otta, denn bald mündet sie im gleichnamigen Städtchen in den Lågen.

Allmählich hinterlässt die Zeit des Alleinseins ihre Spuren: Ich verspüre große Lust, mich mit Leuten auf dem Campingplatz von Otta zu unterhalten. Das Bedürfnis ist zwar nicht so vehement wie mein Verlangen nach Milch – aber nett wär´s schon. Die Chancen stehen jedoch schlecht. Ein, zwei Männer von Langzeitcamper-Familien glotzen unangenehm, als ich vorbeigehe, rechts und links von mir lassen sich Pärchen nieder, die nicht mal hallo sagen. Ein kleiner, sehr maskulin auftretender Jüngling reagiert abweisend auf Ansprache und verkriecht sich mit seinem Zelt unter einem niedrigen Busch. Vielleicht findet er es uncool, sich mit Frauen der Generation 40 plus zu unterhalten. – Oder muss ich mal in den Spiegel gucken? Klebt vielleicht der Schlaf von heute Morgen noch in meinen Augen, oder Schlimmeres? Zwei Tage „draußen zuhause", da weiß man das nie so genau.

Gegenüber stehen zwei neu aussehende, froschgrüne Gruppenzelte, die einem größeren Trupp polnischer Wanderer gehören. Die jungen Frauen haben alle Hände voll damit zu tun, das Essen zu kochen und die Männer mit Getränken zu versorgen. Ich finde das merkwürdig. Warum folgen sie diesen alten Mustern? Andauernd lese ich in den Medien, dass sich die Frauen und Männer Europas stetig zur Gleichberechtigung hin entwickeln. Mir kommt der gleiche Gedanke wie angesichts des belgischen Pärchens: Finden sie das vielleicht schön?

Es sieht jedoch ziemlich nach Stress aus.
Was wäre Reisen ohne spontane Schwätzchen mit Unbekannten? Mich selber würde ich ja auch nicht gerade als einen Ausbund an Geselligkeit einstufen, aber solche kleinen Begegnungen, die sich meist gerade dann ergeben, wenn man nicht damit rechnet, gehören einfach dazu - unabhängig davon, ob ich allein, mit einer Gruppe oder der Familie unterwegs bin. Ich denke zurück an Uwe Obelix, wie er hinter seiner blechernen Kaffeekanne thronte, bereit, die Welt von Bush bis Bader-Meinhof mit mir durchzuhecheln. Überhaupt, ich vermisse Marian und ihn mit seinem „Bring your cup!". Wenn man ab und zu solche Leute trifft, kriegt das Fremdsein Farbe.
Später, an den Abwaschbecken, erlaubt sich eine der Polinnen, einige belanglose Sätze mit mir zu wechseln, bevor sie sich wieder voll auf ihre Arbeit konzentriert. Sie redet leise, schüchtern. Geniert sie sich, weil ihr Englisch eher mittelmäßig ist? Mensch, das ist doch völlig egal! Aber es kommt mir so vor, als fühle sie sich nur mit ihren Aufgaben in der Gruppe sicher. Schade.

Zwei Tage später steuere ich Lillehammer, die Stadt der olympischen Winterspiele in Norwegen, an. Erstmalig musste ich alles bei strömendem Regen einpacken, das Überzelt war so durchnässt, dass ich es auf den Gepäckträger geklemmt habe. So ein Wetter hätte ich auf der ganzen Tour haben können, darauf muss man vorbereitet sein. Der üppige Sonnenschein war reine Glückssache. Aber mir ist nicht glücklich zumute. Einmal bin ich unausgeschlafen, denn auf dem letzten Zeltplatz haben tschechische Jugendliche ihr Zelt so dicht neben meinem aufgebaut, dass sich die Abspannschnüre beinahe berührten. Die Eltern schliefen im Campingbus, ihre beiden Jungen quatschten lauthals bis nachts um eins.
Rachsüchtig hatte ich mir vorgenommen, am nächsten Morgen tüchtig mit dem Kochgeschirr zu klappern, um ihnen eine Vorstellung von Ruhestörung zu vermitteln. Als ich dann Kaffeewasser aufsetzte, war ich allerdings zu faul für solch eine kleinliche Aktion. Weck´ mal einer zwei Jugendliche in den Ferien – das ist Schwerstarbeit! Aber das sind auch die 60 Kilometer bis Lillehammer. Die Umgebung gibt sich monoton, denn dicke Wolkenbänke hängen im schönen Gudbrandsdal und versperren die Sicht. Nur ab und zu guckt ein

Zipfel Berg heraus. Erneut habe ich mich für die Nebenstrecke entschieden, denn die E 6 erscheint mir, vor allem in nassem Zustand, noch gefährlicher als ein *riksvei*. Also arbeite ich weiterhin auf halber Höhe einen Buckel nach dem anderen ab - mal mit, mal ohne Asphalt.
Von Kopf bis zu den Schuhsohlen regenfest eingetütet, bremst eine zweite Regenradlerin neben mir. Ein kleines Stück begleitet sie mich, unser Thema liegt auf der Hand.
„Die nächsten sieben Tage soll das Wetter so bleiben."
Die Prognose entmutigt mich keineswegs, mein Elan ist ja längst auf den Nullpunkt gesackt. Sie bestärkt mich vielmehr, diese Tortur abzubrechen, denn in einer Woche werde ich ohnehin wieder zuhause sein.
„Ich fahre noch bis Tretten, dort besuche ich meine Mutter", fährt sie fröhlich fort.
Ich werfe einen Blick unter ihre Kapuze. Aha, ein junges Gesicht, außerdem haben wir Sonntag: Bei dieser guten Laune vermute ich mal, dass ihr Mann die Kinder übernommen hat, und sie es sich mit ihrer Mutter bei einem heißen Kakao gemütlich machen will. Sie zischt bald sportlich weiter. Möchte sich ungern mit einem neuen Klotz am Bein belasten, wenn sie die anderen gerade losgeworden ist, denke ich boshaft.
Richtig Pause machen fällt heute aus, denn – Nachteil dieser Strecke, die vorwiegend durch Wald führt – es gibt keine Gelegenheit, sich unterzustellen oder gar hinzusetzen. Lillehammer, lege ich mürrisch fest, wird das Ende meiner Radreise sein. Warum sollte ich partout weiter durch den Regen fahren? Ich glaube an den norwegischen Wetterbericht. Bis vor Kurzem hat mich diese Stadt, in der 1994 die olympischen Winterspiele stattfanden, nicht die Bohne interessiert. Auf dem Weg zu unserer Skihütte passierten wir Lillehammer des öfteren. Eine Stadt mit lauter Sportanlagen, na und? Meine Familie, durchaus sportlicher als ich, blieb ausnahmsweise mucksmäuschenstill - erleichtert, nicht das böse Wort „Besichtigung" von mir zu vernehmen. Nun stehen die Vorzeichen anders. Olympiagedöns hin oder her, im Augenblick hat sich Lillehammer für mich zu essentieller Wichtigkeit aufge- schwungen. Wie viele Kilometer trennen uns noch?

Pech mit dem Wetter, völlig eingeregnet Kilometer um Kilometer stupide weiterstrampeln, das kenne ich von früheren Touren. Ich habe mich eigentlich nie davon unterbuttern lassen. Jetzt hasse ich die neuen Bäume nach jeder Kurve, das Gefühl, wie mir die Regenjacke am Körper pappt. Außerdem friere ich in meiner kurzen Radlerhose, will aber auf keinen Fall noch die Regenhose an den Beinen kleben haben. Eine aufwändigere Umziehaktion ohne Dach über dem Kopf verbietet sich von selbst. - Ganz schön schwirig mit mir, das finde ich selbst.

Was ist los? Es regnet halt mal. Nach einer Weile komme ich darauf, dass ich einfach physisch und psychisch erschöpft bin. Der Regen, sich unpassend benehmende Leute, der neblige Weg – zugegeben, das ist zwar alles wenig inspirierend, aber man wird es mir in meinem momentanen Zustand sowieso kaum recht machen können. Ich habe keine Energie mehr, Kontakt zu netten Leuten zu suchen, keine Freude mehr an einer stillen Straße, keine Kraft mehr abzubiegen und ein Zwischenquartier zu suchen.

Ist es Zufall, dass ich gerade in den letzten zwei Tagen zunehmend über mein Umfeld gemeckert habe? Soll meine Radreise, die ich als so fantastisch empfunden habe, derart zu Ende gehen? - Ich ertappe mich dabei, die Mülltonnen am Wegesrand zu beneiden. Am liebsten möchte ich sie aus ihren adretten Häuschen, in denen sie hübsch trocken auf die Abfuhr warten, katapultieren, um mich selbst dort einzukuscheln. - Gibt es einen deutlicheren Wink mit dem Zaunpfahl dafür, endlich aufzuhören? Also, Lillehammer, wo bist du?!

Stur fahre ich weiter. Erst am Freizeitpark Hunderfossen keimt die Hoffnung, auf irgendwas Überdachtes zu stoßen, wo man sich für ein Weilchen ins Trockene setzen kann. Der Abstecher muss sich einfach lohnen! Tatsächlich, die Rechnung geht auf. Sogar eine Möglichkeit einzukehren existiert, denn Freizeitrummel und Gastronomie gehören auch in Norwegen zusammen. Ich lehne das Rad gegen das langgestreckte Gaststättengebäude, schließe es ab und dann ganz fix rein! Sonntagsausflügler mögen Dauerregen genauso wenig, da lockt nicht einmal Hunderfossens angeblich weltweit größter sitzender Troll. In der überfüllten *kafeteria* erobere ich mir eine Stück Schokoladentorte. Der Raum ist von Stimmensummen erfüllt, es riecht nach Essen, Kaffee und feuchten Regenjacken. Eigentlich würde ich mich

ja als naturverbunden bezeichnen, aber für heute habe ich meiner Liebe zu Wald und Flur den Laufpass gegeben und weiß diese Abwechslung zum Duft nach Regen, Nadeln und Moder zu schätzen. Zum Glück sind die Bänke nicht übermäßig bequem, sonst würde ich in diesem warmen Mief glatt einschlafen. So betrachte ich, zu meinem eigenen Erstaunen mit einem Anflug von Neid, die Familien. Ich vermute, manche Eltern erklären gerade ihren Kindern, warum man den Besuch des Freizeitparks besser auf ein anderes Mal verschiebt. Stopp, das kenne ich ja überhaupt nicht von mir! Bislang war ich ohne Gesellschaft und damit verbundene Diskussionen rundum zufrieden. Jetzt kommt es mir so vor, als hätten all diese Leute ein richtiges Leben, während ich nur eine Strecke vor mir habe. Lillehammer. Es graust mir davor, wieder hinaus zu gehen, weder der Kaffee noch der gehaltvolle Kuchen helfen, alles ein bisschen positiv zu sehen. Kurz gesagt, ein schwerer Anfall von Selbstmitleid.
Ich drehe einen Schlenker durch das Museum für Wegebau nebenan. Verlockende Wärme verwöhnt meine Beine und lenkt mich davon ab, dem Aufbau des Straßenwesens als wichtigem Faktor der norwegischen Bevölkerungsgeschichte die verdiente Aufmerksamkeit zu zollen. - Schwamm darüber, habe ich zu diesem Modul nicht bereits einen Praxiskurs belegt?
Mit zusammengebissenen Zähnen nehme ich die letzten 15 Kilometer unter die Räder. Dann schleusen plötzlich breite Straßen den Verkehr in die 25000-Einwohner-Hauptstadt des Opplandes, kreuzen sich und driften genauso schnell wieder auseinander. So etwas bin ich ja überhaupt nicht mehr gewöhnt! Das ist für mich Großstadt! Ruckzuck strande ich zwischen irgendwelchen vereinsamten Einrichtungen aus dem Olympiajahr. Wütend halte ich an und rätsle, in welcher Richtung das *vandrehjem*, die Jugendherberge, liegt. Dunkel meine ich, mich zu erinnern, dass sie sich am Bahnhofsplatz befinden soll. Der wäre logischerweise unten im Tal. Wenn ich mich jedoch täusche, muss ich alles wieder hinauf strampeln. Also erkundige ich mich bei dem einzigen Menschen, der sich außer mir hier aufhält - die Frau schickt mich tatsächlich woanders hin. Gut, dass ich so vorsichtig war.
Dank dieser überaus umsichtigen Fehler-Vermeidungsstrategie lerne ich die Stadt schon mal ganz gut kennen. Vielleicht sogar besser als

manche Einheimische, die mich munter kreuz und quer, bergauf und bergab schicken. (Zu ihrer Entschuldigung bleibt nur die spärliche Rechtfertigung, dass sie in dieser Stadt schließlich kaum auf die Jugendherberge angewiesen sind.) Auf der Erkundungstour passiere ich natürlich irgendwann den Bahnhofsvorplatz, denn so groß ist Lillehammer ja auch wieder nicht. Ach, was haben wir denn da ...hätte ich bloß niemanden gefragt, denke ich grimmig, dann wäre ich jetzt bereits unter einer heißen Dusche.

Als ich an der Rezeption stehe und einen Blick in den gleichermaßen gemütlichen wie stilvollen Frühstücksraum dahinter werfe sowie anschließend auf Arne, einen ernsthaften jungen Mann mit Brille, der meine Personalien in den Computer tippt, knicken all mein Zorn und Ärger in sich zusammen. *Vandrehjem* muss doch etwas anderes als „Jugendherberge" bedeuten. Ich habe schon in vielen Jugendherbergen, hauptsächlich in Deutschland, übernachtet. Sie unterscheiden sich sehr in ihrem Niveau, aber dieser anheimelnden Unterkunft in den oberen Etagen des Bahnhofsgebäudes von Lillehammer kann keine das Wasser reichen. Ich bin bereits restlos begeistert, bevor ich überhaupt das Zimmer gesehen habe. An einem der kleinen Holztische mit den Blumenvasen werde ich morgen frühstücken!
Aber so weit ist es noch nicht. Erst mal gibt es Arbeit. Mühsam schleppe ich das Gepäck zur Rezeption. Als ich das Überzelt wieder auf den Taschen deponieren will, ergießt sich eine in den Falten versteckte Flut auf den makellosen Fußboden. Verdammt! Nun brauche ich wohl einen Feudel, um diese Lache aufzuwischen. Ich wende mich an Arne, aber der zuckt nicht mit der Wimper: „No problem", lautet sein ungerührter Kommentar. Kein schräger Blick, weil der Boden doch so schön sauber war. Ich schließe Arne in mein Herz – ob er gemerkt hat, wie groggy ich bin? Wie auch immer, er hilft mir, das Rad erst in den Aufzug sowie dann in den entsprechenden Raum im Keller, zu bugsieren, wo zudem das Überzelt trocknen kann. Alle übrigen nassen Sachen hänge ich in meinem Zimmer auf, die feuchte Landkarte findet ausgebreitet auf dem Schreibtisch Platz. Gut, dass das zweite Bett leer ist, denn ich nehme fast alle Bügel und den vorhandenen Platz in Beschlag. Das Zimmer ist eng und funktional, aber dazu gehört ein Bad, und die Betten sind bereits bezogen. Ein Bett. Nach fast vier Wochen werde ich wieder in einem Bett schlafen. Wie

seltsam. Ich setze mich darauf. Es ist wundervoll, bedeutet aber gleichzeitig den Abschied vom unabhängigen Leben mit einem kleinen mobilen Zelt. Ich werde es vermissen, zu radeln, wohin die Berge mich ließen. Zu tun, was ich wollte, hat mir ein neues Selbstbewusstsein vermittelt.

Zelt und Kleidung sind längst getrocknet und weggeräumt, da bekomme ich doch noch eine Zimmernachbarin. Ulrike aus dem baden-württembergischen Ravensburg. Hübsch, nicht gerade klein, mit dunklen kurzen Haaren. Sie überbrückt die Zeit des Wartens auf ihren nächsten Job in der IT-Branche mit einer Tour durch Norwegen. Weil gerade sonst niemand in ihrem Freundeskreis Urlaub nehmen konnte, hat sie sich zum ersten Mal allein auf die Socken gemacht. Ihr praller Rucksack steht ordentlich in der Ecke neben ihrem Bett. Erstaunlich. Da gibt es anscheinend nichts zu trocknen. Es tut gut, einfach drauflos zu reden, ohne sich über Vokabeln Gedanken machen zu müssen. Ulrike ist Anfang dreißig und reist komplett anders als ich.

„Ich habe eine richtig gute Mitfahrgelegenheit gefunden. Eine Familie, die sich gerade ein Haus weit oben im Norden einrichtet, um dort hinzuziehen."

Mit ihnen ist Ulrike für einen Spottpreis nach Norwegen gekommen, durfte dort sogar ein paar Tage logieren und hat außerdem schon eine neue Einladung.

Sie weiß noch eine gute Nachricht – Couchsurfing.

„Habe ich aber auch zum ersten Mal gemacht", räumt sie ein.

„Was ist das?"

Während ich Kinder gestillt und Rosen geschnitten habe, haben sich „draußen" ein paar Dinge verändert, das ist klar. Mitfahrgelegenheiten suchte man „zu meiner Zeit" an den Anschlagsäulen in der Uni, inzwischen läuft das übers Internet.– Aber ein weltweites Netzwerk für Gastfreundschaft, in dem nette Leute gratis Schlafplätze anbieten, um andere nette Leute kennen zu lernen? Das muss Ulrike mir erst mal genau erklären. Auch wenn es mir selber unangenehm wäre, bei anderen Menschen hereinzuschneien, um es mir die Nacht über auf ihrem Sofa gemütlich zu machen … es klingt toll und unkompliziert, so als ob alle Welt freundlich miteinander umginge. Praktisch und ohne überflüssige Skrupel. Ein positiver Zug der Menschheitsent-

wicklung, fantasiere ich insgeheim.
„Ich fand´s eine gute Erfahrung. Meine Gastgeber waren sehr sympathisch", hängt Ulrike das Thema etwas niedriger. Trotzdem, auf diese Art von Nacht zu Nacht zu reisen, das muss sie auch nicht haben.
Für Ulrike ist das Internet so selbstverständlich, wie ich zum Frühstücksmesser greife, um mir Nutella aufs Brötchen zu schmieren. Die Freundin jenseits des Rondane-Gebirges, zu der sie sich nun durchschlagen will, hat sie ebenfalls im Internet kennen gelernt. So hangelt sie sich von Kontakt zu Kontakt, von Adresse zu Adresse.
„Eigentlich wollte ich auch wandern und zelten, aber ..."
Ich merke schon, diese Art des Reisens hat sich nicht gerade einen der oberen Plätze auf Ulrikes Prioritäten-Liste erobert. Wir sitzen jede auf unserem Bett und gerade, weil wir so verschieden sind, fällt eine Menge Stoff an, um sich auszutauschen.

In der entzückenden Gästeküche stoße ich abends auf einen klein geratenen Franzosen mit einem großen Redebedarf. Da er ebenfalls allein reist, verstehe ich das. Er hat schon Trondheim, Alesund sowie Geiranger besucht und interessiert sich immer für die Architektur. (Was er sich da wohl in Letzterem angeschaut hat?) Sein Englisch ist langsam, und wir verbringen einige Zeit zusammen. Während durchs offene Fenster Ansagen vom Bahnhof heraufdringen, schwärmt er mir von Maihaugen vor. – Ein Freilichtmuseum? Kennst du eins, kennst du sie alle – das stimmt zwar keineswegs, aber zwei solcher Museen reichen für meinen Geschmack vorerst. Ich säble mir ein weiteres Stück von dem unerschöpflichen *pæreskinke* ab.
Aber wenigstens hat es nichts mit Sport zu tun. Am nächsten Tag präsentieren sich Lillehammer und das Ufer von Norwegens größtem See, dem Mjøsavatn, nach wie vor als vollgeweintes Nebelkissen. Angesichts eines Frühstücks mit Stuhl, Teller, Buffet und Kerzenschein lässt mich das jedoch kalt. Ich buche gleich eine weitere Nacht in diesem tollen *vandrehjem*. Und bummle durch Lillehammer hinauf Richtung Maihaugen. Mit seiner Fußgängerzone, den zahlreichen Schaufenstern und von Bäumen umstandenen Villen in den Wohnvierteln gefällt mir Karis Geburtsstadt eigentlich doch ganz gut. Und dem kleinen Franzosen muss ich Recht gaben: Maihaugen lohnt sich! In etlichen der authentisch wieder aufgebauten Häusern

und Geschäften spielen Mitarbeiter den Alltag von damals nach; außerdem beantworten sie Fragen. So erfahre ich von einer Frau im streng geschnittenen Kleid der 50er Jahre, deren Haus bis hin zum Schulranzen „ihrer" Kinder detailgetreu eingerichtet wurde, warum bei den norwegischen Doppelspülbecken oft eines tief ausgeschnitten ist. Zuletzt hatte ich mich darüber auf Runde gewundert.
„Damit man einen Eimer hineinstellen kann", antwortet sie mit einem disziplinierten Lächeln, das zum Kleid passt. Ich bin sowohl befriedigt, dieses Rätsel zum Schluss noch gelöst zu haben als auch froh, nicht in den 50ern Hausfrau gewesen zu sein – das Kleid kneift bestimmt.
Durch den Kücheneingang betrete ich eine kleine vollgestopfte Stadtwohnung, genau genommen nur ein Zimmer mit winziger Küche. Hier „lebt" eine Omi mit einem nach Putzfrauenmanier um den Kopf gewickelten Tuch. Es soll ihre Frisur vor Schmutz schützen - in der von ihr verkörperten Zeit stellte man sich eben nicht einfach unter die Dusche. Ein paar schlohweiße Fransen lugen unter dem Tuch hervor. Unter ihrer dicken Strickjacke mit einem hellblau-weißen Muster trägt sie einen Kittel und darunter erst ein „gutes" Kleid mit weißem Kragen. Es sei kalt geworden, teilt sie mir mit verschmitztem Grinsen mit, deshalb hätte sie ein Feuer im Herd entfacht. Es sind gerade keine anderen Besucher in Sicht, und wir unterhalten uns „modern" in einem Kauderwelsch aus Norwegisch und Deutsch. Ich erzähle von meiner Tour, meiner Rundumerschöpfung am Schluss: „*Jeg er trøtt* – ich bin müde."
Hinter ihrer Brille funkeln wache Augen.
„Du bist nicht *trøtt*. Das heißt, dass man gerne zu Bett gehen möchte." Aufmerksam guckt sie zu mir hoch. „Was du bist, das nennt man *slitten*."
Wieder draußen, sehe ich im Wörterbuch nach. Liest sich nicht gerade aufmunternd: Abgenutzt, abgeschuftet, abgetragen – zer*schlissen* etwa? Also wirklich. So schlimm ist es auch wieder nicht. Mag sein, andere erkennen das in meinem Gesicht. Ich selber finde bei einem Blick in den Spiegel, dass ich einfach glücklich aussehe.
Ich spaziere weiter durch Maihaugen. Auf einem eingezäunten Areal wurde eine Alm nachgeahmt, einschließlich einer Sennhütte, in der junge Mädchen bei Kerzenlicht stricken und Butter stampfen. Drau-

ßen weiden Kühe. Ich trete näher an den Zaun heran. Der säuerlich warme Geruch der Tiere steigt mir in die Nase. Ihre Glocken läuten vertraut, ein Bach sprudelt - wie oft bin ich mit dieser Melodie morgens aufgewacht, neugierig auf den neuen Tag.

12. Unter den Fittichen der Kunst – Heimreise über Oslo und Göteborg

Regen rinnt die Scheiben des Überland-Busses hinunter, der mich von Lillehammer nach Oslo bringt. Die Landschaft sieht grau und langweilig aus. Ich weide mich an diesem Anblick, denn ich sitze ja komfortabel in der Gesellschaft gesitteter Passagiere. Von der Vorstellung, nach der zweitägigen Pause doch per Rad nach Oslo zurück zu reisen, habe ich mich komplett getrennt. Ob der Bus bergauf oder bergab fährt oder eine Schnellstraße benutzt – es braucht mich nicht zu kümmern. Herrlich, auf diese Art bis Göteborg weiterzureisen, wo ich bloß noch das Fahrrad ins Schiff schieben muss. So denke ich.

Der schwedische Busfahrer am Zentralbahnhof in Oslo denkt anders. Schwedische Busse transportierten keine Räder, erklärt er mir ungerührt. Ich will das erst nicht begreifen, weil die Laderäume seines Fahrzeugs ebenfalls schön geräumig sind. Aber da ist nichts zu machen. Also wechsle ich, Rad und Gepäck mühselig durch eine Reihe von Schwingtüren bugsierend, in die Haupthalle. Fahrkarten gibt es dort leider ausschließlich am Automaten. Bloß die Fahrradkarte kann ich am Schalter erwerben.

Wenn ich erst morgen nach Göteborg weiterreise, könnte ich eines der kostengünstigen *minipris*-Tickets ergattern – gesetzt den Fall, es gelingt mir unverzüglich, das System des Automaten zu durchschauen. Die Frist läuft nämlich in Kürze ab.

Das wird nicht klappen. Ich scheitere bereits an der Aufgabe, dem Automaten den Namen meines Zieles mitzuteilen. Das bepackte Rad steht verloren in einer Ecke. Um mich herum wimmeln Menschen, Lichtreklamen blinken, Ansagen dröhnen durch die Halle. Wochenlang bin ich durch dieses Land gestrampelt. Soll ich nun meinen Weg im pulsierenden Herzen der Hauptstadt verlieren? Das darf doch nicht wahr sein! Hektisch drehe ich mich um die eigene Achse. Das Problem mit dem Ticket löse ich damit zwar nicht, gerate aber an eine junge Frau mit fröhlichem, sommersprossigen Gesicht. Sie kommt aus Hannover. Neben ihr sitzt ein großer wuscheliger Hund. Beide wirken wie ein ruhiger Pol in dem Trubel um uns herum.

„Ich wollte eigentlich ein paar Tage mit meinem Hund in Finse zelten. Das habe ich schon mal gemacht und fand es etwas ganz Besonderes. Aber der Regen hat mich von dort vertrieben. Jetzt besuche ich eine Freundin hier in Oslo. Vielleicht bessert sich das Wetter ja, und ich versuche es später noch einmal."
Die Frage, wie ich weiterreise, rückt für einen Moment in den Hintergrund. „Was, du hast auch in Finse gezeltet? Ja, das ist einmalig! Ich war ebenfalls völlig begeistert!"
Sozusagen eine Seelenverwandte getroffen zu haben, möbelt mich gewaltig auf. Auf einmal bemerke ich, dass in Reichweite der verhassten Automaten mehrere uniformierte Bahnangestellte stehen. Deren Aufgabe ist es, Leuten wie mir zu helfen. Ruckzuck halte ich eine Fahrkarte in den Händen – *minipris*. Mein sparsames Herz hüpft vor Freude.

In Oslo zumindest scheint die Sonne. Auf der Karl Johans Gate flanieren Trauben von Touristen Richtung Schloss. Ich radle in die entgegengesetzte Richtung, die Kurven hinauf zum Campingplatz auf dem Ekeberg schaffe ich problemlos. Von hier aus sehe ich mir Oslo erst mal von oben an.
Ich freue mich über die Gelegenheit, endlich einmal das Edvard-Munch-Museum zu besuchen. Wenn meine Familie und ich im Winter vom oder zum Fähranleger in Oslo fuhren, waren die anderen stets einhellig der Meinung, dass für Kunstgenuss keine Zeit bleibe. Also los. Nicht nur das Museum, sondern die von Parks aufgelockerte Innenstadt überhaupt gefällt mir. Am frühen Abend sind im Stadtteil Tøyen viele Ausländer unterwegs. Orientalische Männer spielen in Kneipen, Friseure verpassen ihren ebenfalls männlichen Kunden den letzten Schliff, Frauen begegnen mir verschleiert oder in bunten Saris, kleine Kinder an der Hand.
Vom Fahrrad aus erlebe ich diese Straßenszenen wie einen Film – flüchtige, vielfältige Eindrücke. Ich rolle weiter zum Galgeberg. Vom Betrieb einer Landeshauptstadt ist hier nichts zu spüren. Alte, aber größtenteils renovierte Holzvillen, manche mit Gärtchen, säumen miteinander verschachtelt stille Gassen. Befinde ich mich tatsächlich nur wenige Kilometer entfernt von Königsschloss und Einkaufsmeile?

Am nächsten Tag verschlafe ich im Zug den Grenzübergang von Norwegen nach Schweden. Schade, nun habe ich mich gar nicht richtig verabschiedet von dem Land, das mir auf fast 950 Kilometern so lieb geworden ist.

Dank einiger Fahrgäste erfahre ich noch eben rechtzeitig, dass wir bereits eine Stunde vor Göteborg aussteigen müssen. Arbeiten an den Gleisen erfordern Schienenersatzverkehr. Die Passagiere eilen zu den wartenden Bussen. Ich bemühe mich, mit meinem unzureichend befestigten Gepäck den Anschluss nicht zu verlieren. Ohne Fisimatenten verschwindet das Fahrrad im Gepäckraum eines schwedischen Busses. Es geht also doch. Aber ich möchte meine 25 Stunden in Oslo trotzdem nicht mehr missen.

Göteborg hingegen hätte ich, obwohl es eine schöne Stadt ist, gerne ausgelassen. Zwischen Zaun und Abhang, dem letzten freien Fleck auf dem Campingplatz, baue ich bei strömendem Regen das Zelt auf – mehr abgelenkt als angespornt vom altklugen Lob einer kleinen Schweizerin, die mein Zelt interessanter findet als ihren im Wohnmobil hockenden Papa. Die Jugendherberge ist voll, für Hotels und Pensionen bin ich bereits zu weit aus der Stadt heraus geradelt. Also soll ich wohl zum Schluss noch einmal tüchtig eingetunkt werden, damit ich mich ordentlich auf Zuhause freue. Das tue ich aber sowieso. Morgen fährt mein Schiff!

Abends drängen sich die Camper in der „Outdoor"- Küche. Sie heißt so, weil die Außenwände optimistisch eingespart wurden. Es scheint nicht so, als ob Göteborgs allgemeine Wetterlage dies rechtfertigt.

Eigentlich mag ich überhaupt nicht mehr hier sein. Nur die Unterhaltungen mit einer ungarischen Familie, einem jungen schwedischen Familienvater, einem Franzosen sowie einem Chilenen ermuntern mich: Nässe und Kälte mit möglichst guter Laune zu trotzen, das schweißt uns für einen Abend zusammen. Mollig warm ist es nur im Frauenwaschraum, denn hier wird fleißig heiß geduscht und geföhnt. Erstaunt beobachte ich eine Herde junger Mädchen – wofür macht man sich auf dieser Sumpfwiese schick?

Heute ist mein Abreisetag – hurra! Willig teilt mein Rad tiefe Pfützen, und wir erreichen das Kunstmuseum, einen wuchtigen Gebäude-

komplex im Stadtzentrum. Im Bereich für einige hypermoderne Exponate herrscht friedvolle Stille. Die adrette junge Kassiererin erlaubt mir, das Gepäck neben den Sitzgelegenheiten zu lagern.
„Für den Nachmittag sind extrem starke Regenfälle angesagt. Man soll am besten zuhause bleiben", berichtet sie mir.
Egal. Mich kann das nicht mehr erschüttern. Soll Göteborg doch in den Fluten versinken! Meine Fähre wird das wenig beeinträchtigen. Ich fahre heute nach Hause! - Das klingt so wunderbar in meinem Kopf.
Das Kunstmuseum ist vielleicht ein ungewöhnlicher, jedoch nicht der schlechteste Aufenthaltsort in meiner Lage. Ich verbringe mehrere Stunden dort. Immer weiter dehne ich meine Streifzüge durch Säle, Flure und Treppenhäuser aus, wobei ich in einem anderen Flügel des Museums jede Menge alter Meister entdecke. Mit Muße schlendere ich durch die Räume, deren Fußböden behaglich knarzen. Zugegeben, die Werke vor Jahrhunderten gestorbener Künstler als letzte Zuflucht vor der Sintflut draußen – nein, so habe ich mir das Ende meiner Reise bestimmt nicht vorgestellt. Aber wie die Bilder brauche ich Wärme und Trockenheit.
Und wie vorgestern bei Edvard Munch tut es gut, sie zu betrachten. Unzählige Gedanken und Eingebungen der Künstler, sicher auch Schmerzen und Verzweiflung sind in ihnen verwoben und vor langer Zeit zur Ruhe gekommen. Unter welchen Zweifeln, Hoffnungen oder anderen großen Gefühlen sie gemalt wurden - es ist längst unwichtig geworden. Seltsam zeitlos hängen sie nebeneinander an den hohen Wänden. In ihrer Gesellschaft wird mir ruhig und abgeklärt zumute.

Beim Schichtwechsel hat die Kassiererin ihren Kollegen darüber instruiert, meine Siebensachen im Auge zu behalten. Sie erzählt ihm außerdem von meiner Reise zu den Papageitauchern – der junge Mann ist nämlich ebenfalls ein Fan dieser Vögel.
„So viele gibt es auf Runde?", staunt er, „da muss ich mal hin. Ich werde die Insel auf meine Reise-Liste setzen."
Gestern Finse, heute Papageitaucher: Es freut mich, Menschen zu treffen, die meine Passionen teilen. Dennoch zähle ich die Stunden, bis es Zeit wird, zum Schiffsanleger zu radeln.
In einer Seitenstraße von Göteborgs eleganter Einkaufsmeile finde

ich eine kleine Kneipe, wo ich die letzten schwedischen Kronen in einen Latte Macchiato investiere. Dann ist es endlich soweit. Was auch immer in den schwedischen Wetternachrichten angekündigt wurde: Es regnet ganz gewöhnlich, als ich zum Fähranleger radle. Eine freundliche Angestellte der Reederei begrüßt mich. Sie versteht, warum ich als einer der ersten Passagiere am Kai erscheine und kaum den Luxus einer trockenen Kabine erwarten kann.

Morgen schon werde ich meine Lieben wiedersehen! Ich kann es noch nicht so recht glauben. Will ich überhaupt, dass meine Reise hiermit endet? Ich sitze auf dem Bett in der Kabine, wickle das letzte Stück vom *pæreskinke* aus und esse es. Bin ich bereit dafür, meine Aufgaben zuhause wieder zu übernehmen? Fragen, die ich mir im Augenblick nicht beantworten kann. Es wird sich wohl alles mehr oder weniger von selbst finden.

Schließlich lichtet das Schiff die Anker, dampft an Schären vorbei und nimmt Kurs nach Süden. Ich habe einen Platz auf einem der Liegestühle an der überdachten Heckseite gefunden. Schon sind wir Richtung Kattegat unterwegs. Meine Augen folgen der weißen sprudelnden Welle, die das Schiff hinter sich lässt. Immer länger zieht sich diese Spur durchs Wasser, verliert sich schließlich in den Weiten des Meeres. So wie sich all das Schöne, Atemberaubende der vergangenen Wochen in der Ferne verliert. Alles lasse ich zurück. Ob der Fuchs nun ungestört durch sein Revier am Seltuftsee streift? Bestrahlt Abendsonne die weißen Gipfel der Hardangervidda? Kari sitzt vielleicht gerade auf einer Bank und hört „ihrem" Wasserfall zu – die Glückliche! Darauf werde ich nun verzichten müssen. Eines ist auf jeden Fall sicher: Auf Runde beginnt morgen ein neuer Tag mit Beutefang und Versorgung der Jungen. Und Johan tuckert mit der „Aquila" hinaus.

Ich bin weder fröhlich noch traurig. Komisch, ein verschwommenes Gefühl von Leere hat sich meiner bemächtigt. Dabei habe ich doch so viel erlebt. Bevor es in Abschiedsschmerz umschlagen kann, klingelt mein Handy:

„Bist du auf dem Schiff?", rauscht es an mein Ohr. Der Empfang ist sehr schlecht. Natürlich bin ich auf dem Schiff. War sich mein Mann da etwa nicht so sicher?

Nachdem ich im Bordshop Mitbringsel für meine Familie ausgesucht habe, wird es ein langweiliger Abend. Die Pommes schmecken pappig, ich gehe früh zu Bett.
Zum Frühstück am nächsten Morgen sieht alles anders aus. Das Schiff gleitet durch eine blaue Ostsee, die Sonne scheint durchs Fenster. Anschließend laufe ich noch schnell nach oben aufs Deck. Ich bin so gespannt, als würde meine Reise gerade beginnen. Die Küste, an der ich wohne, ist bereits zu erkennen. Schon zeichnet sich das Marine-Ehrenmal von Laboe ab. Mensch, das fand ich doch immer potthässlich und jetzt bin ich ganz gerührt. Es kommt mir so vor, als wäre ich jahrelang weg gewesen. Beruhige dich doch, sage ich mir. Alles noch da, die ganze olle Heimat.
Im Bauch der Fähre belade ich zum letzten Mal das Fahrrad. Die Schiffsmaschinen dröhnen beim Anlegemanöver und lassen den Stahlboden vibrieren. Alle Autofahrer verteilen sich auf ihre Wagen. Dann geht es hinaus auf die Rampe, die zum Kai hinunter führt. Ich halte von oben Ausschau – warum eigentlich? Ich dürfte niemanden erwarten. Diese allerletzten 25 Kilometer, die zudem durchs platte Land führen, radle ich doch auf einer Pobacke ab. Aber darum geht es jetzt nicht mehr. Am Tor warten mein Mann und meine Tochter. Ich kann es kaum erwarten, sie in die Arme zu schließen.

Epilog

Zwei Tage später feiern wir meinen Geburtstag. Meine Familie hat eine Feier geplant.
„Papa, ich – und sogar die Jungen – jeder hat sich etwas fürs Buffet ausgedacht", erzählt mir Hanna aufgeregt. In der Küche geht es betriebsam zu. Bloß ich darf mich erst mal einfach zuhause fühlen.
Als wir dann mit Freunden und meinen Eltern auf der Terrasse sitzen, wünsche ich mir nichts anderes: „Es war eine fantastische Reise, aber ich bin sehr froh, heil wieder angekommen zu sein", fasse ich zusammen.
Das stimmt, manche Situation hätte sich schließlich anders entwickeln können. Mein Schutzengel hat gut aufgepasst.
Aber ich bin mehr als froh und erleichtert. Die Unruhe in mir ist verschwunden. An meinem Geburtstag schätze ich diese innere Leichtigkeit noch als Ausnahmegefühl ein, das unserem fröhlichen Beisammensein zu verdanken ist. Mit der Zeit merke ich jedoch, dass mich diese neue Zufriedenheit genauso durch den Alltag begleitet. Es fällt mir leichter, mich auf das zu konzentrieren, was gerade zu erledigen ist. Ich fühle mich ausgeglichener. Denn ich brauche nicht mehr daran zu zweifeln - nun bin ich ja aufgebrochen, um das zu unternehmen, was ich meinem Leben unbedingt hinzufügen wollte. Die Schwierigkeiten, die ich auf der Reise bewältigt habe, kommen zuhause natürlich niemals vor. Aber das Bewusstsein, sie gemeistert zu haben, bleibt.
Allein unterwegs zu sein und neue Landschaften zu erkunden, das möchte ich nicht missen. Ich nehme die Umgebung dann intensiver auf, lasse mich aufmerksamer auf andere Menschen ein. Insofern bin ich gerne Einzelgängerin. Aber nur eine Zeitlang.

Packliste
(der wichtigsten Dinge)

Werkzeug/Ersatzteile:
Flickzeug, Öl, 2 Ersatzschläuche, Mini-Tretpumpe, 4 Bremsklötze, Schalt- und Bremszug, Lappen, Klebeband, 2 Ersatzspeichen, Zange, Multitool, Expander, 2 Schlösser

Zelt (2,3 kg)**:**
Unterlegplane, sich selbst aufblasende Isomatte, Daunenschlafsack, Taschenlampe (mit Ersatzbatterien)

Versorgung:
Trinkflasche, Spirituskocher mit Topf, 0,5 l Spiritus (in Geilo ergänzt), Henkelbecher aus Stahl, scharfes Messer mit Etui, Teelöffel, 1 Plastikdose Instant-Kaffee, Plastiktüte Kaffeeweißer, Süßstofftabletten, 500 g Couscous

Kleidung:
Regenhose und -jacke, Wanderstiefel, Trekkingsandalen, 2 Fleecejacken (notfalls zum Übereinanderziehen), Fleecepullover, 2 Trekkinghosen, kurze Hose und gepolsterte Radhose, lange Unterhose, 3 T-Shirts, Top, Wander- und Wollsocken

Fotokamera, CF-Speicherkarte und Akku in Reserve, Akku-Ladegerät, Stativ
Fernglas
Handy, Ladegerät
Landkarten, Radreiseführer („Norwegen per Rad"), Vogelführer (Kosmos), kleines Wörterbuch, Notizbuch, 2 Stifte, Schere für Pflaster, Sonnencreme und -brille, Schmerztabletten, Handtuch

Dank des günstigen Wechselkurses (ca. ein Euro für zehn Kronen) bin ich während der vier Wochen mit 800 Euro (ohne An- und Abreise) ausgekommen.

Kaffee kochen in Liodden-Hallingdal

Endlich oben im Rukkedal

Morgens um halbsechs

Am Buvatn

Campingplatz in Geilo

Mittagspause am Rallarveg

Schneefeld auf dem Rallarveg

Am Finsesee

Eine eiskalte Angelegenheit

Der Bahnsteig ersetzt Finses Marktplatz.

Seltuftsee

Unterwegs durchs Flåmsdal

Flåm-Anleger

Aurlandfjord

Dalsfjord bei Osen

Doppelt hält besser.

Astruptunet

Durch das Våtedal

Verkehrsteilnehmer auf der E 39 im Våtedal

Utvikfjell

Innvikfjord

Himbeerplantage in Utvik

Syltefjord

Ferist hinter Gursken

Papageitaucher

Tordalke

Im Dorf Runde

Campingplatz auf Runde   Lachsfischer im Bondal

Sæbo am Hjørundfjord

Norangsfjord - Sunnmørsalpen

Sieben-Schwestern-
Wasserfall am Geirangerfjord

Sennhütten im Norangsdal

Storseterfossen - Geiranger

Stabkirche in Lom

Geiranger von oben

Sandbank in der Otta

Hof an der Otta vor Vågåmo

Grev Camping Zettel